HEYNE
BÜCHER

W0052614

ESOTERISCHES
WISSEN

Herausgeber dieser Reihe Michael Görden

Elaine und Arthur
A R O N
Der
Maharishi Effekt

Auf der Suche nach dem
gesellschaftlichen und politischen Einfluß
von Gruppenmeditation

Deutsche Erstausgabe

WILHELM HEYNE VERLAG

MÜNCHEN

08/9591

Deutsche Übersetzung und Bearbeitung
von Anthony Gawlikowski,
Dr. Wolfgang Howald und Dr. Klaus Volkamer,
einer Arbeitsgruppe der Deutschen MERU-Gesellschaft

Titel der amerikanischen Originalausgabe:
THE MAHARISHI EFFECT. A REVOLUTION THROUGH MEDITATION
erschienen bei Stillpoint Publishing Inc., New Hampshire, USA

Copyright © 1986 der Originalausgabe by Elaine und Arthur Aron
Copyright © 1991 der deutschen Ausgabe by
Wilhelm Heyne Verlag GmbH & Co. KG, München
Printed in Germany 1994
Umschlaggestaltung: Semicolon Productions, München
Satz: Kort Satz GmbH, München
Druck und Bindung: Presse-Druck Augsburg

ISBN 3-453-04959-4

Inhalt

Vorwort

Nur eine neue Saat bringt eine neue Ernte.

Wir leben in einer paradox anmutenden Situation: Die Bundesrepublik Deutschland ist eines der reichsten und liberalsten Länder der Erde. Sie bietet große soziale Sicherheit und durfte zudem vor kurzem eine Wiedervereinigung von historischem Rang erleben. Doch trotz aller Bemühungen der politischen Entscheidungsträger ist die Gesellschaft enttäuscht und wendet sich zunehmend von der Politik ab. Radikalismus und Kriminalität nehmen erschreckend rasch zu. Krisen erschüttern unsere Gesellschaft.

»Wirtschaft und Gesellschaft, Industrie und Wirtschaft stecken in einer Kosten- und Innovationskrise, die Arbeitswelt in einer Beschäftigungskrise, die Politik in einer Akzeptanzkrise und die Gesellschaft in einer Orientierungskrise.« (Richard von Weizsäcker zur Eröffnung der Hannover-Messe 1993).

Die heutigen Probleme können nicht mehr mit der Verwaltungsmethodik, die sich ausschließlich auf ›Sachmittel‹ stützt, ursächlich gelöst werden:

- Mehr und mit größeren Sachmitteln besser ausgestattete Schulen lösen eben nicht ursächlich die Krise im Erziehungssystem, denn die Motivation und die Lernbereitschaft sowie das Auf- und Ablehnungsbedürfnis der Schüler werden dadurch nicht erfaßt.
- Durch Erhöhung der Polizeikräfte, Verbesserung von deren waffentechnischer Ausrüstung oder den Bau von neuen Justizvollzugsanstalten kann man nicht die

Ursachen wachsender Kriminalität und andere Gewalttätigkeiten angehen.

■ Durch eine straffere Gesetzgebung ebenso wie durch
Einsatz von größeren Spezialeinheiten zur Verbesserung
der inneren Sicherheit kann man Fremdenhaß nicht beseitigen.

Der Grund für das Versagen der Methodik zur Lenkung des
Staates mit reinen ›Sachmitteln‹ liegt daran, daß die Krisen
nicht eigentlich in sachbezogenen Problemen gründen, sondern ihren Grund in Bewußtseinsproblemen der beteiligten
Menschen haben.

Wegbereiter vieler Forschungszweige verweisen deshalb
zur Lösung der anstehenden Probleme in den Bereich des
Bewußtseins des Menschen.

Das vorliegende Buch bietet einerseits einen theoretischen Ansatz zum Verständnis der Zusammenhänge zwischen den Vorgängen im menschlichen Bewußtsein und den
Verhaltenstendenzen einer ganzen Gesellschaft. Andererseits schildert es die etwa 5000 Jahre alten Bewußtseinstechniken der Vedischen Hochkultur: Transzendentale Meditation (TM) und das TM-Sidhiprogramm nach Maharishi
Mahesh Yogi. Diese Bewußtseinstechniken erlauben die
praktische Umsetzung des dargelegten Wissens über
menschliches Bewußtsein zur natürlichen Harmonisierung
moderner Gesellschaften durch Streßabbau. Hier wird ein
umfassendes und erprobtes Konzept zur Streßbeseitigung
beim einzelnen Menschen und, was noch bedeutender ist,
im Bereich kollektiven Bewußtseins angeboten, das bisher
zur Überwindung der oben skizzierten Gesellschaftskrisen
fehlte.

Das Buch zeigt unserer Nation, die anerkanntermaßen
Weltmeister im Geben von Sachantworten ist, wie der so
abstrakte und deshalb scheinbar schwer zu handhabende
Bereich menschlichen Bewußtseins auf harmonische und

natürliche Weise eine Transformation durchlaufen kann, um den Herausforderungen unserer Zeit gerecht werden zu können.

Die Naturgesetz Partei
Politische Lösungen für Gesellschafts- bzw. Bewußtseinskrisen

Die Naturgesetz Partei, die in Deutschland Mitte 1992 gegründet wurde und weltweit bereits in über 45 Ländern besteht, hat es sich zum Ziel gesetzt, die oben genannten vedischen Bewußtseinstechnologien zur Lösung der heutigen Gesellschaftskrisen, im Rahmen der tradierten Parlamentsarbeit einzusetzen. Aus der Sicht der Naturgesetz Partei ist es für die harmonische Langzeitstabilität eines Staates äußerst bedeutsam, eine sogenannte permanente »Gruppe für die Regierung« auf dem Parlamentswege für unser Gemeinwesen zu etablieren. Eine solche Gruppe sollte für Deutschland im besten Falle 7000 Personen umfassen, die gemeinsam das TM- und TM-Sidhiprogramm regelmäßig ausüben und dadurch den Maharishi Effekt zum Wohlergehen des Landes erzeugen. 4000 Menschen nahmen im Juni und Juli 1993 an einem entsprechenden wissenschaftlich und behördlich begleiteten Projekt in Washington D.C. teil. In diesem Zeitraum sank die Kriminalitätsrate in Washington — erstmals seit Jahren — signifikant um 26% gegenüber 1992!

Wenn Wörter wie ›Bewußtsein‹, ›Geist‹, ›geistige Dimension‹ und ›Humanismus‹ nicht modische, leere Worthülsen werden sollen, müssen für den streßgeplagten heutigen Menschen praktikable Bewußtseinstechniken in das gesellschaftspolitische Leben in unserem Land eingeführt und ihre Verbreitung unterstützt werden. Es genügt nicht, daß einige wenige Führungspersönlichkeiten ab und zu Kant oder andere Philosophen und weise Staatsmänner zitieren und sich auf sie berufen. Notwendig sind praktische Ansätze.

Die Naturgesetz Partei ist offen für Partner aus allen Parteien, denen es ein Anliegen ist, daß die Leitgedanken einer humanistischen Erziehung und die Ideale unserer Verfassung gelebte Wirklichkeit werden. Dieses Buch wird einen wesentlichen Beitrag dazu leisten.

August 1994
Dr. Klaus Volkamer und Rechtsanwalt Claus Fenger,
Mitglieder des Bundesvorstandes der Naturgesetz Partei

Einleitung

Sie haben ein Buch über eine Entdeckung aufgeschlagen, welche die Welt verändern wird. Sie wird Weltfrieden herbeiführen und aufrechterhalten — und darüber hinaus noch weitaus mehr bewirken.

Beginnen wir jedoch mit der Aufrechterhaltung des Friedens — das ist schon aufregend genug und die Voraussetzung für alle anderen Erfolge auf der Erde. Zu jeder Tageszeit werden Waffen auf irgendwelche Ziele gerichtet, und alle Menschen, die auch nur im entferntesten daran beteiligt sind, müssen einen klaren Kopf bewahren, oder das Leben auf Erden erlischt. Das Problem liegt auf der Hand.

Die bisherigen Lösungen sind kompliziert. Es ist erschreckend zu erkennen, daß sich trotz der vielen guten Worte und Taten im Namen des Friedens die Menschen dennoch regelmäßig bekriegen oder ihre Waffen versehentlich abgefeuert haben. Offensichtlich haben unsere bisherigen Verfahren zur Verhinderung von Gewalt, Krieg und Unfällen versagt. Wir brauchen etwas anderes. Eine alte Bauernweisheit sagt: »Nur neue Saat bringt neue Ernte.«

Definitionsgemäß ist eine neue Saat noch etwas Unvertrautes, nicht vollkommen Akzeptiertes. Wenn die alte Saat nicht die gewünschten Wirkungen zeitigt, sollte man dennoch nicht blind und stur auf ihr beharren, sondern eventuell eine neue Saat auf ihre Möglichkeiten hin überprüfen.

Obwohl der in diesem Buch untersuchte Ansatz den meisten Lesern gewiß nicht vertraut ist, sind seine Vorteile zu beeindruckend, um ignoriert zu werden.

1. Er ist einfach — Regierungen brauchen nicht einbezogen zu werden.
2. Opfer werden von niemandem abverlangt — der einzelne nimmt begeistert daran teil, denn er erfährt in seinem Leben direkt eine Verbesserung.
3. Bei diesem neuen Ansatz wird nur ein geringer Prozentsatz der Bevölkerung benötigt, um den ganzen Globus zu beeinflussen.
4. Keiner der Beteiligten braucht daran zu glauben oder auch nur zu wissen, daß sein Handeln die gesamte Welt beeinflußt. Wenn Skeptiker mitmachen, ist die Wirkung genauso gegeben.
5. Auch wird die Welt nicht in Richtung irgendeiner Ideologie gedrängt. Die zentralen Hypothesen dieses Ansatzes besagen, daß er auf der Grundlage gesteigerter Kohärenz im menschlichen Denken funktioniert.
6. So erstaunlich wie dies auch klingen mag, es handelt sich dabei nicht um irgend etwas Mystisches. Die Wissenschaft hat diesen Ansatz entdeckt und gründlich erforscht. In der Tat gehört er zu den wenigen Friedensansätzen, die sich sogar wissenschaftlich untersuchen lassen.

Wir sind uns wohl bewußt, wie unglaublich es klingen mag, daß die komplexen internationalen Konflikte eine einfache Lösung haben können. Zum Zwecke der Friedenssicherung haben einige von uns Lobbies gebildet, an Boykotten teilgenommen, sind marschiert, haben gebetet, gesungen, gespendet, an Unterschriftenaktionen teilgenommen, Fackeln angezündet — und das alles, obwohl, vorsichtig ausgedrückt, die Ergebnisse ungewiß waren. Uns würde also eine skeptische Haltung Ihrerseits gegenüber einem ›neuen Samen‹ nicht verwundern.

Das einzige, worum wir bitten, ist, daß Sie lesen, was wir zu sagen haben. Auch Wunderhybridsamen müssen zuerst gesät werden. Und wir verlangen von Ihnen nicht, daß Sie die in diesem Buch gemachten Aussagen gutgläubig übernehmen sollen. Dies ist kein Buch über eine Theorie oder persönliche Erfahrung. Es beschreibt vielmehr überprüfbare Fakten. Es enthält eine Theorie, die Sie trotz des vorhandenen empirischen Datenmaterials als schwierig nachvollziehbar empfinden mögen. Die Forschungsergebnisse — die Tatsachen — sind aber außergewöhnlich überzeugend. Wir, die Verfasser dieses Buches, arbeiten selber im Bereich wissenschaftlicher Forschung und sind die hier erwähnten Studien im Detail durchgegangen. Wir sind davon überzeugt, daß sie gewissenhaft und korrekt geplant und durchgeführt wurden. Die Daten sind unumstößlich.

Natürlich können Daten langweilig sein. Wir haben uns deshalb darum bemüht, dieses Buch auch unterhaltsam zu gestalten. Wir beschreiben die Forscher und die Ereignisse, die diese Entdeckungen ermöglichten. Das eigentliche Vergnügen bei der Lektüre dieses Buches aber wird die Freude sein, sich der umfassenden Vision dessen zu öffnen, wozu der menschliche Geist fähig ist.

Elaine und Arthur Aron,
Capitola, Kalifornien, USA, 1986

1

Was geschieht hier?
Etwas sehr Natürliches

Es war im Jahre 1978, inmitten der iranischen Revolution. Auf der Straße hinter einem der großen Teheraner Hotels drängten sich Tausende von Menschen. Sie schrieen, hupten und warfen mit Steinen. Nur wenige Zentimeter entfernt, auf der anderen Seite der Mauer in einem Versammlungsraum des Hotels herrschte tiefe Stille. Dreißig Männer saßen bequem in Stühlen, hatten ihre Augen geschlossen, ihre Gesichter waren entspannt und heiter. Sie gehörten verschiedenen Rassen, Nationalitäten und Altersgruppen an, aber in diesem Moment vermittelten sie alle den gleichen wohltuenden Eindruck einer unbeschreiblichen inneren Schönheit.

Diese Männer meditierten gerade. Natürlich hatten sie kein Monopol auf innere Anmut. Wahrscheinlich hat jeder schon einen ähnlichen Ausdruck im Gesicht eines Kindes gesehen, bei einer Person in tiefem Gebet, bei einem Künstler, versunken in sein Werk, oder bei einem Bekannten, der gerade durch eine neue Einsicht, den Anblick eines neugeborenen Babys oder durch den Ausblick von einer Klippe auf das Meer hinaus heiter gestimmt wurde. Dies ist für Menschen etwas ganz Natürliches, wenn auch zur Zeit wenig verbreitet.

Diese Männer aber meditierten aus einem besonderen Anlaß: Sie waren in den Iran gekommen, um zu versuchen, sozialen Veränderungen einen so friedlichen Verlauf wie nur möglich zu geben. Sie gaben dabei keiner der streitenden Parteien den Vorzug. Sie mischten sich also nicht in die Angelegenheiten der Iraner ein. Ihr Anliegen war es lediglich, Leben zu retten und Aufruhr zu verhindern. Weiterhin wollten sie feststellen, ob Meditation in einer Gruppe dabei helfen könnte.

Einer von ihnen erzählte uns später am Abend: »Es war tatsächlich eine der besten Meditationen, die ich je hatte. Viele von uns hatten die gleiche Erfahrung.« Aber der Hotelmanager empfand das ganz anders. Er stürzte gegen Abend herein und bestand darauf, daß diese stillen Gäste genauso wie alle anderen schleunigst packen und sich zum Umzug fertigmachen sollten. »Dieses Gebäude«, rief er, »wird bis auf die Grundmauern abbrennen.«

Der Hotelmanager sollte nur teilweise recht behalten. An diesem Tag wurde jedes andere Hotel in ausländischem Besitz in diesem Stadtviertel geplündert oder abgebrannt. Jedes — nur dieses nicht.

Drei Monate lang blieben Gruppen von Meditierenden mit 30 bis 200 Teilnehmern in Teheran. Sie verließen nur selten ihre Hotels und hatten fast keinen Kontakt mit den Iranern. Wenn in der Nähe ihres Hotels geschossen wurde, meditierten sie, und die Schießereien hörten auf. Wenn Gewalttätigkeiten in kleineren iranischen Städten aufflammten, wurde eine Delegation zum Meditieren dorthin geschickt — nur zum Meditieren — und die Gewalttätigkeiten hörten jedesmal auf.

Für den ›Muharram‹, einen hohen Feiertag, der von Millionen gefeiert wird, wurde von der Presse ein ›sicheres Blutbad‹ vorhergesagt. Aber die Gruppe von Meditierenden war anwesend, und es blieb friedlich. Um es noch einmal zu betonen: den Meditierenden ging es nicht darum, Partei zu ergreifen. Sie richteten sich nach einer außergewöhnlichen Theorie:

Belebt eine genügend große Anzahl von Meditierenden
— die genaue Größe kann durch eine klar definierte Formel
ermittelt werden — gleichzeitig und gemeinsam die Ruhe,
Kohärenz und Weisheit, die im stillen menschlichen Geist
vorhanden sind, so dominieren diese Qualitäten in der Um-
gebung in zunehmendem Maße. Hierdurch stellen sich die
Veränderungen ein, wie immer sie geartet sein mögen.

Im Falle des Iran sah sich die Organisation, die dieses Experiment förderte, nicht imstande, eine genügend große Anzahl von Meditierenden ins Land zu bringen. Zusätzlich liefen dann auch noch die Visa derjenigen aus, die in Teheran
waren, und konnten nicht mehr erneuert werden. Wir alle
kennen seither den weiteren Verlauf der Geschichte. Aber
dies ist nur einer von vielen ähnlichen Versuchen. In diesem
Buch beschreiben wir alle, die wir kennen — im besonderen
die wissenschaftlich untersuchten, weil wir Sozialwissenschaftler sind. Wir ziehen es deshalb vor, unsere Nachweise
in einem wissenschaftlichen Rahmen darzustellen. (Die in
diesem Buch beschriebenen Erlebnisse sind ausnahmslos
wahr, wenn auch Details, wie etwa Personennamen, verändert worden sind.) Sicher kennen Sie eigene Erlebnisse,
bei denen sich innerer Friede Fluten der Gewalttätigkeit
entgegenstemmte — ganz gewiß aber taten das jene 30
Männer, die in den Iran gingen. Viele Jahre nach ihrer
Rückkehr sprechen sie noch davon und spüren nach wie
vor, daß der Iran Frieden erlangen könnte, wenn man sie
oder eine genügende Anzahl von Iranern nur ließe...

Die Erfahrung reinen Bewußtseins

Was tat diese kleine Gruppe von Männern, um eine solche
Wirkung zu erzielen, die auf die gesamte iranische Nation
einen derart großen Einfluß ausübte?

So wie andere mutige Seelen in der Geschichte ›erstrebten sie Frieden‹ mit der neuesten und zugleich ältesten Waffe des Friedens. Sie hat viele verschiedene Namen, aber wir werden sie ›die *Erfahrung reinen Bewußtseins*‹ nennen.

Diese Erfahrung ist deshalb neu, weil sie erst in den letzten 15 Jahren wissenschaftlich untersucht worden ist und erst während der letzten 10 Jahre experimentell auf das Problem des Krieges, der Gewalttätigkeit und sozialen Inkohärenz angewendet wurde.

Aufgrund bisheriger wissenschaftlicher Forschung können wir davon ausgehen, daß, während diese Männer in ihrem Hotel in Teheran meditierten, ihre Atmung mehrere Male aussetzte, sich ihre Stoffwechselrate doppelt so stark wie während der tiefsten Schlafphase verringerte und ein Elektroenzephalogramm (EEG) ihrer Gehirnwellen eine fast vollständige Kohärenz der neuronalen Aktivität ihrer Gehirne angezeigt hätte — etwas, was bei erwachsenen Menschen normalerweise zu keiner anderen Zeit feststellbar ist. (Wir werden diese Untersuchungen noch genauer im zweiten Kapitel beschreiben.)

Diese Veränderungen zeigen eine tiefe körperliche Ruhe an, wie sie normalerweise von Physiologen nicht beobachtet wird. Hätte man jedoch diese 30 Männer gefragt, so hätten sie geantwortet, daß sie nicht schläfrig oder halbbewußt waren, sondern vollwach und aufnahmefähig. Sie nahmen keine besonderen Gedanken, Sinneseindrücke oder Gefühle wahr, aber sie waren ihres eigenen Bewußtseins gewahr. Sie beschrieben ihren Zustand mit Worten wie ›unbegrenzt‹, ›ganz‹ oder ›vollkommen still‹.

Wenn auch die physiologische Beschreibung von dem, was sie taten, neu war, so ist die Erfahrung selbst sehr alt. Seit Anbeginn menschlicher Aufzeichnungen beschrieben Männer und Frauen in fast jeder Kultur und Generation ›reines Bewußtsein‹ — ›*samadhi*‹ (Altindien), ›*nirvana*‹ (Buddha), ›die ozeanische Erfahrung‹ (Freud), ›die Vision der Form des Guten‹ (Plato), ›die reine Kontemplation des Einen‹ (griechische Urchristen), ›das Nichts‹ oder ›das göttliche Nichts‹ (chassidische Juden). In den jüdisch-chassidischen und christlich-monastischen Traditionen wurde bei der Beschreibung reinen Bewußtseins das Gebet als erste Stufe dieses Prozesses angesehen. Im höchsten Zustand gibt es weder Gedanken noch Gefühle — einfach vollkommene Bewußtheit, Liebe oder Einheit mit Gott. Die Beschreibungen sind zahlreich und schön — wir können dem Leser nur wärmstens empfehlen, Sammlungen mystischer Gedichte aus der eigenen Literaturgeschichte zu lesen, um sich mit der Universalität der Erfahrung reinen Bewußtseins vertraut zu machen. Obwohl wir nicht in der Zeit zurückgehen und die Wirkungen der heutigen Meditation mit physiologischen Zuständen der Meditation der Vergangenheit vergleichen können, so scheinen die Beschreibungen, die überliefert worden sind, doch genauso präzise wie die heutiger Physiologen zu sein — und zudem viel poetischer. Die folgenden Beispiele wurden dem Buch ›Bretts History of Psychology‹ [1] entnommen.

Philo, ein jüdischer Philosoph, der um 20 v. Chr. geboren wurde, sagte: »Deshalb, o Seele, wenn irgendein Wunsch Dich überkommt, der Erbe der guten Dinge Gottes zu sein, verlasse nicht nur Dein Land, Deinen Körper und Deine Verwandtschaft, Deine äußeren Sinne, Deines Vaters Haus, auch Deine Sprache, sondern fliehe selbst vor Deiner eigenen Person und verlasse Dich selbst« wegen der Freude am »Licht, einem alldurchdringenden Anblick, einer höchst manifesten Energie… göttlicher Erleuchtung«.

Im dritten Jahrhundert in Ägypten stellte Plotin fest, daß »in dieser Betrachtung des Ewigen die Seele zur Ruhe kommt und sich nicht wie während der Reflexion aus sich selbst heraus bewegt«. Für Plotin stellte dies »den letztendlichen und besten Zustand der Seele, ihre letzte und vollständige Einheit« dar.

Im fünften Jahrhundert erklärte der Heilige Augustinus: »Wir, die wir uns durch eine stärkere Hingabe zu dem ›Selbst-Gleichen‹ erhoben, gingen stufenweise durch alles Körperliche hindurch... und wir erreichten unseren eigenen Geist und überschritten ihn, um zum Bereich des unaufhörlichen Überfließens zu kommen, wo Du Israel ewiglich mit der Nahrung der Wahrheit stärkest.«

Brett führt aus: »Die Begriffe ›Selbst‹, ›Wissen‹ und ›Leben‹ sind grundsätzlich eins, ...ihnen liegt Bewußtsein zugrunde, in dem das Selbst mit sich selbst eins ist... Die Seele entdeckt sich und ihre eigene Natur, enthüllt sich vor sich selbst und versteht, daß sie inhaltlich mit nichts anderem als ihrer eigenen Ausdehnung identisch ist.«

In ihrer Autobiographie, die sie auf Befehl ihrer Beichtväter schrieb, um ihre ungewöhnlichen Erfahrungen festzuhalten, berichtete die heilige Teresa von Avila anschaulich über einige physiologische Veränderungen, die in der Meditation erfahren werden. »Alle Fähigkeiten versagen nun und stellen ihre Tätigkeit derart ein, daß man kaum glauben kann, daß sie aktiv sind. Wenn die Seele über ein Thema meditiert hat, verschwindet dies aus ihrer Erinnerung, als ob sie nie daran gedacht hätte. Während man Gott auf diese Weise sucht, wird die Seele sich bewußt, daß sie in einer Art Ohnmacht, in einem zunehmend großen und süßen Entzücken vollständig entschwindet. Sie hört allmählich auf zu atmen, und alle körperlichen Kräfte versagen.« [2]

Im alten Indien schrieb Patanjali: »Wenn im Geiste keine Gedankenwellen mehr vorhanden sind, dann tritt man in den Zustand des *samadhi* ein, der ›samenlos‹ genannt wird.« [3]

Auf der anderen Seite der Erdkugel beschreibt Lame Deer, vom Stamme der Sioux, diese Erfahrung mit den Worten seiner Tradition:

»Der *wicasa wakan* (eine Art Medizinmann) möchte mit sich allein sein. Er liebt es zu meditieren... (er) liebt Stille, in die er sich wie in eine Decke einhüllt — eine laute Stille mit einer Stimme wie Donner sagt ihm viele Dinge... von allen lebenden Wesen fließt ständig etwas in ihn hinein, und etwas fließt aus ihm heraus. Ich weiß nicht, wo oder was es ist. Aber es ist da. Ich weiß es. Diese Art von Medizinmann ist weder gut noch böse. Er lebt — und das ist alles, das ist genug.« [4]

Eine Meditierende aus Nordamerika sagte in den siebziger Jahren: »Es ist, als wenn man eine Schanze auf Skiern hinunterfährt; an einem bestimmten Punkt hebt man von der Schanze ab und ist dann plötzlich in der Luft. Während des Transzendierens taucht man tiefer und immer tiefer und plötzlich — ›klick‹ — und man findet sich in diesem anderen Zustand einfach ›wieder‹.« [5]

Die Fähigkeit zu transzendieren scheint für alle Menschen etwas Natürliches zu sein. Selten konnten jedoch diejenigen, die zufällig zu dieser Erfahrung gelangten, sie trotz aller Bemühungen ihren Mitmenschen vermitteln. Wahrscheinlich war das Phänomen zu vereinzelt und wurde zu wenig verstanden. Es ist ferner zu vermuten, daß die notwendige Anzahl von Menschen, welche diese Erfahrung hatte, nie erreicht wurde, um sie allgemein zu lehren und diskutieren und anderen zugänglich zu machen. In den letzten 25 Jahren hat sich die Situation jedoch grundlegend verändert. Die kritische Masse ist erreicht worden, und sie durchdringt augenscheinlich unsere gesamte Kultur. Damit geht ein detailliertes wissenschaftliches Verständnis dieser Erfahrung und ihrer Möglichkeiten einher. Die Forschung scheint die Bedeutung, welche dieser Erfahrung zu allen Zeiten und in jeder Gesellschaft beigemessen wurde, zu bestätigen. Insbesondere wurde sie nicht nur als eine tiefgreifende, persönliche Erfahrung gehegt und geschätzt, sondern auch als ein Mittel (oft das einzige Mittel) verstanden, um den einzelnen und die Gesellschaft aus Engstirnigkeit, Verwirrung und Gewalttätigkeit herauszuführen. Jetzt läßt sich aufgrund einer großen Zahl wissenschaftlicher Untersuchungen postulieren, daß die Erfahrung reinen Bewußtseins

a) einen wesentlichen Teil der Gewalttätigkeit unter den Menschen, einschließlich Krieg, auslöschen kann, und daß sie

b) die Intelligenz, Kreativität und Langlebigkeit des einzelnen weit über die derzeitigen Grenzen hinaus zu fördern imstande ist.

Diese Entdeckung (richtiger: Wiederentdeckung) scheint *die einzig wichtige wissenschaftliche Errungenschaft unserer Zeit zu sein — eine Errungenschaft, die uns davon abhalten könnte, uns selbst und unseren Planeten zu zerstören.*

Dies ist eine ungeheure Behauptung. Aber bevor Sie zu spotten beginnen, sollten Sie einmal darüber nachdenken. Was wäre, wenn sie sich als richtig herausstellt?

Die wissenschaftliche Untersuchung reinen Bewußtseins — zuerst ein Wort zum Ansatz dieser Arbeit

In den letzten 25 Jahren hat das Interesse an der Erfahrung reinen Bewußtseins stark zugenommen und viele Ausdrucksformen gefunden. Aber dieses Buch stützt sich hauptsächlich auf Untersuchungen über die Technik der Transzendentalen Meditation, auch TM-Technik genannt, wie sie von Maharishi Mahesh Yogi gelehrt wird. Natürlich ist die Erfahrung reinen Bewußtseins so alt wie das menschliche Bewußtsein, während der Name ›TM‹ erst seit 1958 existiert. Es gibt zwei Gründe, warum wir dies ausdrücklich betonen.

Erstens sind die wissenschaftlichen Untersuchungen reinen Bewußtseins fast ausschließlich an Personen durchgeführt worden, die diese spezielle Form der Meditation ausübten. Konsistenz in der Vorgehensweise ist für die Wissenschaft eine unabdingbare Voraussetzung. Die TM-Technik wird jedem, der sie ausübt, auf die gleiche Weise gelehrt, und zwar von Lehrern, die alle die gleiche Ausbildung erhalten haben. Diese Technik wird auf systematische Weise in einem 12 Stunden umfassenden Kurs vermittelt, während die meisten anderen Formen der Meditation, die im Westen verfügbar sind, unabhängig voneinander entwickelt worden sind oder durch Bücher, die jeder Leser unterschiedlich verstehen kann, gelehrt werden. Wie dem auch sei — die Ergebnisse sind verschieden. Beim TM-Programm jedoch können Wissenschaftler in London oder Denver ihre Ergebnisse mit ihren Kollegen in Amsterdam oder Mexiko City vergleiche, und sie wissen, daß sie das gleiche Phänomen untersuchen. Sie haben eine große Zahl von Versuchspersonen zur Verfügung, die den Vergleich von Mittelwerten zulassen. Drei Millionen Menschen haben weltweit die TM-Technik erlernt, so daß Versuchspersonen jederzeit zur Verfügung stehen.

Außerdem ist die Wissenschaft darauf angewiesen, ein Phänomen in einer möglichst einfachen und reinen Form zu untersuchen. Sehr oft werden Meditationsanweisungen mit Ratschlägen zur Lebensweise, zu Eßgewohnheiten bzw. zu persönlichem Verhalten oder mit Philosophie vermischt. All dies könnte physiologische oder psychologische Maße beeinflussen, so daß sich jede durchgeführte Untersuchung mit mehr als nur der einfachen Erfahrung reinen Bewußtseins befaßt. Im Gegensatz dazu gibt es während eines TM-Kurses keine Ratschläge oder die Notwendigkeit irgendeines bestimmten Verhaltens oder einer bestimmten Einstellung — es wird lediglich gelehrt, wie man vorgehen soll, um diese eine Erfahrung systematisch herbeizuführen.

Der zweite und eigentliche Grund, warum wir uns für die TM-Technik interessieren, liegt in der Konsistenz, mit der sie die Erfahrung reinen Bewußtseins ermöglicht. Dies geht klar aus den Untersuchungen und den vielen Parallelen zwischen den Berichten von TM-Ausübenden und den meisten vor-wissenschaftlichen Beschreibungen dieser Erfahrung hervor. Während die Bezeichnung ›TM‹ relativ jung ist, stammt die Technik aus der ältesten uns bekannten Wissenssammlung über Meditation und reines Bewußtsein, aus der vedischen Tradition Indiens. Aufgrund dieser Konsistenz erscheint es den Forschern plausibel, daß, wenn die Meditierenden ihre Augen schließen, um diese Erfahrung herbeizuführen, sie tatsächlich auch eintritt.

Abschließend sollte nicht unerwähnt bleiben, daß auch mit anderen Meditationstechniken ähnliche Erfahrungen gemacht werden können (obwohl dies für viele offensichtlich nicht zutrifft). [6] Sie sind aber für wissenschaftliche Untersuchungszwecke nicht sonderlich nützlich, da sie nicht weitverbreitet ausgeübt und einheitlich gelehrt werden, und da sie keine übereinstimmende Erfahrung hervorrufen. Wir möchten jedoch betonen, daß wir uns auf die TM-Forschung stützen, um reines Bewußtsein und seine Wirkungen zu verstehen. Unsere Arbeit soll dennoch nicht als ein ›TM-Buch‹ verstanden werden. Vielmehr ist dies ein Buch über reines Bewußtsein — für all diejenigen, die sich für diese Erfahrung, für jeden Aspekt menschlichen Bewußtseins, für den Weltfrieden oder einfach für die Menschheit an sich interessieren.

Und nun ein Wort zu denjenigen von Ihnen, die daran zweifeln, daß die Erfahrung reinen Bewußtseins überhaupt existiert, unabhängig von der Technik, die benutzt wird. Einige von Ihnen mögen dieses Buch aus Neugierde, mit einer Prise Zweifel gewürzt, in die Hand genommen haben und nun vermuten: »Die meditieren wahrscheinlich. Deshalb muß dieses Buch voller Vorurteile, Verdrehungen und Wunschvorstellungen sein.« Um ein subjektives Phänomen wie reines Bewußtsein untersuchen zu können, sollten die Forscher zumindest unparteiisch sein.

Es stimmt zwar, daß wir die Technik der TM seit 14 Jahren ausüben. Aber das disqualifiziert uns nicht, wie Sie von Sozialwissenschaftlern erfahren können. [7] Tatsache ist, daß im allgemeinen nur Wissenschaftler, die sich leidenschaftlich mit einem Thema — wie etwa der Evolution, dem Unbewußten oder der Relativität — beschäftigen, einflußreiche Theorien entwickeln und Pionierarbeit leisten. Natürlich helfen die Methoden und Traditionen der Wissenschaft diesen Pionieren, einigermaßen objektiv zu bleiben. Nachdem ihre Arbeit der wissenschaftlichen Öffentlichkeit vorgestellt worden ist, beseitigen dann später andere unparteiische Wissenschaftler (deren leidenschaftliches Interesse womöglich anderen wissenschaftlichen Gebieten gilt) unsachliche Einzelheiten und irreführende Vermutungen. Es ist also wissenschaftlich vertretbar, daß wir uns dem Inhalt dieses Buches engagiert widmen. Wäre dies nicht der Fall, so hätten wir diese Arbeit nicht verfaßt und wohl kaum Karrieren geopfert oder bisweilen die akademische Isolation auf uns genommen, in die wir uns notwendigerweise begeben mußten.

Nichtsdestoweniger *sind* wir Wissenschaftler. Dies bedeutet unter anderem, daß wir es in diesem Buch vermieden haben, Techniken oder Experimente zu diskutieren, die nicht mit den traditionellen Wissenschaftsmethoden objektiv wiederholbarer Messungen durchgeführt worden sind, um auf diese Weise alternative Hypothesen soweit wie möglich auszuschließen.

All diese Vorsichtsmaßnahmen sind Hinweise dafür, daß dieses Buch von jedem etwas Geduld erfordert. Es könnte für unsere ›New-Age-bewußten‹ Freunde zu wissenschaftlich sein, und für unsere Freunde aus den Sozialwissenschaften zu sehr außerhalb der derzeitig gültigen wissenschaftlichen Paradigmen liegen. Aber wir konnten keinen anderen ehrlichen Weg finden, um es zu schreiben. Wir hoffen auf Ihr Verständnis.

Vier Erkenntnisse über reines Bewußtsein

Dieses Buch beschäftigt sich hauptsächlich mit vier Hauptergebnissen aus der Erforschung reinen Bewußtseins (wobei der Schwerpunkt auf dem dritten liegt).

1. Die augenfälligen physiologischen Veränderungen während der Erfahrung reinen Bewußtseins

Wir haben gesehen, daß diese Erfahrung von verschiedenen Autoren im Verlauf der Geschichte wiederholt in nichtwissenschaftlichen, aber nichtsdestoweniger in übereinstimmenden Begriffen beschrieben wurde. Ihre wissenschaftliche Beschreibung begann 1970 mit der Arbeit von Robert Keith Wallace an der Universität von Kalifornien. Vor dieser Arbeit existierten vereinzelt Artikel über Yogis und Zen-Mönche in der Forschungsliteratur. Die Resultate waren aber über die einzelnen Versuchspersonen hinausgehend kaum zu verallgemeinern. Die Untersuchungen von Wallace an TM-Ausübenden markierten den Beginn intensiver Forschungsaktivitäten, besonders nachdem Wallace verkündet hatte, daß er einen vierten Hauptbewußtseinszustand (neben den Bewußtseinszuständen des Wachens, Träumens und Schlafens) erforsche, »der einzigartige physiologische und biochemische Merkmale aufweist«. [8]

Nach 15 Jahren wissenschaftlicher Arbeit ist ein sehr detailliertes Bild über die Physiologie des reinen Bewußtseins entstanden. In Kapitel 2 werden diese physiologischen Wirkungen kurz beschrieben.

2. Die Funktion dieser Erfahrung, Streßeinwirkungen im Körper zu beseitigen, Langlebigkeit zu fördern und die Leistungsfähigkeit des Menschen zu verbessern

In den frühen siebziger Jahren begann auch die wissenschaftliche Erforschung der aus dieser Erfahrung möglicherweise resultierenden Langzeitwirkungen. Der Streßexperte Hans Selye machte deutlich, daß die physiologischen Wirkungen, die in den Untersuchungen von Wallace beobachtet wurden, den durch Streß bedingten genau entgegengesetzt sind. Selye, und später auch andere, haben zur Genüge gezeigt, daß Streß die grundlegende Ursache aller menschlichen Gesundheitsprobleme ist. Daher begannen Forscher wie Keith Wallace und David Orme-Johnson [10] und viele andere die geistige und körperliche Gesundheit bei TM-Ausübenden zu untersuchen. Sie entdeckten, daß die Erfahrung reinen Bewußtseins die Streßresistenz eines Menschen erhöht und die Streßverarbeitung verbessert.

Die Untersuchungen über die Langzeitwirkungen der Erfahrung reinen Bewußtseins umfassen mittlerweile, über gesundheitliche Aspekte hinausgehend, weltweit mehr als 600 Studien. Erfaßt ist die gesamte Reichweite von akademischen Leistungen bis zur Anfälligkeit gegenüber Wahrnehmungstäuschungen, von Ehezufriedenheit bis zum moralischen Urteilsvermögen — kurzum alle Bereiche, die durch ein ausgeruhteres und kohärenter funktionierendes Nervensystem positiv beeinflußt werden. Vielleicht ist die von Keith Wallace durchgeführte Untersuchung über Anzeichen erhöhter Lebenserwartung bei TM-Ausübenden die interessanteste. [11]

Die Ergebnisse all dieser Studien werden im zweiten Kapitel kurz und ohne die Verwendung einer fachsprachlichen Terminologie zusammengefaßt. Unser Anliegen ist es, Ihnen zu zeigen, warum es sinnvoll ist, diese Erfahrung als reale und solide Ausgangsbasis für den nächsten Punkt zu betrachten.

3. Diese Erfahrung harmonisiert die soziale Umgebung

Dieser Effekt wurde 1974 zum erstenmal wissenschaftlich von dem Soziologen Garland Landrith [12] nachgewiesen.

Bereits 1978 war er fast unwiderlegbar, und wir begannen, dieses Buch zu planen. Von Kapitel 3 an unterstützt jedes weitere Kapitel zunehmend diesen Punkt, und zwar in der gleichen Reihenfolge, wie die Untersuchungen durchgeführt wurden. Es ist eine Tatsache, daß wir, als wir dieses Buch schrieben, alle paar Monate ein neues Kapitel hinzufügen oder die anderen komprimieren mußten, weil die wissenschaftliche Literatur zu diesem Thema rapide anwuchs. Es gibt inzwischen eine große Anzahl von empirischen Hinweisen zur Untermauerung dieses ungewöhnlichen Phänomens, das nach dem Urheber dieser Technik, der die Erforschung und weitreichende Anwendung eines uralten Wissens ermöglichte, ›Maharishi-Effekt‹ genannt wird.

4. Alle oben erwähnten Punkte sind gültig, weil die Erfahrung reinen Bewußtseins in der Tat der subjektiven Erfahrung der in der Physik als ›vereinheitlichtes Feld‹ bezeichneten Ebene entspricht

Das Verständnis dafür, daß es sich bei der Erfahrung reinen Bewußtseins um einen universalen Bereich menschlichen Erlebens handelt, schien allen, die diese Erfahrung beschrieben haben − von Plato bis C. G. Jung −, intuitiv klar gewesen zu sein. Die wissenschaftliche Bestätigung mußte auf eine Anzahl von Gegebenheiten warten: eine große Anzahl von Menschen, die diese Erfahrung macht, eine eindeutige Theorie über die Konsequenzen dieser Erfahrung, wissenschaftliche Methoden, um die aus dieser Theorie abgeleiteten Voraussagen zu überprüfen und positive Ergebnisse, die sich aus solchen Studien ergeben.

In den späten siebziger Jahren waren alle diese Voraussetzungen erfüllt. Trotzdem war es weiterhin schwierig, sich dieses ›universale Feld des Bewußtseins‹ vorzustellen. Es schien alles viel zu ungewöhnlich. Im Jahre 1983 entwickelten dann Physiker die erste wirklich fundierte Theorie des vereinheitlichten Feldes. Ein vereinheitlichtes Feld war das Ziel aller Physiker seit Einstein. In den achtziger Jahren nahm es endlich Form an. Und das Schöne daran ist, daß es in der ›materiellen‹ Bedeutung des Wortes überhaupt kein ›physikalisches‹ Feld ist. Vielmehr scheint es in Begriffen der modernen Naturwissenschaft, in den Gleichungen der Quantenphysik, genau der Bereich zu sein, der seit Tausenden von Jahren in subjektiven Begriffen von denjenigen beschrieben wurde, die reines Bewußtsein erfuhren.

Wie läßt sich dieses ›Feld‹ in einfachen Worten beschreiben? Es ist ein universales Feld, in dem die vier Kraftfelder (Gravitation, Elektromagnetismus, starke und schwache Wechselwirkung) zusammen mit den zugrunde liegenden Teilchenfeldern, die die physikalische Welt aufbauen, in einem nicht-differenzierten, nicht-materiellen und doch reellen Zustand koexistieren. Es wird angenommen, daß das vereinheitlichte Feld das einzige Feld ist, das zum Zeitpunkt des Urknalls existiert hat, als das Universum sich zu manifestieren begann. Jetzt existiert es zusammen mit seinen Manifestationen. Gemäß der Quantenphysik gibt es Kräfte und Teilchen, die unser konkret wahrnehmbares Universum haben entstehen lassen, indem dieses nicht-wahrnehmbare vereinheitlichte Feld *mit sich selbst* in Wechselwirkung trat (genauso, wie nicht-differenziertes Bewußtsein spezifische Gedanken hervorbringt).

Dieser Punkt wird in Kapitel 5 diskutiert (zusammen mit anderen möglichen Erklärungen für die Untersuchungsergebnisse, die wir in diesem Buch beschreiben).

Zum Umgang mit diesem Buch

Wir haben eine sehr gewagte Behauptung aufgestellt — daß wir in diesem Buch möglicherweise die wichtigste wissenschaftliche Entdeckung unserer Zeit beschreiben. Wir können nicht erwarten, daß die meisten von Ihnen uns glauben. Aber wir erwarten von Ihnen diesem Buch gegenüber eine offene, unvoreingenommene Haltung.

Aufgeschlossenheit — ein kurzer Exkurs

Das wichtigste Werkzeug der Wissenschaft ist der offene, unbefangene Geist. Wie immer Vorurteile geartet sein mögen, gute Wissenschaftler betrachten nichts als definitiv erwiesen oder nicht erwiesen. Alles wird in Begriffen von Wahrscheinlichkeiten aufgefaßt — sogar, daß die Sonne morgen aufgehen wird. Dies kann aber auf der Grundlage vorheriger, statistischer Wahrscheinlichkeiten im Hinblick auf das bisherige Verhalten der Sonne angenommen werden. D. h., es läßt sich daraus eine ›gute Theorie‹ über die Sonne, die Umlaufbahnen der Planeten und die Anziehungskraft im allgemeinen ableiten. Wissenschaftler können jedoch nie ganz sicher sein. Wissenschaftler sind sich bewußt, daß sie zwei Arten von Fehlern gemacht haben könnten.

Die erste Art von Fehlern tritt auf, wenn wir etwas als wahr akzeptieren, was nicht wahr ist — z. B. zustimmen, daß die Sonne immer aufgeht — und dann eines Tages feststellen müssen, daß sie es nicht tut. Die zweite Art von Fehlern tritt auf, wenn wir etwas als unwahr annehmen, was tatsächlich wahr ist — wie etwa zu verkünden, daß die Sonne nicht immer aufgeht, und uns dabei letzten Endes jeden Morgen etwas komisch vorkommen.

Die Fehler der ersten Art werden von der ›reinen Wissenschaft‹ am meisten gefürchtet, weil ganze Theorien sich auf Phänomene stützen könnten, die als wahr angenommen werden, obwohl sie es eigentlich nicht sind. Deshalb werden alle Forschungsergebnisse — im besonderen Ergebnisse, die zur Untermauerung einer neuen Theorie herangezogen werden — einer rigorosen statistischen und logischen Analyse unterzogen, um ganz sicher zu sein, daß sie nicht auf Zufall beruhen oder auf Ursachen zurückzuführen sind, die von der Theorie nicht berücksichtigt werden.

Die Fehler der zweiten Art werden von denjenigen am meisten gefürchtet, die praktische Problemlösungsmöglichkeiten wie etwa neue Behandlungsmethoden testen. Im allgemeinen zögern Forscher, etwas als nicht wirksam zu beurteilen, und darauf aufbauend von der weiteren Erforschung dieser Behandlungsmethode abzuraten, falls sich doch noch herausstellen sollte, daß sie effektiv sind. (Wenn gefährliche Nebenwirkungen möglich sind, dann werden Fehler der ersten Art natürlich gleichermaßen gefürchtet.)

In diesem Sinne könnten wir einwenden, daß die in diesem Buch beschriebenen Untersuchungsergebnisse — im Hinblick auf eine einfache Lösung für die brennendsten Probleme dieser Welt — eigentlich mit großer Nachsicht betrachtet werden müssen, um einem Fehler der zweiten Art vorzubeugen. Die Erfahrung reinen Bewußtseins hat nicht nur keine schädlichen Nebenwirkungen, sondern sie hat sich für jeden unabhängig von seinem sozialen Status als sehr nützlich erwiesen. Sollte es sich herausstellen, daß sie in einem größeren Rahmen keine Wirkungen nach sich zieht, hat man nichts verloren.

Die in diesem Buch beschriebenen Untersuchungsbefunde haben jedoch in Wirklichkeit keine solch großzügige Behandlung erfahren.

Aber das haben diese Ergebnisse auch nicht nötig. Sie sind solide. Sie sind den härtesten Prüfungen zur Vermeidung von Fehlern der ersten Art unterzogen worden und haben diesen Test bestens bestanden. Ein unabhängiger Kriminologe sagte, nachdem er eine der Studien für die *St. Petersburg Times* durchgelesen hatte: »Diese Arbeit war, was den Versuchsplan betrifft, fehlerlos. Sie war ohne Makel.« [13]

Das wirkliche Problem heißt aber:
Wie ist das möglich?

Sie fragen sich wahrscheinlich, warum dieses neue Verfahren bis jetzt so wenig genutzt wird, wenn die Untersuchungen so hieb- und stichfest sind. Der gleiche Kriminologe, den wir gerade als Beispiel zitierten, sagte im gleichen Atemzug, nachdem er die Arbeit zuvor als ›makellos‹ bezeichnet hatte: »Aber ich glaube es trotzdem nicht! Es gibt keine Erklärung im derzeitigen wissenschaftlichen Denken für dieses Phänomen.«

Natürlich gibt es eine Erklärung — nämlich der obige Punkt 4 (reines Bewußtsein als eine Erfahrung des vereinheitlichten Feldes), die wir in Kapitel 5 behandeln. Es ist schwierig für die meisten von uns, dieses Konzept zu akzeptieren. Das universale, vereinheitlichte Feld, das postuliert werden muß, um die Feldwirkungen des reinen Bewußtseins zu erklären, ist nichts, was wir direkt sehen, anfassen, schmecken, riechen oder hören können. Wir müssen erkennen, daß die Unsichtbarkeit dieses Feldes nicht beinhaltet, daß wir seine Existenz nur auf der Ebene des Glaubens akzeptieren können. Einige der Grenzen der modernen Naturwissenschaft sind unseren Sinnen direkt zugänglich; wir haben alles, was dicht an der Oberfläche liegt, bereits erforscht. Aber diese unsichtbaren Phänomene können nichtsdestoweniger objektiv nachgewiesen werden. Sie können sogar sehr wirkungsvolle, sichtbare Technologien hervorbringen.

Viele von uns hinken jedoch der Zeit hinterher. Wir erfahren und glauben innerhalb der Randbedingungen einer physikalischen Welt, die den ›klassischen‹ Gesetzen der Physik unterworfen ist, solchen Gesetzen, die wir persönlich beobachten können — wie etwa den Gesetzen des freien Falls (»Was nach oben geht, muß auch wieder herunterkommen!«). Diese Prinzipien sind auf derjenigen Ebene gültig, auf der sie die Menschen mit ihren unvollkommenen Sinnen wahrnehmen. Diesen Gesetzen wurde sogar eine so große Bedeutung zugeschrieben, daß Physiker zu Beginn des Jahrhunderts glaubten, sie hätten bereits alles entdeckt, was es über die physikalische Welt auszusagen gäbe. Es fehlten nur noch einige wenige Details.

Ihre Selbstzufriedenheit wurde durch die Entdeckung einiger Ungereimtheiten wie etwa Radioaktivität und Relativität empfindlich gestört. Bald entdeckte man, daß auf den äußersten Ebenen der Schöpfung — den Ebenen der Atomkerne und der Galaxien — die Gesetze der klassischen Physik so oft verletzt wurden, daß ein ganz neues Verständnis der Realität entwickelt werden mußte. Materie und Energie büßten ihre vorherrschende Stellung ein und mußten sie an Felder abtreten.

Auf der Grundlage von Feldtheorien entstanden die Gesetze der Relativität und der Quantenmechanik. Mit ihnen entstanden so unglaubliche Konzepte wie Raum-Zeit-Geometrie, Supraflüssigkeit, Supraleitfähigkeit und neuerdings auch das vereinheitlichte Feld.

Es ist nicht etwa so, daß es für alle außer einem Physiker unmöglich ist, eine ›nichtklassische‹, physikalische Welt zu erdenken, die aus nicht-materiellen Quantenfeldern besteht. Zum Beispiel glauben wir alle, obwohl wir sie noch nie geschmeckt, gerochen oder sonstwie wahrgenommen haben, an die Existenz von Radioaktivität (ein Produkt von Quantenfeldern). Wir wissen, daß sie entscheidende Wirkungen hat, obwohl diese, etwa im Hinblick auf die menschliche Gesundheit, nicht wahrnehmbar sind und sich womöglich jahrelang nicht zeigen. Wir glauben an die Existenz von Radioaktivität, weil ein Fehler der zweiten Art (ihre Existenz zu leugnen, obwohl sie existiert) unser Überleben aufs Spiel setzen würde. Vielleicht verhalten sich die Feldeffekte des reinen Bewußtseins ähnlich, nur mit entgegengesetztem Wert für das Überleben.

Welchen Stellenwert haben in diesem Zusammenhang die Sozialwissenschaften?

Die Sozialwissenschaften befinden sich noch immer an dem Punkt, an dem die Physik einst feststellen mußte, daß ihre klassischen Gesetze versagen. Obwohl viele isolierte Tatsachen über das menschliche Verhalten entdeckt wurden, ist unser Verständnis als Ganzes immer noch recht bescheiden. Anders als bei der Physik haben die Sozialwissenschaften aus dieser Situation noch keinen Ausweg gefunden. Der Grund hierfür könnte darin liegen, daß die Sozialwissenschaften es bislang versäumt haben, nach einer Wechselwirkung zwischen dem menschlichen Verhalten und jenen subatomaren Phänomenen zu suchen, die zur Physik der Quantenfelder geführt haben. Schließlich muß ein vereinheitlichtes Feld auch den Menschen einschließen.

Natürlich haben die Physiker auch keine direkte Verbindung zwischen dem vereinheitlichten Feld und anderen menschlichen Belangen wie Kriminalität, Liebe, Autounfällen und Weltfrieden festgestellt. Aber in diesem Buch stellen wir die Behauptung auf, daß es eben eine solche Verbindung gibt. In der Tat sagen wir voraus, daß sie bis zum Beginn des nächsten Jahrhunderts für jeden äußerst offensichtlich sein wird. Aber wir bitten Sie, diese Möglichkeit ohne ein vorgefaßtes Urteil abzuwägen. Wir werden hierfür die Nachweise und Sie die geistige Offenheit liefern. Das ist alles, was notwendig ist.

Zum Aufbau dieses Buches

In diesem Kapitel sind die Hauptthemen dieses Buches vorgestellt worden. Das nächste Kapitel behandelt unsere oben erwähnten Punkte 1 und 2 — die Untersuchungen über die Wirkungen reinen Bewußtseins auf den einzelnen. Nach deren detaillierter Beschreibung werden in Kapitel 3 einige empirische Belege für den dritten Punkt beschrieben, indem zunächst die ersten soziologischen Studien diskutiert werden, in denen ein kleiner Prozentsatz von TM-Ausübenden in einer Stadt mit der dortigen Abnahme der Kriminalität in Verbindung gebracht wurde.

Kapitel 4 befaßt sich mit einem Experiment, in das der gesamte US-Staat Rhode Island einbezogen wurde. Kapitel 5 beleuchtet die Erklärungen für diese verschiedenen Ergebnisse, insbesondere Erklärungen aus der Quantenphysik — vgl. obigen Punkt 4. Kapitel 6 greift das Experiment auf, das zu der am Anfang dieses Kapitels beschriebenen Situation führte. In diesem Experiment wurde im Herbst 1979 der Feldeffekt reinen Bewußtseins auf fünf Krisenherde in der ganzen Welt angewandt. Kapitel 7 beschreibt weitere Anwendungen dieses Feldeffekts im Stadtbereich von Delhi (Indien), in Puerto Rico und Holland.

Kapitel 8 behandelt zwei Studien, die in Israel und in Washington D. C. (USA) mit der besonderen Absicht durchgeführt wurden, die Frage nach der Kausalität zu klären. Sie schließen somit die Kette von Nachweisen ab, indem sie aufzeigen, daß Menschen, die reines Bewußtsein erfahren, tatsächlich als *Ursache* für die Abnahme von Kriminalität, Gewalttätigkeiten, Autounfällen, Selbstmorden usw. anzusehen sind. Diese Befunde wurden in Verbindung mit der größeren Anzahl von Personen gebracht, die in einer Stadt reines Bewußtsein erfahren.

Kapitel 9 beschreibt die jüngsten Ergebnisse von Untersuchungen mit 1600 bzw. 7000 Versuchspersonen, die zusammen reines Bewußtsein erfuhren. Diese Anzahl von Menschen reicht anscheinend aus, um aufgrund von Vorausberechnungen die USA bzw. die gesamte Welt zu beeinflussen. In beiden Fällen waren die Ergebnisse überwältigend. Zum Abschluß stellt Kapitel 10 die Frage: »Was läßt sich hieraus ableiten?«

Innerer Friede ist vielleicht doch möglich

Eric weint. Er weint jeden Abend um diese Zeit, jedesmal, wenn Maryanne versucht, das Abendessen zu kochen, mit Paul über seinen Tagesablauf zu sprechen und über ihre eigenen Frustrationen zu berichten oder sie zu vergessen. Als Einjähriger versteht er nicht, daß er seine Eltern an den Rand der Scheidung treibt. Für Paul und Maryanne ist dieses Baby eine kaum mehr ertragbare Herausforderung. Wer hätte geahnt, daß das Familienleben so schwierig sein könnte?

Zwei Wochen später spielt Eric ganz ruhig. Er ist satt, und seine Schlafenszeit naht. Paul beobachtet ihn, während er den Tisch deckt. Im anderen Zimmer sitzt Maryanne mit geschlossenen Augen auf dem Bett — ihre Gedanken an Eric, Paul und alle Pflichten sind für eine Weile verschwunden. Letzte Woche hat sie angefangen zu meditieren. Sie tut es mittlerweile regelmäßig — jeden Morgen und jeden Abend. Wenn wir messen könnten, wie sich ihre Physiologie ändert, würden wir feststellen, daß ihre Herzfrequenz sehr niedrig ist, ihr Atem flach, und daß der biochemische Zustand ihres ganzen Körpers auf tiefe Ruhe und umfassende Regeneration hinweist. Aber ihr sanftes, entspanntes Lächeln verrät uns noch mehr.

Wenn sie fertig ist, ist Paul an der Reihe. Dann bringen sie Eric zu Bett, essen zu Abend und genießen den gemeinsamen Feierabend. Wer hätte gedacht, daß das Familienleben so schön sein könnte?

Maryanne und Paul stellten einfach fest, daß die Erfahrung reinen Bewußtseins eine ebenso angenehme, einfache wie auch wirkungsvolle Möglichkeit darstellt, um sich tagsüber wohler zu fühlen. In der Vergangenheit aber erschien diese Erfahrung einigen als etwas Dramatisches, ja sogar Erschreckendes.

Eine kurze Erfahrung dieser Art reichte oft aus, um den gesamten Lebensverlauf dieser Menschen zu ändern: um Bücher über reines Bewußtsein zu schreiben (Richard Bucke [1]), seine Existenz wissenschaftlich nachzuweisen (C. G. Jung [2], Gustav Fechner [3]) und im allgemeinen zu versuchen, die restliche Welt zu erleuchten (der heilige Augustinus und die heilige Teresa).

Zweifellos lag dies daran, daß diese Erfahrung so sehr mit dem Alltagsleben kontrastiert und so unerwartet kam. Auch heute kann sie einschneidend auftreten, aber um so weniger, wenn sie verstanden und erwartet wird, wenn sie sich sanft und natürlich einstellt und allmählich von Tag zu Tag deutlicher wird.

Aber bleiben wir nicht so unpersönlich. Nehmen wir an, *Sie* erfahren reines Bewußtsein. Nehmen wir weiterhin an, Sie hätten an einem Kurs in Transzendentaler Meditation (TM) teilgenommen.* Sie haben soeben Ihre Augen zur Meditation geschlossen und bemerken sofort, daß Sie sich ruhiger, gelassener und entspannter fühlen. Die geistige und körperliche Aktivität nimmt gleichzeitig ab. Sie beginnen den

---

*) Die TM-Technik wird in mehreren Büchern beschrieben:
F.-Th. Gottwald und W. Howald: *Selbsthilfe durch Meditation*. Landsberg: MVG, 1988.
B. Müller-Elmau: *Kräfte aus der Stille*. Düsseldorf: Econ, 1977.

von Ihrem Lehrer ausgewählten Meditationsgegenstand, einen Wortklang, zu benutzen, denn »er besitzt eine durch jahrtausendealte Überlieferung bekannte Klangqualität, die dem jeweiligen Nervensystem angepaßt ist«. Sie fahren damit fort, ohne sich dabei anzustrengen oder zu konzentrieren. Sie merken, wie Sie ruhiger werden.

Gedanken kommen und gehen. Ihre Atmung wird sehr flach. Sie sind sich vielleicht schwach bewußt, daß ein Hund auf der anderen Straßenseite bellt. Oder vielleicht denken Sie darüber nach, was Sie zum Abendbrot essen wollen. Auf jeden Fall geht es tiefer und tiefer nach innen.

Der Wortklang, den Sie bislang benutzt haben, wird immer leiser, immer subtiler, ...und plötzlich ist er verschwunden.

Die Gedanken sind ebenfalls verschwunden. Übrig bleibt nur Stille. Ein Gefühl des Ganzseins, der Unbegrenztheit. Vielleicht nur ganz flüchtig, vielleicht mehrere Minuten. Wenn diese Erfahrung wieder kommt, wird sie womöglich von Gedanken begleitet.

Das Gefühl von Stille und Unbegrenztheit wird somit zu einem Hintergrund für Gedanken, Wahrnehmungen, ...zu einer Leinwand, auf der sie spielen, ...zu einem Teich, auf dem sich kleine Wellen kräuseln...

Aber so wie die Minuten vergehen, kehrt diese Erfahrung immer wieder — manchmal klar und isoliert, manchmal jedoch nur vage und verschwommen. Gelegentlich scheint sie die Belange Ihres Alltags zu verdrängen und sie durch — so fremd dies auch klingen mag — ein tiefes Glücksgefühl zu ersetzen.

Und dann schauen Sie auf die Uhr, und zwanzig Minuten sind vergangen — genau auf die Minute. Sie brauchen einige Minuten, um aus diesem Zustand herauszukommen. Und dann beginnt ein aktivitätsreicher Tag oder Abend, und Sie fühlen sich wach, ausgeruht, energievoll und doch entspannt.

Untersuchungen zu den Veränderungen im Körper während der Erfahrung reinen Bewußtseins

So sieht die Erfahrung bei einem TM-Ausübenden aus. Wie beschreibt sie ein Physiologe?

Menschliche Erfahrungen sind von Tag zu Tag und von Person zu Person verschieden. Jedes Nervensystem ist unterschiedlich und verändert sich ständig. Wissenschaftler haben aber feststellen können, daß die allgemeinen physiologischen Wirkungen der Meditation einheitlichen Charakter haben.

Die meisten Untersuchungen befassen sich mit der physiologischen Funktionsweise während der gesamten Meditationsdauer, ohne die jeweiligen kurzfristigen Veränderungen zu berücksichtigen. Diese Studien sind in Tabelle 1 zusammengefaßt:

Tabelle 1

Typische physiologische Veränderungen,
die während der TM-Ausübung beobachtet werden:

- Verringerung der Stoffwechselrate [4, 5, 6, 7]
- Abnahme des Atemvolumens [8]
- Veränderung der Herzfrequenz [5, 9]
- Zunahme des Hautwiderstands (ein Anzeichen für Entspannung) [7, 11, 12, 13]
- Zunahme der muskulären Entspannung [14]
- Abnahme des Milchsäuregehalts im Blut (ein Anzeichen für Streßabbau) [7, 15]
- Verringerung des Cortisolspiegels (ein Streßhormon) [16, 17]
- Abnahme der Noradrenalinwerte (ein Anzeichen für körperliche Entspannung) [18]

- Anstieg des Serotoninspiegels (ein Hinweis auf Entspannung) [18]
- Vermehrte Synchronisation und Kohärenz im EEG (›Gehirnwellen‹) [19, 20, 21, 22, 23, 24]

Die der tiefsten Phase der Meditation, der Erfahrung reinen Bewußtseins, entsprechenden Phänomene zu isolieren, ist ein komplizierteres Unterfangen. Es ist schwierig, genau festzustellen, wann die Erfahrung sich einstellt, wie lange sie andauert und welche Merkmale sie besitzt. Darum ist die in Tabelle 2 aufgeführte Liste viel kürzer als Tabelle 1.

Tabelle 2

Physiologische Veränderungen, die während der eigentlichen Erfahrung reinen Bewußtseins auftreten:

- Fast völliger Atemstillstand [8, 25]
- Außergewöhnliches Absinken der Herzfrequenz [8, 25, 26]
- Starker Anstieg des Hautwiderstands (ein Maß für Entspannung) [8, 25]
- Beinahe völlig kohärentes EEG [8, 25, 26, 27]

Es wird normalerweise angenommen, daß die Untersuchung der Meditation über ihre Gesamtdauer von meist 20 Minuten, in der die Erfahrung reinen Bewußtseins einige Male auftritt, der Untersuchung der isolierten Erfahrung reinen Bewußtseins fast gleichkommt. Diese Erfahrung ist kürzer, dafür aber intensiver. Für praktische Zwecke ist diese Unterscheidung sicherlich nicht besonders bedeutsam. Trotzdem ist es interessant zu versuchen, das spezielle physiologische Muster zu isolieren, das mit der Erfahrung reinen Bewußtseins einhergeht.

Dies ist zum ersten Mal dem Physiologen John Farrow [8, 25] gelungen, der ein ausgeklügeltes, experimentelles

Verfahren anwandte, um die Untersuchungen an 125 TM-Ausübenden aus den USA und Europa durchzuführen. Die Versuchspersonen waren für die Dauer der Meditation an verschiedenste Meßgeräte angeschlossen. Zusätzlich mußten sie jedesmal unmittelbar nach der Erfahrung reinen Bewußtseins während der Meditation einen Druckknopf betätigen.

Reines Bewußtsein scheint eine sprunghaft auftretende Erfahrung zu sein, denn Farrows Versuchspersonen betätigten den Knopf oft mehrere Male während einer einzigen Meditation.

Farrow konnte feststellen, daß sich die physiologischen Parameter, die er beobachtete, in der Phase vor dem Knopfdruck sehr stark veränderten, d. h. als die Versuchspersonen reines Bewußtsein erfuhren. Wie aus Tabelle 2 ersichtlich ist, stellte sich eine viel stärkere Abnahme der Herzfrequenz ein, und die Anzeichen für körperliche Spannungen verringerten sich deutlich.

Perioden des Atemstillstands
Hinweise der Versuchsperson jeweils nach der Erfahrung reinen Bewußtseins während der Ausübung der TM-Technik

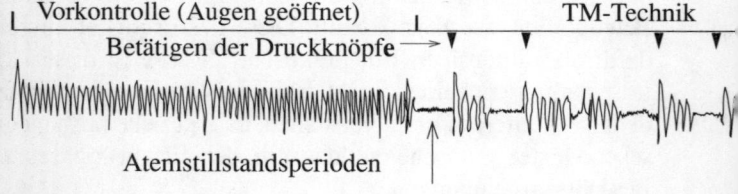

Vorkontrolle (Augen geöffnet)   TM-Technik
Betätigen der Druckknöpfe →
Atemstillstandsperioden

Zudem nahm das EEG (Gehirnwellenaufzeichnung) ein sehr kohärentes Muster an, und die Atmung setzte fast völlig aus (siehe Abbildung).

Und welche Erfahrungen machten die Untersuchungsteilnehmer kurz vor dem Betätigen des Knopfes? Farrow gab folgende Zusammenfassung der Erfahrungsberichte:

[Anfangs ist eine allmähliche Veränderung festzustellen. Sie ist] durch eine sich in zunehmendem Maße beruhigende und ordnende geistige Tätigkeit, durch Bewußtseinserweiterung und eine Auflösung mentaler Grenzen bis hin zu einem Zustand der ›Unbegrenztheit‹ gekennzeichnet... [Sie] ist im wesentlichen für alle Personen gleich. Sie wird nicht durch vorhergehende Ereignisse und Umstände, durch die Stimmung oder durch die verstreichende Zeit während der Erfahrung reinen Bewußtseins beeinflußt. Die Dauer der Erfahrung und ihre Klarheit können variieren, aber augenscheinlich nicht die grundlegenden Merkmale dieser Erfahrung. [25]

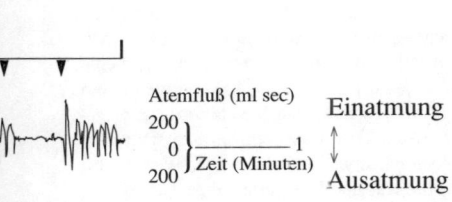

Atemfluß (ml sec)
200
0
200
Zeit (Minuten)
1

Einatmung
Ausatmung

Veränderungen des Atemflusses, die mit der Erfahrung reinen Bewußtseins in Verbindung gebracht werden. Die Versuchsperson war angehalten, nach jeder Erfahrung reinen Bewußtseins einen Druckknopf zu betätigen, was durch die schwarzen Dreiecke angezeigt ist (Daten aus [8, 25]).

Untersuchungen über die Wirkungen der Erfahrung reinen Bewußtseins auf das tägliche Leben

Die praktischen Vorteile der in Tabelle 1 und 2 aufgelisteten Wirkungen sind aufgrund der bisherigen Forschungsergebnisse zahlreich. Tabelle 3 führt die Ergebnisse einiger weniger Studien auf, die das Verhalten und die Leistungsfähigkeit von TM-Ausübenden untersuchten (wobei anzunehmen ist, daß sie alle, zumindest bisweilen, reines Bewußtsein erfuhren). Für diese Untersuchungen ist die Gegenüberstellung von TM-Ausübenden und Kontrollpersonen kennzeichnend, die diese Art der Meditation nicht anwandten. Bei vielen dieser Studien fand ein ideales experimentelles Design Anwendung, in welchem Versuchspersonen nach dem Zufallsprinzip vergleichbaren Gruppen zugeordnet wurden.* Eine der beiden Gruppen erlernte die TM-Technik, während die andere Gruppe sich z. B. lediglich zweimal täglich mit geschlossenen Augen für jeweils 20 Minuten

---

*) Im folgenden einige Beispiele für andere Versuchspläne: Verschiedene der in Tabelle 3 aufgeführten Studien verglichen TM-Ausübende mit Kontrollpersonen ähnlicher Merkmalsausprägung, die die TM nicht ausübten. Dabei wurden beide Gruppen untersucht, bevor die TM-Gruppe TM erlernte und danach. Einige Studien untersuchten lediglich TM-Ausübende vor und nach Erlernen der TM und/oder nach verschieden langen Zeitabschnitten nach Erlernen der TM.

Obwohl diese Designs, die keine Zufallsstichproben benutzten, weniger geeignet sind, um Kausalität nachzuweisen, reichen sie zumindest aus, um zwischen der Ausübung der TM und den in den Tabellen aufgeführten Wirkungen eine Verbindung erkennen zu lassen. In anderen Arbeiten [84, 85] argumentierten wir, daß es angesichts der Gesamtheit wissenschaftlicher Meditationsstudien genügend Nachweise gibt, um einen direkten kausalen Zusammenhang zu untermauern und um Alternativerklärungen wie etwa ›Selbstauswahl‹, ›Placebo-Effekte‹, ›Voreingenommenheit seitens des Versuchsleiters‹ und andere Probleme, die bei der Interpretation der Untersuchungsergebnisse eine Rolle spielen können, auszuschließen. Shear und Eppley haben zusätzlich eine ›Meta-Analyse‹, bezogen auf diese strittigen Punkte, durchgeführt. Sie stellten fest, daß keine der möglichen Alternativerklärungen aufrechterhalten werden kann. [86]

ausruhte. Nach Ablauf eines gewissen Zeitraums stellten die Forscher Änderungen bei der TM-Gruppe fest, die bei der Ruhe-Gruppe nicht auftraten.

Tabelle 3

Beobachtbare Veränderungen im täglichen Leben bei Ausübenden der TM-Technik:

■ Verbesserte neuro-muskuläre Koordination [28]
■ Größere Stabilität des autonomen Nervensystems [11, 12, 29]
■ Verkürztes evoziertes Potential (Reaktion des Gehirns auf Sinneseindrücke) [30, 31, 32]
■ Verbesserte spontane Nutzung der rechten bzw. linken Gehirnhälfte entsprechend der jeweiligen Aufgabe [33]
■ Schnellere Reaktionsweise des autonomen Nervensystems in bedrohlichen Situationen [11, 12, 29]
■ Senkung des Blutdrucks bei Patienten mit Bluthochdruck [34, 35, 36, 37]
■ Senkung des Cholesterinspiegels und des Blutdrucks bei Patienten mit hohen Cholesterinwerten im Blut [38, 39]
■ Größere körperliche Belastbarkeit bei Patienten mit Angina pectoris [40]
■ Verbesserung des Allgemeinzustandes und Verringerung des Strömungswiderstandes bei Patienten mit Bronchialasthma [41, 42]
■ Abbau von Schlaflosigkeit [43]
■ Verlangsamung des biologischen Alterungsvorgangs [44]
■ Verbesserte Hörfähigkeit [45, 46]
■ Gesteigerte Wahrnehmungsfähigkeit [47]
■ Geringere Anfälligkeit gegenüber Wahrnehmungstäuschungen [48]
■ Gesteigerte Feldunabhängigkeit [49]
■ Erhöhte Kreativität [50, 51]
■ Bessere Ergebnisse in Intelligenztests [50, 52, 53]

- Verbesserte Schulleistungen [54]
- Verbessertes moralisches Urteilsvermögen [55]
- Verminderte Angst [50, 56, 57, 58, 59, 60, 61]
- Weniger Depressionen, Feindseligkeit und neurotisches Verhalten [50, 53, 58, 62, 63]
- Erhöhte Selbstachtung, vermehrte Toleranz und Flexibilität [50, 56, 63, 64, 65]
- Zunehmende Selbstverwirklichung und internale Kontrollüberzeugung (›locus of control‹) [56, 58, 59, 62, 63, 66, 67, 68, 69, 70]
- Effizientere Rehabilitation von Patienten mit psychischen Störungen [71, 72], von Drogenabhängigen und Alkoholikern (Zusammenfassung in [73, 74]), von Strafgefangenen und jugendlichen Straftätern (Zusammenfassung in [75, 76])
- Erhöhtes Einfühlungsvermögen [77]
- Verbesserte Qualität des Familienlebens [66, 78, 79]
- Zunahme der Zufriedenheit im Beruf und verbesserte Beziehungen zu Vorgesetzten, Angestellten und Mitarbeitern [80, 81]

Tabelle 4 enthält eine Liste der neueren, aber weniger umfassenden Untersuchungen, die Veränderungen im täglichen Leben erfaßt haben, die direkt in Zusammenhang mit der Erfahrung reinen Bewußtseins stehen. Bei diesen Untersuchungen suchten die Forscher nach den physiologischen Mustern, die Farrow als Anzeichen für die Erfahrung reinen Bewußtseins ansah. Sie verglichen dann die physiologischen Merkmale von Meditierenden, die diese Muster häufiger während der TM-Ausübung aufwiesen, mit denjenigen, die diese Erfahrung nicht so häufig machten. Diese Korrelationsuntersuchungen lassen vermuten, daß die Erfahrung reinen Bewußtseins mit einer Reihe eindeutig positiver geistiger und körperlicher Veränderungen in Verbindung steht.

Tabelle 4

Faktoren, die direkt in Zusammenhang mit der Erfahrung
reinen Bewußtseins gebracht werden konnten:

- Kreativität [27, 82]
- Wahrnehmungsfähigkeit [82]
- Moralisches Urteilsvermögen [82]
- Neuro-muskuläre Koordination [83]
- Konzept-Lernen [83]
- Notendurchschnitte bei College-Studenten [82]

Aber vielleicht läßt sich dieser Einfluß der Erfahrung reinen
Bewußtseins auf die Bewältigung des täglichen Lebens
durch eine weitere wahre Geschichte noch etwas besser illu-
strieren:

Carol und ihr Vater sind seit dem Tod der Mutter sehr
eng miteinander verbunden. Obwohl Carol mittlerweile
glücklich verheiratet ist und zwei Staaten entfernt wohnt,
besucht sie ihren Vater noch immer für einige Wochen im
Jahr, um das freundschaftliche Verhältnis zu ihm aufzufrischen. Dieses Jahr wird sie von einem Neffen zum Essen
eingeladen, der ›nebenbei‹ erwähnt, daß ihr Vater vor einigen Jahren etwas gemacht habe, ›dem sie wohl nicht zustimmen würde‹. Der Neffe fährt dann fort, alle Einzelheiten zu
erzählen, ›einfach, um die Luft zu reinigen, nachdem jetzt
alles vorüber und vorbei ist‹.

Auf dem Weg nach Hause ist sie abwechselnd wütend und
deprimiert. »Wie ich immer zu ihm aufschaute, zu *ihm,*
der *mir* immer sagte, daß man hohe moralische Werte entwickeln müsse. Jetzt werde ich wohl wieder eine Therapie
machen müssen. Und was soll ich ihm heute abend sagen?
Ich sollte ihm richtig die Leviten lesen, aber so richtig! Der
krumme Hund. Aber ich liebe ihn *immer noch.* Und — er ist
mein Vater. Und trotzdem kann ich ihn jetzt einfach nicht
ausstehen.«

Glücklicherweise hat Carol vor kurzem mit der Meditation begonnen. Und so beschließt sie bei ihrer Ankunft im väterlichen Hause vor der Rückkehr des Vaters zu meditieren, um sich auf die Auseinandersetzung vorzubereiten. Am Anfang dreht sich ihr noch alles im Kopf vor Wut. Nach einer Weile aber hat sich alles gesetzt. Einmal in die Stille getaucht, kommt ihr der Gedanke, daß sie sich »eigentlich wegen dieser Angelegenheit nicht so aufzuregen *bräuchte*«. Und später, als sie mit der Meditation fertig ist, denkt sie weiter: »Na, so schlimm ist das Ganze eigentlich nicht. Was soll's? Wir machen ja alle mal Fehler. Wäre er ein guter Freund von mir, so würde ich ihn trösten: ›Wirklich zu schade, daß dir das passieren mußte. Hoffentlich ging alles gut aus. Kann ich dir irgendwie helfen?‹« Dann fragte sie sich: »Warum mache ich nicht genau das?« Und das tat Carol auch.

Meditierende begegnen Streß mit Ruhe und Gelassenheit

Es gibt eine einfache und beliebte Erklärung für Carols neue Sichtweise, für Pauls und Maryannes qualitativ besseres Leben und für all die in den Tabellen 3 und 4 aufgeführten wohltuenden Wirkungen. Wir nennen sie die ›Streß-und-Ruhe-Theorie‹. Sie entstand durch die richtungweisende Arbeit von Dr. R. K. Wallace, die 1970 in *Science* veröffentlicht wurde. Die aufregendste Beobachtung, die Wallace machte, war die Entdeckung, daß die Meditation einen sehr tiefen und ungewöhnlichen Ruhezustand herbeiführt. Diese Ruhe ist physiologisch viel tiefer als diejenige des Schlafzustandes, wobei allerdings die Versuchspersonen im allgemeinen völlig wach bleiben.

Dies stellt den Ruheaspekt der ›Streß-und-Ruhe-Theorie‹ dar. Wie sieht es mit dem Streß aus? ›Streß‹ ist heute zu einem Modebegriff geworden. Eine der entmutigendsten Entdeckungen, die im Zusammenhang mit Streß gemacht wurden, ist, daß positive Veränderungen genauso belastend sein können wie negative. Kündigung oder Scheidung — solche Situationen können sehr viel Streß erzeugen. Aber was ist, wenn man eine Gehaltserhöhung bekommt, heiratet oder in Urlaub fährt? Auch diese Ereignisse können sehr viel Streß beinhalten. Wir haben also nur zwei Möglichkeiten: ein fades, abwechslungsarmes Leben ohne große Veränderungen zu führen (viel Spaß!) oder die Wirkungen von Streß zu verringern. Das wiederum führt uns zum Ruheaspekt zurück.

Wir ruhen uns aus, um die Streßwirkungen zu neutralisieren. Ein Streßreiz (Stressor) kann körperlicher (z. B. eine Unterkühlung) oder geistiger Natur (z. B. zurückgewiesen werden) sein. Das Ergebnis der Streßeinwirkung kann wiederum körperlich (ein steifer Hals) oder geistig (Angstgefühle) sein. Ruhe ermöglicht es den natürlichen Regenerationsmechanismen, ihre Wirkungen voll zu entfalten. Halten wir uns nicht an dieses ›Gesetz‹, so sagt es uns der Körper, unser Unterbewußtsein oder unser Arzt deutlich: Knochenbruch? — Ruhe. Eine Infektion? — Ruhe. Ein Trauma? — Ruhe.

Aber es lassen sich dennoch nicht alle Streßwirkungen beseitigen, denn die meisten von uns merken, daß wir im Streß — selbst wenn wir genügend schlafen — viel leichter ermüden. Wir sind körperlich und geistig nicht so flexibel und verlieren leichter die Geduld und unsere Begeisterungsfähigkeit. Hält der Streß lange genug an, beginnen wir, uns auch ›alt‹ zu fühlen. Was wir also dringend brauchen, ist eine wirksamere Möglichkeit, uns auszuruhen. Eine Methode, die das Gehirn auf die bevorstehende Aktivität vorbereitet, dem Körper tiefe Ruhe gibt, nicht viel Zeit in Anspruch nimmt und so angenehm ist, daß wir sie auch tatsächlich benutzen. Die Methode sollte darüber hinaus kumulative Wirkungen hervorrufen, so daß nicht nur die gegenwärtigen, sondern auch die *vergangenen* Streßeinflüsse abgebaut werden können.

Die Erfahrung reinen Bewußtseins scheint diese Kriterien zu erfüllen. Hans Selye (der Entdecker des ›Streß‹) wies daraufhin, daß die physiologischen Veränderungen, die mit der TM-Technik in Zusammenhang gebracht werden (und damit auch mit der Erfahrung reinen Bewußtseins), »genau denjenigen entgegengesetzt sind, die die Medizin als typisch für die Streßsituationen identifiziert hat«. [87]

Diesen ›Streß-und-Ruhe-Vorgang‹ hat man einmal mit dem Einstellen eines Hochleistungsmotors verglichen — die Erfahrung des reinen Bewußtseins ermöglicht uns, die Störungen in unserem Körper zu beheben, die störempfindlichen Rhythmen abzustimmen, damit wir uns dann an dem fehlerlosen Betrieb eines wirklich bemerkenswerten Fahrzeugs zur Entfaltung des Lebens erfreuen können.

Wir könnten unzählige Beispiele für die positiven Wirkungen der Meditation und des reinen Bewußtseins auf Streß anführen. Der folgende Bericht gehört dabei zu unseren Lieblingsfällen.

Die Feldmans entschieden sich für ein Leben auf dem Land, ›um den Streß der Stadt hinter sich zu lassen‹. Ihre gesamten Ersparnisse legten sie in einer alten Farm an. Nach einem Jahr harter Arbeit platzte das alte Farmhaus aus allen Nähten. Es war vollgelagert mit den Ernteerträgen und den frisch eingekauften Wintervorräten.

In der Dämmerung eines kalten Oktobermorgens sprühten dann plötzlich Funken aus dem alten Holzofenrohr und setzten zuerst die Decke, später die Wände in Brand.

Steve und Ruth Feldman liefen nach draußen. Es war hoffnungslos. Sogar die alte Wasserpumpe wurde von den Flammen verzehrt. Was nutzten da die paar Eimer Wasser aus dem Brunnen neben dem Stall. Sie konnten gerade ein paar Habseligkeiten retten. Es waren ziemlich belanglose Sachen, die sie im Halbschlaf noch an sich reißen konnten.

Schließlich setzte Steve einen verrosteten Wassertopf in die brennenden Trümmer, um Wasser zu kochen. Er setzte sich hin. Niedergeschlagen achtete er nur noch darauf, daß sich der Brand nicht ausweitete. Ruth ging zu einem Nachbarn, um von dort aus einen guten Bekannten anzurufen, der im Nachbarstaat wohnte. Es war zufällig derjenige, der ihnen die Meditation empfohlen hatte.

Ihr Bekannter hörte zuerst zu, dann riet er ihr zu meditieren.

»Kann ich nicht«, erwiderte Ruth. »Ich werde nur weinen. Ich darf einfach nicht daran denken.«

»Meditiere!« hieß es kurz.

Also meditierte Ruth bei ihren Nachbarn in einem freien Zimmer. Im großen und ganzen war diese Meditation eine eher unangenehme Erfahrung. Aber es gab Augenblicke, in denen sie die Katastrophe vergessen konnte.

Als sie das Zimmer verließ, hatten sich schon weitere Nachbarn im Wohnzimmer eingefunden. Sie alle wollten helfen. Ruth bedankte sich und bat um einige Kleinigkeiten aus dem nächsten Laden: »Zahnpasta, zwei Zahnbürsten, zwei Handtücher. Blau. Ja, ich glaube, unser nächstes Badezimmer sollte blau sein.« Sie lachte und die anderen folgten ihrem Beispiel.

Jemand flüsterte: »Sie verhält sich erstaunlich gelassen. Sie ist so ruhig und tapfer und macht sogar Scherze. Wie schafft sie das bloß?«

Ruth wunderte sich selbst.

Natürlich wurde ihnen bis zum Abend die Schrecklichkeit ihrer Situation wieder voll bewußt. Aber es war wieder Zeit zum Meditieren, und beim Einsetzen der Nacht planten sie bereits ihr nächstes Heim. Und so verging die Zeit.

Ein Jahr später zogen sie in ihr neues Heim. Ruth und Steve verstauten Äpfel in Kisten für den Winter. Während sie arbeiteten, sprachen sie − auch ihre Gefühle waren Teil ihrer Ernte. »Außer dem finanziellen Verlust war das Feuer vielleicht ein verdeckter Segen. Vielleicht hätten wir sonst Jahre gebraucht, um uns ein neues Heim zu bauen.«

»Und dieses ist so viel sicherer.«

Einige Zeit arbeiteten sie stumm vor sich hin, dann fuhren sie fort:

»Weißt du, was mich am meisten beeindruckt, ist, daß Glück anscheinend nicht von guten oder schlechten Zeiten *abhängt*. Irgendwie waren wir dieses Jahr genauso glücklich.«

»Oder glücklicher. Das ist es. Es hängt davon ab, wie man die Sachen sieht und anpackt.«

»Ja, das glaube ich auch. Einiges im Leben haben wir halt nicht unter unserer Kontrolle. Aber unsere Einstellung dazu liegt mehr oder weniger in unserer Hand.«

Höhere Bewußtseinszustände

Es sieht so aus, als ob sich durch die Erfahrung reinen Bewußtseins Belastungssituationen besser verarbeiten lassen. Aber sowohl für diejenigen, die diese Erfahrung gemacht haben, als auch für diejenigen, die darüber geforscht haben, reicht diese Erklärung nicht aus, um die Wirkungen der Erfahrung reinen Bewußtseins ganz zu verstehen. Besonders die Tabellen 1 bis 4 weisen darauf hin, daß die Erfahrung reinen Bewußtseins eine Vielzahl von anderen Erfahrungen hervorzurufen scheint. In der Tat bewirkt sie anscheinend sogar eine allmähliche Veränderung des gesamten Lebensstils, indem sie dem Leben und den Gedanken des einzelnen einen Hintergrund von Stille und Ganzheit, Sicherheit und Unendlichkeit hinzufügt. Dieser alldurchdringende Einfluß hat zu einer anderen Erklärung geführt, die mindestens zwei ›höhere Bewußtseinszustände‹ umfaßt: (1) die Erfahrung reinen Bewußtseins selbst und (2) die Erfahrung reinen Bewußtseins *während* des Denkens und der täglichen Aktivität. Mit der ersten Erfahrung sind Sie bereits vertraut. Um Ihnen die zweite näher zu bringen, machen wir zunächst einen kleinen Exkurs.

Genauso, wie es in der Vergangenheit Beschreibungen von der Erfahrung reinen Bewußtseins gegeben hat, findet man auch Berichte über die Erfahrung von Aspekten reinen Bewußtseins zusammen mit allen anderen Bewußtseinszuständen − vor allem in der vedischen Literatur Altindiens. Man findet sie aber unter anderem auch in der christlich-monastischen Tradition. In der modernen Psychologie ist Maslow der erste, der hierüber schreibt. [88] In seinen Studien an selbstverwirklichten Menschen stellt er fest, daß sie durch ›Gipfelerfahrungen‹ charakterisiert sind, die der Erfahrung reinen Bewußtseins ähneln. Zusätzlich spricht er von ›Plateau-Erfahrungen‹, die bei Menschen auftreten, welche ›Gipfelerfahrungen‹ während ihrer täglichen Aktivität aufrechterhalten können.

Die erste physiologische Arbeit über diesen Zustand hat der französische Neurologe Jean-Paul Banquet an der Harvard Medical School durchgeführt. [89] Er untersuchte die Schlafphasen von Versuchspersonen, die diesen Zustand erfahren haben. Im Vergleich zu der Durchschnittsbevölkerung stellte er fest, daß diese Versuchspersonen viel weniger schliefen, sehr wenig träumten und keine Tiefschlafphasen kannten. Subjektiv berichteten sie, daß sie sich bewußt waren, körperlich die ganze Nacht zu schlafen und dennoch die ganze Zeit wach zu sein. Sie waren sich aber nicht *irgendeiner* Sache bewußt − außer der Tatsache, bewußt zu sein.

In anderen Arbeiten [82] wird beschrieben, daß Menschen mit dieser Erfahrung ein hohes Maß an EEG-Kohärenz während der Meditation aufwiesen. Fragte man sie nach ihren geistigen Erfahrungen, berichteten sie, daß ihre Gedanken wie »Wellen von Bewußtsein [waren]; d. h. die Stille begann zu vibrieren, und ich begann diese Schwingung... als eine Fluktuation... des Bewußtseins zu erfahren«. [27]

Neben Verbesserungen in verschiedenen psychologischen Maßen für geistige Gesundheit berichten Menschen mit Anzeichen dieses höheren Bewußtseinszustandes in ihrem täglichen Leben u. a. von folgenden Erfahrungen: »...eine ausgeprägte Stabilität und unbesiegbare Kraft, die in meinem Leben wachsen«, »...vollständig eingehüllt in einer unbeschreiblichen, weichen, göttlichen Sanftheit.«

»Alle Wünsche scheinen unterstützt zu werden... wie wenn sich überall Türen öffnen.«

»Ich erkannte Schönheit und Gutes in jeder Situation.«

»Ich fühlte mich wie sich bewegende Glückseligkeit.«

»Es herrscht eine Art von Heiterkeit und Leichtigkeit vor, die mir eigentlich nie verloren geht.« [90]

Diesen Exkurs haben wir gemacht, weil die wiedergegebenen Beschreibungen der ›höheren Bewußtseinszustände‹ vielleicht zu einem besseren Verständnis der umfassenden Wirkungen des reinen Bewußtseins beitragen können. In einem dritten und letzten Exkurs erklären wir nun, was wir eigentlich mit dem vertrauten und dennoch etwas mysteriös erscheinenden Begriff ›Bewußtsein‹ meinen.

Der Nobelpreisträger für Medizin Roger Sperry [91] definiert Bewußtsein als eine ›dynamisch auftretende Eigenschaft cerebraler Anregung‹. Oder in sehr einfachen Begriffen läßt sich Bewußtsein als das Ergebnis der allgemeinen Funktionsweise des gesamten Nervensystems auffassen. Von dieser Definition ausgehend sind dann spezifische Bewußtseinszustände das Ergebnis einer jeweils spezifischen Funktionsweise des gesamten Nervensystems. Z. B. entsteht aufgrund einer spezifischen physiologischen Aktivität der Schlafzustand. Dieses Aktivitätsmuster verändert sich dann grundlegend, und wir gelangen in den Traumzustand. Es gibt dann darüber hinaus noch eine weitere fundamentale Veränderung, die den Wachzustand zur Folge hat.

Es ist offensichtlich, daß die physiologischen Veränderungen, die während und nach der Erfahrung reinen Bewußtseins auftreten, zwei zusätzliche, abgrenzbare Funktionsstile hervorrufen. Diese beeinflussen jeden Teil des Nervensystems. Wir werden anpassungsfähiger, reaktionsfreudiger und intelligenter, als wir es in den drei gewöhnlichen Bewußtseinszuständen des Schlafens, des Träumens und des Wachens je sein können. Die Erfahrung reinen Bewußtseins für sich allein und während der täglichen Aktivität wird daher häufig mit zwei ›höheren‹ Bewußtseinszuständen in Verbindung gebracht.

Die physiologischen Unterschiede zwischen Bewußtseinszuständen werden am besten durch Gehirnwellenmessungen bzw. die Elektroenzephalographie (EEG) erfaßt. Im einzelnen kann man Bewußtseinszustände — besonders die höheren Zustände — durch *Kohärenz* der elektrischen Aktivität des Gehirns voneinander unterscheiden. (Unter ›EEG-Kohärenz‹ verstehen Wissenschaftler, daß bei gleichzeitiger Messung der elektrischen Aktivität unterschiedlicher Bereiche des Schädels in den Wellenmustern gleiche dominierende Frequenzen beobachtet werden können [23].) Im allgemeinen gilt: je größer die Kohärenz während der Meditation, um so bessere Leistungen werden bei verschiedenen Aufgaben außerhalb der Meditation beobachtet (kreatives Verhalten, flexible Problemlösung usw. [27, 82, 83]). Das EEG weist in bezug auf die verschiedenen Bewußtseinszustände während des Schlafens am wenigsten Kohärenz und geordnete Aktivität auf; während des Träumens etwas mehr und noch mehr während des Wachzustands. *Die ausgeprägteste EEG-Kohärenz konnte man jedoch während der Erfahrung reinen Bewußtseins feststellen.* [23]

Die Wichtigkeit von Kohärenz für die Förderung von geordnetem Verhalten stellt eigentlich keine Überraschung dar, wenn man bedenkt, daß jeder Bewußtseinszustand durch das Zusammenspiel einer Vielzahl von Teilen bestimmt wird. Offensichtlich bedeutet ein besseres Funktionieren (oder ein höherer Zustand) ein besseres *Zusammenspiel*. Jeder Manager, Diplomat, General, ja jedes Familienmitglied kann Ihnen die Voraussetzung für eine bessere Zusammenarbeit nennen: Kommunikation. Und das ist es wohl, was stattfinden muß, wenn das EEG Kohärenz während der Meditation aufweist. Alle Teile des Kortex funktionieren zusammen und erzeugen so fast identische Gehirnwellen. Um das zu erreichen, müssen die einzelnen Gehirnbereiche vollständig miteinander kommunizieren − sozusagen miteinander im Gleichschritt wie in einem riesigen Ballett tanzen.

Inwieweit beeinflußt die Kohärenz während der Meditation die Tagesaktivität? Es ist zu vermuten, daß, sobald dieser enge Austausch zwischen den Nervenzellen hergestellt ist, er auch nach der Meditation anhält. Wenn man also *nach* der Meditation einen Gedanken aufgreift (um ein Gedicht zu schreiben, eine neue Sportart auszuprobieren oder ein Problem zu lösen), so arbeiten noch alle Teile zusammen. Das Gedächtnis, die Sinne, Muskeln, Gefühle − sie alle wirken zusammen. Sie haben eine neue, bessere Funktionsweise entwickelt. In mancher Hinsicht lassen sich also die Veränderungen im täglichen Leben, die mit der Erfahrung reinen Bewußtseins assoziiert werden, besser als Ergebnis eines neuen, kohärenteren Bewußtseinszustands erklären als durch die Beseitigung von Streß durch Ruhe.

Betrachten wir noch eine andere wahre Begebenheit, welche die Möglichkeiten verdeutlicht, die sich aus der zunehmend kohärenten Funktionsweise des Gehirns ergeben.

Tricia hatte fast ihren Roman beendet. Mehrere Herausgeber eines großen Verlages lobten die Gliederung und die ersten Kapitel − sie dachten, es könnte ein Bestseller werden. Sie war fast soweit, ihn wegzuschicken. Nur noch die letzten zwei, drei Seiten fehlten. Sie mußten einfach gut werden.

Aber sie konnte sie nicht schreiben. Tage vergingen. Auf dem Papier schien alles so unpassend. Sie begann dann sogar, am Wert der ersten 400 Seiten zu zweifeln, wie auch an ihrer eigenen Fähigkeit, nach so vielen Jahren der Mühe Erfolg zu haben.

Dann eines Morgens, nach der Meditation, sagte sie sich: »Dieses verflixte Buch, ich hab's satt. Wenn du veröffentlicht werden willst, dann schreib dich mal selbst.« Zu ihrer Überraschung sah sie dann vor ihrem geistigen Auge eine ratternde Schreibmaschine — ohne Schreiber. Auf den Blättern waren Worte deutlich sichtbar — ein gelungenes Ende für ihr Buch.

Tricia las sie, merkte sie sich und schrieb sie alle nieder. Sie wußte, daß ›ihr Selbst‹ die Worte schrieb. Aber dieses ›ihr Selbst‹ war weitaus mehr mit dem in Einklang, was ihr Roman brauchte, als das Selbst, das sich so sehr angestrengt hatte, um dem Herausgeber zu gefallen oder um ein bestimmtes Image zu pflegen. Diese Erfahrung gab ihr enormes Vertrauen in ihre eigene Kreativität.

Und das Buch? Der Verkauf lief gut an, und das Buch wurde erfolgreich.

Kreativität hat man öfter als die Fähigkeit definiert, Beziehungen zwischen Dingen herzustellen, zwischen denen die meisten Menschen keine Beziehungen sehen. Beziehungen. Kohärenz. Kommunikation. Kein Wunder also, daß sich vermehrte Kreativität aufgrund der Erfahrung reinen Bewußtseins und seiner Stabilisierung im täglichen Leben als eines der wichtigsten Forschungsergebnisse herausstellte.

Künstler, Wissenschaftler und Geschäftsleute sind nicht die einzigen, die Kreativität brauchen. Das Leben in der heutigen Zeit an sich ist schon eine Herausforderung an die Kreativität, ebenso wie die Aufrechterhaltung des Friedens, sowohl auf der individuellen als auch auf der globalen Ebene. Kreativität, Beziehungen, Kohärenz, Kommunikation — sie alle sind eminent wichtig. Wir alle möchten angenehm leben, freundlich sein, Wachstum erfahren. Dafür benötigen wir eine Menge Kreativität.

Schlußfolgerung

Dieses Kapitel beschrieb die Veränderungen, die während und nach der regelmäßigen Erfahrung reinen Bewußtseins zweimal täglich auftreten. Wir haben uns sowohl mit nüchternen Daten als auch mit persönlichen Erfahrungen befaßt. Es ist offensichtlich, daß etwas sehr Konkretes und sogar Dramatisches im Leben derer stattfindet, die in diese höheren Bewußtseinszustände eintauchen.

Wir haben bereits im ersten Kapitel gesagt, daß sich anscheinend um Menschen herum, die reines Bewußtsein erfahren, einiges ereignet. Aber gehen wir schrittweise vor. Als Ausgangspunkt zeigten wir auf, daß die persönliche Erfahrung reines Bewußtsein von großer Bedeutung für soziale Harmonie und Weltfrieden ist. Vielleicht haben die vier wahren Geschichten dies am besten zum Ausdruck gebracht. Stellen Sie sich einmal die anderen Möglichkeiten vor: Eric ist ein geschlagenes, verbittertes Kind. Carol und ihr Vater sind vollkommen zerstritten und einander entfremdet. Die Feldmans leben in fortdauernder Trauer und einem Gefühl der Unsicherheit. Tricia versinkt in Frustration und Selbstverachtung. Menschen wie Eric, Maryanne, Paul, Ruth, Steve, Carol und Tricia machen diese Welt aus. Sie erziehen Kinder, drücken ihre Meinungen aus, wählen und erfüllen ihre jeweiligen Rollen in der Gesellschaft. Die meisten Theorien über die Entstehung von Kriminalität und Krieg besagen, daß jegliches gewalttätiges Verhalten die Frustration unglücklicher Menschen zur Grundlage hat. Unsere Welt besteht aus einer Menge einzelner Menschen. Sie bestimmen das Schicksal dieser Welt, bewahren oder zerstören sie, unterdrücken oder unterstützen ihre Bewohner und schaffen sehr oft die Voraussetzungen für Krieg. Regierungen, Geheimdienste, Armeen – sie alle bestehen nur aus einzelnen Menschen. Deutschland war zwischen den beiden Weltkriegen überfüllt mit verarmten, erniedrigten *Menschen*. Die *letztendliche* Ursache für die erhöhte Kriminalitätsrate in unseren Großstädten ist das größere Maß an individuellem Streß und Frustration.

Einzelne Menschen, individuelle Nervensysteme, im Streß oder ausgeruht, ungeordnet oder kohärent – es sind die einzelnen, die zählen. Wenn Sie anderer Ansicht sind, hören Sie sich noch eine letzte wahre Geschichte an.

Tony ist ein Freund von uns. Er ist ein junger US-Offizier an der vordersten Front des kalten Krieges. Wenn es in diesem Krieg zu brodeln anfängt, kontrolliert Tony persönlich die Vorbereitung und Abfeuerung mehrerer Dutzend Raketen, alle mit atomaren Sprengköpfen ausgerüstet.

Tony ist auch Meditierender. Wenn die globalen Spannungen ansteigen und er und seine Kollegen den Befehl erhalten, sofort auf ihre Posten zu gehen, dann stellt Tony zwischen sich und seinen Mitoffizieren und Mitarbeitern einen Unterschied fest. Sie werden laut, nervös, und neigen mehr dazu, einfache Dinge falsch zu machen, die ›natürlich eigentlich nie von Bedeutung sind‹. Im Gegensatz dazu merkt Tony, daß während dieser Augenblicke großer Gefahr – wenn niemand weiß, ob es jetzt wirklich losgeht oder nicht, und jeder *versucht,* ruhig und effizient zu sein – er gelassen, koordiniert, selbstbeherrscht und vollkommen effizient *ist*.

»Es ist fast eine Freude, die Selbstbeherrschung, die Ruhe im Innern, die Stabilität zu spüren. Was jeder zu spüren *versucht,* geschieht bei mir ganz von allein. Und ich merke, daß es diese tiefe Ruhe in mir ist, die ich während meiner Meditationen entwickelt habe. Sie beeinflußt auch die Menschen um mich – die anderen Offiziere und sogar meine Vorgesetzten. Und die Männer, die mir unterstehen, sind immer die mit der größten Gelassenheit.

Und danach fragt mich meistens jemand: ›Wie schaffen Sie das, so ruhig zu bleiben?‹ Eigentlich wundern sie sich immer: ›Warum sind Sie so glücklich? So entspannt? Welches Geheimnis haben Sie?‹ Dann sage ich es ihnen. Einige hören gar nicht so richtig zu, aber einige der Leute fangen mit der Meditation an. Sie erkennen, daß sie ihnen persönlich helfen kann und sie bei dieser Arbeit, die uns alle so sehr angeht, unterstützen wird.«

3

Der große Durchbruch:
ein Feldeffekt reinen Bewußtseins

Wenn wir innehalten und unsere Situation auf diesem Planeten betrachten, wird offenkundig, daß wir mit zunehmender Geschwindigkeit auf ein ungewisses Ziel zurasen. Es leben mehr Menschen auf diesem Planeten als je zuvor. In den letzten Jahrzehnten sind mehr wissenschaftliche und technologische Fortschritte erzielt worden als in den vorangehenden Epochen. Die ökologischen, politischen und wirtschaftlichen Veränderungen sind genauso atemberaubend. Die Veränderung selbst scheint exponentiell zu wachsen.

Natürlich stellt sich die Frage: »*Wohin* geht die Entwicklung eigentlich?« Die vorherrschende Meinung ist, daß wir uns, gelinde gesagt, direkt auf die Katastrophe zubewegen, weil unsere soziale und emotionale Evolution nicht mit unserer wissenschaftlichen und technologischen Entwicklung Schritt halten konnte. Wenn verantwortungsbewußte Menschen über dieses gefährliche Ungleichgewicht nachdenken, treten Gefühle der Hilflosigkeit auf. Selbst die klügsten Köpfe unserer Zeit scheinen angesichts eines möglichen nuklearen Krieges, der nur eines von vielen Problemen ist, vollkommen verwirrt zu sein.

Dies ist eine pessimistische und dennoch weitverbreitete Zukunftsvision, auf die wir uns zielstrebig mit großer Geschwindigkeit hinbewegen.

Falls Sie das Buch *The Right Stuff* gelesen oder den gleichnamigen Film gesehen haben, dann erinnern Sie sich sicherlich an die aufregenden Szenen um ›Mach 1‹ (die Schallgeschwindigkeit). Einige glaubten, daß Menschen nicht dazu bestimmt seien, sich mit so hoher Geschwindigkeit fortzubewegen, daß ihre Maschinen dem daraus resultierenden hohen Druck nicht standhalten würden, daß den Piloten irgendein mysteriöses, böses Schicksal erwarte, wenn er diese Barriere zu durchbrechen wagte. Als Chuck Yaeger sich zu seinem Flug aufmachte, wurde sein Flugzeug geschüttelt, Chuck wurde geschüttelt, und alle wurden mitgeschüttelt, als er sich dem geheimnisvollen Grenzwert näherte. Dann durchbrach er die Grenze... und flog in triumphaler, heiterer Stille.

In ähnlicher Weise gibt es eine andere Auffassung über die derzeitigen und zukünftigen Veränderungen auf unserem Planeten Erde — nämlich, daß wir uns rasant einem großen Umbruch nähern. Wir werden durchgeschüttelt. Der gesamte Planet wird geschüttelt. Die Bodenstation bittet uns, die Maschinen zu drosseln, abzuspringen oder sonst etwas zu tun! Aber wir sind aus dem ›Right Stuff‹, aus dem richtigen Holz geschnitzt und unser höchstes Ziel ist die Überwindung der selbstauferlegten Schranken.

Um eine solche Sichtweise die menschliche Zukunft betreffend aufrechterhalten zu können, braucht man natürlich den Glauben an die menschliche Intelligenz und Freundlichkeit — oder vielleicht an einen Schöpfer! Oder zumindest großes Vertrauen in die Fähigkeit des Menschen, sich zu verändern. Bisher verändert sich aber nur ein kleiner Prozentsatz der Erdbevölkerung durch die im letzten Kapitel beschriebenen Erfahrungen reinen Bewußtseins.

Wenn wir die heutige Situation aus unterschiedlichsten Blickwinkeln betrachten, gibt es da irgendwo einen vernünftigen Grund, warum wir es als menschliche Rasse schaffen sollten?

Mach 1, Urknall, LASER und die Frage: Bereitet sich vielleicht draußen in tiefer Dunkelheit schon der neue Morgen vor?

Wir kennen alle Argumente für die Behauptung, daß wir nicht über die notwendigen Mittel verfügen, um eine bessere Welt herbeizuführen. Doch ganz gleich, wie schlecht die Lage auch sein mag, lassen Sie uns darüber nachdenken, ob wir nicht Anzeichen für ein völlig neues Zeitalter erkennen können.

Die Natur ist voll solcher ›Phasenübergänge‹. Phasenübergänge sind Zeitabschnitte, in denen eine kleine zusätzliche Veränderung gänzlich anders geartete Zustände erzeugt. Schließlich entstand das Universum in einem kurzen Augenblick, aus einer kleinen energetischen Fluktuation. Oder führen Sie sich das erstaunliche Phänomen des LASERs vor Augen: anfänglich ist sie nur eine ganz gewöhnliche Lichtquelle, bis sie durch eine kleine, aber kritische Erhöhung der ausgestrahlten kohärenten Photonen transformiert wird. Oder denken Sie an Mach 1: es reicht eine geringe Erhöhung der Geschwindigkeit, um die Schallmauer zu durchbrechen. Oder vergegenwärtigen Sie sich die geringfügige Temperaturänderung eines Stoffes, die benötigt wird, um ihn gefrieren oder sieden zu lassen.

Sogar ›Zeitalter der Erleuchtung‹ sind von Historikern in der Weise beschrieben worden: Wenn eine bestimmte Anzahl von außergewöhnlichen Menschen in einer Kultur leben, scheint sich etwas in der Atmosphäre zu verändern, und Weisheit erblüht.

»Die Atmosphäre ändert sich.« Das ist die Kernidee. Einige Teile verändern sich, und das reicht aus, um das gesamte System umzuformen. Wenn Wasser siedet oder Licht kohärent wird, siedet der ganze Topf, der gesamte Lichtstrahl wird zu einem LASER. Oder wie Physiker es ausdrükken würden: das gesamte Feld wird erfaßt. Ein Phasenübergang ist ein Feldphänomen. Die Systemeinheiten — Photonen, Moleküle, Menschen — verändern sich plötzlich alle auf die gleiche Weise zeitgleich, *nachdem* zunächst nur einige wenige durch diese Veränderung hindurchgegangen sind.

Genauso kann eine für diesen Planeten kritische Anzahl von Menschen, die durch die Erfahrung reinen Bewußtseins etwas kohärenter, etwas geistig klarer wird, ausschlaggebend dafür sein, daß wir diese Zeit der Erschütterungen hinter uns bringen und uns wie nie zuvor am Leben erfreuen. Es ist eigentlich eine ganz einfache Sache.

Durchbruch: Der Same ist eingepflanzt

Wie bei allen einfachen, gewagten Ideen waren auch hier im Grunde schon immer alle Bestandteile vorhanden gewesen. Tatsächlich ist dies auch im Falle des reinen Bewußtseins so. Die Vorstellung, daß die Erfahrung dieses Zustands das Umfeld beeinflussen könnte, ist schon immer in vager Form in vielen Kulturen vorhanden gewesen. Zum Beispiel beschreibt in der christlichen Tradition das Buch *The Cloud of Unknowing* von einem unbekannten englischen Priester des 14. Jahrhunderts (deutsch: Anonymus, *Die Wolke des Nichtwissens,* Johannes Verlag) die Erfahrung des reinen Bewußtseins, ihre physiologischen und psychologischen Wirkungen und das Konzept der ›reinen Kontemplation‹, wie er es nannte. Die Wirkungen auf die Welt als Ganze sind wie folgt beschrieben: »Der gesamten Menschheit wird auf wunderbare, aber dir unerklärliche Weise durch Dein Handeln [die Handlung des Erfahrenden] geholfen... Es ist von Nutzen für deine Freunde, natürliche und spirituelle, tote oder lebende.« Mehr als alle Handlungen oder Tugenden ist es das Beste, »ohne welches alles andere buchstäblich wertlos erscheint«. [1]

In ähnlichen Worten beschreibt der heilige Johannes vom Kreuz, der im Spanien des 16. Jahrhunderts lebte, daß gute Werke zu tun solange wertvoll ist, bis man das erfährt, was wir mit reinem Bewußtsein bezeichnen. Dann sollte man »nicht in andere Werke oder äußerliche Übungen verwickelt sein, weil ein kleines bißchen dieser Liebe Gott und der Seele wertvoller und der Kirche dienlicher ist – obwohl man dem Anschein nach nichts tut – als all diese anderen Werke zusammen genommen«. [2]

In der jüdischen Tradition wird der soziale Wert der Erfahrung des ›göttlichen Nichtsseins‹ oder des ›Nichts‹ durch den Begründer der chassidischen Bewegung, Ba'al Shem Tov, verdeutlicht. Dadurch »erhebt der Mensch alle Welten« und »bringt neues Leben in diese Welt, weil er dieser Welt Wohlstand bringt (falls seine Absicht darauf ausgerichtet ist), oder der Welt, die kommen wird«. [3] Und Jacob Teshima berichtet, daß der Rabbi Dov Baer, der große Prediger, der 1772 starb, und sein Schüler, Rabbi Levi Isaac, behaupteten, daß »die Erneuerung kosmischer Kraft und sogar des Verlaufs der Geschichte durch die Rückkehr des Menschen zum unendlichen Gott im vereinten Herzen bei Auflösung der Individualität möglich wird«. [4]

In Dov Baers eigenen Worten: »Der Mensch sollte den Kontakt mit dem Nichts aufrechterhalten, so daß er alles zusammenbringen kann (um es zu erneuern)… Wann immer das Volks Israels die Dimension des Nichts erreicht, erhält alles diese Dimension, und unser gerechter Messias wird kommen.« [4]

Laut Teshima glaubten die Chassiden, daß solche Augenblicke wesentlich sind, denn durch sie »erlöst Gott die Verbannten der gesamten Schöpfung, die nach Erlösung suchen, und er erlöst die Heiligkeit ihres Seins in die Hand des Schöpfers hinein. Nicht nur Zaddik (der als heilig verehrte Lehrer im Chassidismus), sondern auch jeder Jude muß darum bestrebt sein, die Augenblicke der Einheit zu reproduzieren«, deren Ziel ein »unaufhörlich strahlender Glanz des ganzen Universums ist«. [4]

In der Tradition des Zen lehrte Dogen (1200—1253), der Begründer der Soto-Schule, daß ein Moment der Buddha-Erfahrung dem gesamten Universum *Satori* bringt, die gesamte Welt, jeder einzelne »im Herzen und im Körper gereinigt wird... jede Kreatur hat an dem gleichen Ereignis teil (wahre Erleuchtung)«. [4]

In allen Traditionen gibt es auch ›Aktivisten‹ — Menschen, die danach streben, sich selbst und die Welt durch gute Werke zu vervollkommnen (zeitgemäß ausgedrückt, wahrscheinlich ›soziale Hilfeleistungen‹). Während ihre Ziele denen der ›Kontemplativen‹ ähnlich sind, werden die Mittel, diese zu verwirklichen, unterschiedlich beurteilt. Die Kontemplativen sind für gewöhnlich bei einer solchen Diskussion im Hintertreffen. Es sieht nämlich so aus, als ob sie lediglich in ihren Zellen, Höhlen oder Wohnungen sitzen und ihre Augen vor den Problemen der Welt verschließen. In der Zwischenzeit sind die Aktivisten eifrig damit beschäftigt, ihre Probleme zu lösen. Die Kontemplativen sind sich aber sicher, daß sie die Welt um sich herum sogar stärker beeinflussen.

Solange die Frage nur theologisch oder ethisch und nicht wissenschaftlich behandelt wurde, hatten die Kontemplativen keine Möglichkeit, ihre Behauptungen zu beweisen. Noch viel weniger hatten sie die Mittel, objektiv nachzuweisen, was die entscheidende Erfahrung ist, wer sie hat und wie oft. (Wenn man bedenkt, wie vage die Techniken im allgemeinen beschrieben werden, ist es durchaus möglich, daß die eigentliche Erfahrung — nicht das Suchen danach und ihre Verherrlichung — in den meisten Traditionen sehr selten vorkam.) Grundlegend wurde diese Frage erst beantwortet, als die Erfahrung reinen Bewußtseins in wissenschaftliche Begriffe gefaßt, empirisch überprüft und theoretisch erklärt wurde.

Der Same wird begossen

Zwei Konzepte, die sich als zentral erwiesen haben, sind die der Phasenübergänge und Feldeffekte. Seit den frühen siebziger Jahren sind sie aus den Naturwissenschaften nicht mehr wegzudenken.

Sozialwissenschaftler sprachen gleichfalls von sozialen Feldern und kulturellen Phasenübergängen, und Physiologen begannen ebenfalls, diese beiden Konzepte auf die Vorgänge im Gehirn während der Erfahrung reinen Bewußtseins anzuwenden.

Sie erkannten, daß, sobald eine ihrer Versuchspersonen die Augen zur Meditation schloß, die EEG-Kohärenz sich unter den Neuronen des cerebralen Kortex (Gehirnrinde) ausbreitete, daß also mehr und mehr Neuronen anfingen, zu ein und demselben Zeitpunkt zu feuern (der als Beginn des Phasenübergangs aufgefaßt werden könnte), und daß der gesamte Bereich des frontalen Kortex (vordere Gehirnpartien) Gehirnwellen von gleicher Frequenz und Phase erzeugte. Zu diesem Zeitpunkt verändert sich auch die subjektive Erfahrung.

Spezifische Gedanken (die wahrscheinlich an lokalisierbaren Stellen des Kortex entstehen) treten in den Hintergrund, und die Erfahrung reinen Bewußtseins herrscht vor — also weder Gedanken noch Gefühle, nur reine Bewußtheit, an deren Entstehung wahrscheinlich das Gehirn als Ganzes beteiligt ist.

Dieses Phänomen als einen Phasensprung in einem Feld aufzufassen, scheint die beste physiologische Erklärung für die Erfahrung reinen Bewußtseins zu sein.*

---

* Das Neuron selbst funktioniert aufgrund von Phasenübergängen: Sobald ein kritisches chemisches Gleichgewicht erreicht ist, wird eine Alles-oder-Nichts-Schwelle überschritten, und das Neuron feuert, d. h. sendet einen elektrischen Impuls zur nächsten Nervenzelle aus.

Endlich keimt der Samen

1974 fand in Arosa in der Schweiz eine Konferenz über reines Bewußtsein und den Stand der damaligen wissenschaftlichen Forschung statt. Sie setzte sich aus einem interdisziplinären Kreis von Physikern, Mathematikern, Chemikern, Physiologen, Pädagogen, Wirtschaftsfachleuten und Sozialwissenschaftlern (uns eingeschlossen) zusammen, die theoretische, forschungsmäßige und anwendungsbezogene Aspekte diskutierten. An der Diskussion nahm auch Maharishi Mahesh Yogi teil, der Entwickler des TM-Programms, der die vedische Sichtweise darlegte. In dieser fruchtbaren interdisziplinären Atmosphäre wurden Parallelen zwischen den Veränderungen im Nervensystem während der Erfahrung reinen Bewußtseins und verschiedenen Beispielen von Phasenübergängen in anderen Bereichen gezogen.

Schließlich machte jemand ganz im Sinne der anthropozentrischen Tradition die unschuldige Bemerkung, daß einige wenige ruhige und weise Menschen, die sich einer inkohärenten Menge anschließen, oft bewirken, daß sich innerhalb dieser Gruppe Ruhe und Weisheit einstellen. Ebenso bemerkten Pädagogen und Wirtschaftsexperten, daß einige Meditierende in ihren jeweiligen Institutionen bzw. Organisationen häufig die Produktivität und Moral der gesamten Gruppe verbesserten.

An diesem Punkt deutete Maharishi Mahesh Yogi an, daß aufgrund seiner Beobachtung der Veränderungen, die bereits in Gebieten auftraten, in denen viele Meditierende wohnten, eine Gruppe oder auch die Gesamtbevölkerung von einem geringen Teil, in der Größenordnung von 1 % des Ganzen, positiv beeinflußt werden könnte. In großen Ländern würde sogar weniger als 1 % ausreichen. Er fügte hinzu, daß diese Wirkungen nicht notwendigerweise durch das Handeln oder Sprechen der Meditierenden aufträten, sondern allein durch ihre Erfahrung reinen Bewußtseins.

Der ganze Saal war in Aufruhr. Die Physiker und die Biologen schienen besonders erregt. Sie zeigten die Parallelen zu anderen Phasenübergängen auf und betonten, daß es zur Erklärung der Fernwirkungen notwendig sei, Feldeffekte zu postulieren. Für Sozialwissenschaftler wie uns war dieser Vorschlag aber sehr schwer zu verdauen. Wir gingen kopfschüttelnd nach Hause.

Nach der Konferenz schrieben wir wegen dieser These an einen Freund, den Soziologen Garland Landrith. Er empfand es als sinnlos, darüber zu diskutieren — man sollte die Behauptung ganz einfach nachprüfen!

Die bahnbrechenden 1%-Studien von Landrith

Mit Daten der TM-Lehrorganisation suchten Landrith und der Psychologe Candace Borland nach Städten in den USA, in denen 1% der Einwohner meditierte (und denen durch die Meditation erfahrungsgemäß reines Bewußtsein bekannt ist). Als groben, aber leicht zugänglichen Maßstab für soziale Kohärenz in einer Stadt nahmen sie die jährlichen Kriminalitätsstatistiken des FBI zu Hilfe.

Die neuesten Daten waren für das Jahr 1973 verfügbar. Landrith entdeckte, daß es unter den Städten mit einer Bevölkerung von über 25000 elf gab, die eine meditierende Bevölkerung von mehr als 1% hatten. Zum Vergleich wählte er elf weitere Städte aus — alle mit einem weitaus geringeren Prozentsatz von TM-Ausübenden, die in bezug auf ihre Bevölkerungsstruktur, Lage, Hochschulen und die bisherige Kriminalitätsrate den ›1%-Städten‹ am ähnlichsten waren. Wie zu erwarten, entsprach die Veränderung der Kriminalitätsraten von 1972 bis 1973 in den zuletzt erwähnten Städten mit einem geringen Anteil Meditierender der nationalen Tendenz, nämlich einem durchschnittlichen Anstieg von 8,3%.

Die 1%-Städte wiesen jedoch auffallend andere Werte auf: Jede von ihnen zeigte einen *Rückgang* der Kriminalität. Der Durchschnitt lag bei − 8,2%! (Diese Ergebnisse sind in der Abbildung 3.1 graphisch dargestellt.) Der Unterschied in bezug auf die Veränderung der Kriminalitätsrate von 1972 bis 1973 zwischen den 1%- und den Nicht-1%-Städten war so groß, daß die Wahrscheinlichkeit eines Zufalls − das ›Signifikanzniveau‹ − weniger als 1:1000 betrug.

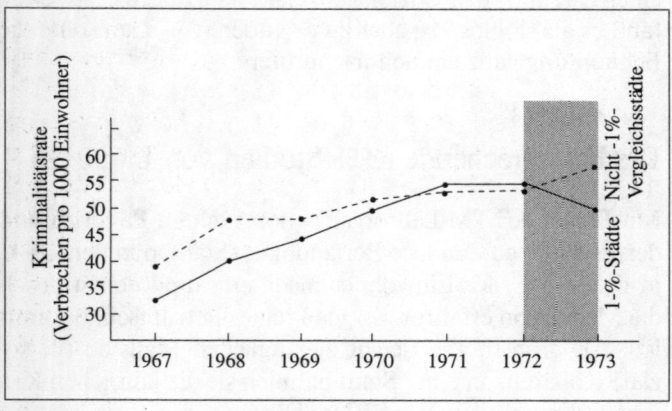

Abb. 3.1 Durchschnittliche Kriminalitätsrate von 1%- und Nicht-1%-Städten vor (1967 − 1972) und nach dem Zeitpunkt (1973), zu dem die 1%-Städte eine meditierende Bevölkerung von 1% aufwiesen (Daten aus [5]).

Verursacht ein zunehmender Prozentsatz von Menschen, die reines Bewußtsein erfahren, einen Rückgang der Kriminalitätsrate?

Landriths grundlegende Ergebnisse sind inzwischen durch eine Vielzahl weiterer Untersuchungen bestätigt worden, von denen wir in diesem und den folgenden Kapiteln noch einige diskutieren werden. Spätere Untersuchungen haben eine solche Vielfalt von Versuchsplänen und statistischen Methoden verwendet, daß es fast unmöglich ist, diesen Zusammenhang — oder, statistisch ausgedrückt, diese ›Korrelation‹ — zwischen dem prozentualen Anteil Meditierender und den Veränderungen sozialer Indikatoren zu ignorieren.

Häufig reichen solche Zusammenhänge aus, um Wissenschaftler davon zu überzeugen, daß eine Veränderung in etwas, das wir mit A bezeichnen, eine Veränderung bei B ausgelöst hat. Z. B. wird weitgehend angenommen, daß verheiratet zu sein (A) förderlich ist für die geistige Gesundheit (B), weil Verheiratete im Durchschnitt eine bessere psychische Gesundheit aufweisen. Trotzdem könnte man argumentieren, daß geistig gesunde Menschen (B) es einfacher finden, zu heiraten (A) und verheiratet zu bleiben; oder vielleicht, daß es einen dritten Faktor gibt, z. B. Ausbildung oder Einkommen, der sowohl geistige Gesundheit fördert als auch die Wahrscheinlichkeit erhöht, verheiratet zu sein. Aber für viele Menschen hat es einfach mit ›gesundem Menschenverstand‹ zu tun, daß in diesem Fall A die Ursache von B ist.

Es sind jedoch eindeutigere Nachweise erforderlich, wenn jemand eine Vorstellung von einem A entwickelt, das ein B verursacht, und das nicht so sehr den kulturellen Übereinkünften von wahrscheinlichen Zusammenhängen entspricht — z. B., daß Menschen, die reines Bewußtsein erfahren, andere Menschen ohne bestehenden sozialen Kontakt beeinflussen. Zunächst einmal muß zwischen A und B ein fundierter Zusammenhang bestehen. *Dann* muß die Richtung der Kausalität bestimmt werden — nämlich, daß A jenes B hervorgerufen hat und nicht umgekehrt, und daß kein dritter Faktor Ursache für beide ist. Im vorliegenden Fall könnten Skeptiker argumentieren, daß irgendein dritter Faktor dafür verantwortlich sei, daß der Anteil TM-Praktizierender anstieg und sich die sozialen Bedingungen verbesserten. Wenn sich die wirtschaftlichen Bedingungen in einer Stadt verbessern, könnte weniger Kriminalität auftreten und ein erhöhtes Interesse an persönlicher Entwicklung, z. B. durch Meditationskurse, sichtbar werden.

Sozialwissenschaftler können fast immer einen plausiblen dritten Faktor als Alternativerklärung für Korrelationsergebnisse finden, besonders dann, wenn die Korrelation sehr überraschend ist. Idealerweise interpretiert man Korrelationsergebnisse auf der Grundlage eines ›wirklichen Experimentes‹, das die anderen möglichen Ursachen kontrolliert. Z. B. wird bei einem ›wirklichen Experiment‹ eine Gruppe willkürlich in zwei kleinere Untergruppen aufgeteilt. Eine Untergruppe wird der angenommenen Ursache ausgesetzt, während die andere als Kontrollgruppe von dieser Einwirkung unbeeinflußt bleibt. Dann werden Daten erhoben, um festzustellen, ob sich eine Untergruppe gegenüber der anderen grundlegend verändert hat. Wenn ja, dann kann diese Veränderung ursächlich mit großer Sicherheit nur auf dem systematischen Unterschied zwischen beiden Gruppen beruhen (nämlich dem angenommenen Einfluß ausgesetzt gewesen zu sein bzw. nicht ausgesetzt gewesen zu sein).

Ein anderes experimentelles Design verwendet nur eine Gruppe, die auch ihre eigene Kontrollgruppe bildet. Zuerst wird festgehalten, wie sich diese Gruppe normalerweise verhält. Dann wird ihr Verhalten während der experimentellen Phase gemessen, in der sie dem angenommenen Einfluß ausgesetzt ist. Abschließend werden wieder weitere Kontrollmessungen durchgeführt, ohne daß die Versuchsgruppe einem experimentellen Einfluß unterliegt. Verschiedene Versuchspläne sind für verschiedene Versuchszwecke und -situationen geeignet.

Bei Untersuchungen mit sofortigen praktischen Implikationen und bei sozialwissenschaftlichen Studien ganz allgemein sind jedoch solche Experimente gewöhnlich nicht möglich. Z. B. ist es bei der obigen Fragestellung nach dem kausalen Zusammenhang zwischen dem Status des Verheiratetseins und der geistigen Gesundheit nicht möglich, eine Gruppe auszuwählen, die heiratet, und eine andere zu verwenden, die ledig bleiben soll. Oder ein noch besseres Beispiel ist die bekannte Schlußfolgerung der Gesundheitsbehörden, daß das Rauchen gesundheitsschädlich sei. Alle Untersuchungen, die Rauchen und Krebs in Zusammenhang brachten, waren korrelativer Natur. Natürlich gab es auch Laborexperimente mit Tieren. Aber es ist undenkbar, eine Gruppe mehrere Jahre lang rauchen zu lassen und einer anderen Gruppe das Rauchen zu verbieten, um dann anschließend festzustellen, bei wie vielen Teilnehmern der jeweiligen Gruppe sich Lungenkrebs entwickelt hat.

Glücklicherweise reichen statistische Methoden immer noch für die Durchführung von ernstzunehmenden sozialwissenschaftlichen Untersuchungen aus, ohne daß man auf Laborexperimente zurückgreifen muß. Zweifellos haben Statistiker gerade deshalb, weil viele wirklich entscheidende oder kontroverse Einflüsse auf den Menschen nicht experimentell überprüft werden können, viele einfallsreiche Methoden entwickelt, um die Richtung der Kausalität bei vorliegendem korrelativen Datenmaterial zu ermitteln. Diese Methoden haben sich als unabdingbar für die Erfassung von Wirkungen erwiesen, die aus der Erfahrung reinen Bewußtseins resultieren.

Der gebräuchlichste Ansatz beinhaltet zwei Schritte: Zuerst listet man alle bekannten, plausiblen Drittfaktorerklärungen für einen spezifischen Zusammenhang auf. Dann wendet man besondere statistische Verfahren an, um den möglichen Zusammenhang zwischen den beiden ursprünglichen Faktoren bei Konstanthaltung der Drittfaktoren abzuschätzen. Z. B. könnte ein Drittfaktor in einer Raucheruntersuchung das Leben in einer Stadt sein — die Spannungen städtischen Lebens könnten das Rauchen begünstigen, und die Umweltverschmutzung Lungenkrebs fördern. Deshalb würden Statistiker den Zusammenhang zwischen Rauchen und Lungenkrebs gesondert für Großstadtbewohner, Kleinstadtbewohner und Bewohner ländlicher Gegenden analysieren. Danach faßt man die Ergebnisse zu einer durch spezielle Methoden berechneten Korrelationsgröße zusammen, die den Zusammenhang zwischen Rauchen und Lungenkrebs entsprechend der Stadtgröße anzeigt. Dieses Verfahren wird als ›Partialkorrelation‹ oder als ›Kovarianzanalyse‹ bezeichnet. Weil der Zusammenhang zwischen Rauchen und Lungenkrebs trotz der Berücksichtigung aller vernünftigen Drittfaktoren bestätigt werden konnte, fühlten sich die Gesundheitsbehörden genügend abgesichert, um Zigarettenpackungen mit einer Warnung zu versehen.

Genauso ist es praktisch nicht machbar, in einigen Städten 1% der Bevölkerung TM ausüben zu lassen, und zu versuchen, dies in anderen Städten zu unterbinden. Die Erforschung des 1%- oder Maharishi-Effekts kam einen großen Schritt voran, als der Psychologe Michael Dillbeck und seine Mitarbeiter in dem *Journal of Crime and Justice* [6] einen Artikel über die Ergebnisse ihrer Forschungstätigkeit veröffentlichten. In ihrer Arbeit hielten sie die möglichen Hauptdrittfaktoren aus Landriths Untersuchungen der elf 1%-Städte und der zugehörigen Nicht-1%-Kontrollstädte konstant und fügten noch weitere 13 kleinere 1%-Städte mit den jeweiligen Kontrollstädten (mit einer Bevölkerung von 10000 bis 25000 Einwohnern) hinzu. Jede Gruppe bestand also aus jeweils 24 Städten. Es wurde jeder statistisch erfaßbare Faktor konstant gehalten, der — wie kriminologische Untersuchungen zeigen — einen Einfluß auf die Änderung von Kriminalitätsraten hat. Untersucht wurden Veränderungen in der Stärke der polizeilichen Präsenz, der Bevölkerung, der Bevölkerungsdichte, Mobilität der Bewohner, Pro-Kopf-Einkommen, Ausbildung, Altersverteilung der Bevölkerung, Arbeitslosigkeit und Prozentsatz der sozialhilfebedürftigen Einwohner.

Dillbeck und seine Kollegen stellten fest, daß die ursprünglichen Ergebnisse von Landrith durch die eingeführten statistischen Kontrollverfahren unberührt blieben. Mit anderen Worten: *Die Drittfaktoren kommen als Ursache für die beobachteten Ergebnisse nicht in Betracht.* Daher scheint die Zunahme des Anteils Meditierender die beste Erklärung für die beobachtete Abnahme der Kriminalitätsraten in den untersuchten Städten zu sein. In der Tat stellten Dillbeck und seine Mitarbeiter fest, daß Veränderungen des prozentualen Anteils der Meditierenden bessere Vorhersagen über die Änderungen der Kriminalitätsrate ermöglichten als alle anderen untersuchten Faktoren!

Abb. 3.2 Durchschnittliche Tendenzveränderung in den Kriminalitätsraten bei 1%- und Nicht-1%-Städten (basierend auf den in [6] enthaltenen Daten)

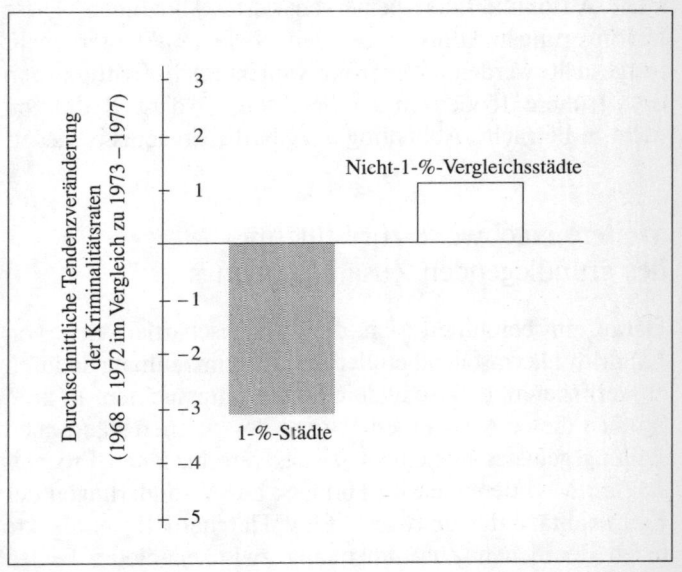

Dillbeck überprüfte auch die Langzeit-Zuverlässigkeit der ursprünglichen Studie von Landrith, indem er die Tendenzen mehrere Jahre vor und nach dem Zeitpunkt analysierte, an dem die 1%-Städte diesen kritischen Prozentsatz erreichten. Wie die Abbildung 3.2 zeigt, unterstützten und bestärkten die Ergebnisse dieser Analyse zusätzlich die ursprüngliche Schlußfolgerung von Landrith.

Daraufhin untersuchten in einer weiteren Studie [7] Landrith und Dillbeck die Raten der Autounfälle und Selbstmorde in denselben 24 1%-Städten und den 24 Nicht-1%-Kontrollstädten. Diese Studie wurde analog der oben beschriebenen Kriminalitätsstudie durchgeführt. Es wurde derselbe Zeitraum berücksichtigt. Man benutzte dieselben Verfahren, um Drittfaktoren statistisch zu kontrollieren und um die Langzeittrends zu ermitteln. Die dabei erzielten Ergebnisse glichen denen der ersten Studie. Nachdem die 1%-Grenze erreicht war, gab es sowohl bei den Selbstmord- als auch Autounfallraten bemerkenswerte Abnahmen. Diese Verringerungen konnten bei den Nicht-1%-Städten nicht festgestellt werden. Weiterhin kamen auch Drittfaktoren oder frühere Tendenzen als Ursachen für diese Reduktion nicht in Betracht. Abbildung 3.3 gibt die Ergebnisse wieder.

Weitere Nachweise zur Stützung des grundlegenden Zusammenhangs

Daraufhin bemühten sich die Wissenschaftler, den von Landrith überraschend entdeckten Zusammenhang dadurch zu verifizieren, daß sie andere Städte untersuchten. In zwei Studien dieser Art wurden Vororte des gleichen städtischen Ballungsgebietes mit einem jeweils verschiedenen Prozentsatz an Meditierenden im Hinblick auf Veränderungen der Kriminalitätsrate analysiert. Guy Hatchard [8] entdeckte einen deutlichen Zusammenhang zwischen diesen beiden

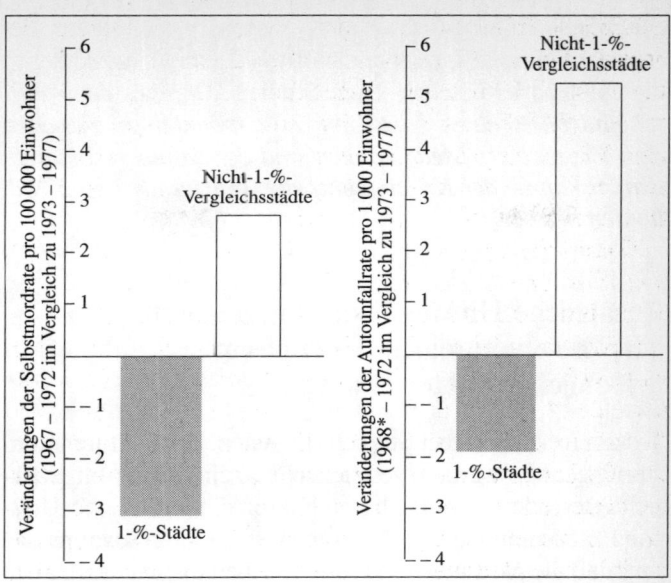

Abb. 3.3 Durchschnittliche Tendenzveränderungen bezogen
auf Selbstmorde und Autounfälle bei 1%- und Nicht-1%-Städten
(Daten aus dem vorläufigen Bericht von [7])

Faktoren bei 40 stadtähnlichen Vororten im Cleveland-
Ohio-Gebiet. Dillbeck fand in Zusammenarbeit mit Terry
Bauer und Susan Vida das gleiche Muster bei 23 stadtähnli-
chen Vororten im Gebiet von Kansas City [9]. In beiden Fäl-
len war der Zusammenhang zwischen dem prozentualen
Anteil TM-Ausübender und der Abnahme der Kriminali-
tätsrate statistisch signifikant. Weiterhin untersuchten die
Forscher die Kausalzusammenhänge hinsichtlich plausibler
Drittfaktoren. Die zuvor festgestellten Korrelationen konn-
ten aufrechterhalten werden.

---

* Die Unfallzahlen von 1967 waren für die meisten Städte nicht erhältlich.

Schließlich berechnete David Orme-Johnson unter Berücksichtigung der gesamten statistischen Ergebnisse aller in diesem Kapitel beschriebenen Studien [10], daß *die Wahrscheinlichkeit eines zufälligen Zusammenhangs zwischen dem Prozentsatz Meditierender und der daraus resultierenden Abnahme der Kriminalitätsrate weniger als 1 zu 5 Milliarden beträgt!*

Zusätzliche Hinweise zur Untermauerung der These von reinem Bewußtsein als ursächlicher Faktor

Trotzdem kann es bei Studien, in denen Drittfaktoren konstant gehalten werden, geschehen, daß ein dritter unberücksichtigter oder nichtmeßbarer Faktor die eigentliche Ursache für das untersuchte Phänomen ist. Es kann sogar passieren, daß die Messungen nicht hinreichend genau sind, auch wenn die wirkliche Ursache untersucht wurde.

Natürlich erscheinen solche Einwände ab einem gewissen Punkt als haarspalterisch. Es ist *möglich,* daß ein erhöhter Verzehr von Kartoffel-Chips den Zigarettenkonsum steigert und gleichzeitig Lungenkrebs begünstigt (oder den Prozentsatz Meditierender ansteigen läßt und die Kriminalitätsrate senkt), aber es ist ziemlich unwahrscheinlich. Trotzdem ist es besser zu versuchen, *alle* möglichen Alternativursachen auszuschließen. Und im letzten Jahrzehnt sind statistische Methoden entwickelt worden, die es Forschern ermöglichen, fast hundertprozentig gültige Schlüsse aus korrelativem Datenmaterial zu ziehen.

Eines dieser Verfahren zur Bestimmung der Kausalität wird ›cross-lagged panel analysis‹ (kreuzvalidierte Längsschnittanalyse) genannt. Das zugrunde liegende Konzept beinhaltet, daß wenn A zum Zeitpunkt t1 das Ergebnis B zum Zeitpunkt t2 verursacht, dann sollte der Zusammenhang zwischen A zum Zeitpunkt t1 und B zum Zeitpunkt t2 enger sein, als die Beziehung zwischen B zum Zeitpunkt t1 und A zum Zeitpunkt t2. Wenn aber auf der anderen Seite A und B durch einen Drittfaktor verursacht werden, müßten die At1-Bt2- und Bt1-At2-Zusammenhänge etwa gleich eng sein. (Vielleicht wollen Sie diesen Abschnitt noch einmal durchlesen!)

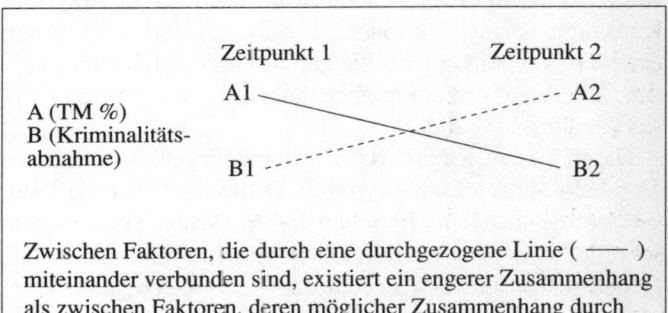

Zwischen Faktoren, die durch eine durchgezogene Linie (——) miteinander verbunden sind, existiert ein engerer Zusammenhang als zwischen Faktoren, deren möglicher Zusammenhang durch eine gepunktete Linie (..........) angezeigt ist.

Ob Sie dieser Argumentation in allen Details gefolgt sind oder nicht — worauf wir hier hinaus wollen, ist, daß 1981, während einer Versammlung des Verbandes Amerikanischer Psychologen (American Psychological Association), Michael Dillbeck die Ergebnisse einer neuen Studie [11] vorstellte. Diese Studie, in der das cross-lagged panel analysis-Verfahren auf 160 willkürlich ausgewählte US-Städte angewendet wurde, lieferte hinsichtlich der Zusammenhänge zwischen dem Anstieg des prozentualen Anteils Meditierender und der Abnahme der Kriminalitätsraten eindeutige Ergebnisse: erhöht sich der Anteil Meditierender, so nimmt die Kriminalitätsrate ab. Dieses Ergebnis wurde später noch einmal von Dillbeck [12] bestätigt, als er 80 willkürlich ausgewählte US-Ballungsgebiete untersuchte.

Warum also der Rest dieses Buches, wenn die Frage der Kausalität geklärt ist?

Wie wir eingangs im Kapitel 1 erwähnten, kann man in der Wissenschaft nichts ›beweisen‹. Die Akzeptanz einer Theorie hängt sowohl von den empirischen Belegen als auch von der intuitiven Plausibilität (in einem gegebenen sozialen Rahmen) ab. In diesem Buch müssen wir also die Frage der Kausalität solange verfolgen, bis sie schließlich für jeden einleuchtend ist! Gleichzeitig kann es sein, daß Sie im Laufe der Zeit Ihre Einstellung gegenüber dem, was ›intuitiv einleuchtend‹ ist, verändern.

Die in diesem Kapitel beschriebenen Ergebnisse sind eine Herausforderung an die typische Denkweise über die Welt, wie sie die meisten Menschen haben. Wenn Sozialwissenschaftler von diesen Befunden hören, reagieren sie im allgemeinen mit einem Kopfschütteln und sagen: »Ich kann hierin keine methodischen Mängel feststellen, aber glauben kann ich es trotzdem nicht.« Einige fügen vielleicht noch hinzu: »...und neumodischen statistischen Verfahren traue ich sowieso nicht. Ich verlasse mich lieber auf traditionelle Experimente.«

Würde man – wir erwähnten dies schon früher – etwa ein Experiment im klassischen Sinne für die Stadt St. Louis durchführen, so erforderte dies 24 000 TM-Ausübende (1 % der gegenwärtigen Stadtbevölkerung). Das Experiment müßte dort oder in anderen Städten mehrere Male wiederholt werden, um andere mögliche Einflüsse auszuschließen. (Es gibt noch andere Möglichkeiten für solche Experimente, aber sie wären in der Durchführung zur Überprüfung des 1%-Effekts noch weniger praktikabel.)

Zudem wollen wir in diesem Buch – auch wenn dies gewagt erscheint – eine Lösung für soziale Probleme vorschlagen, die sich nicht lediglich auf St. Louis oder irgendeine andere einzelne Stadt beschränkt. Die Welt hat eine

Bevölkerung von 5 Milliarden. Das bedeutet, daß man 50 Millionen Menschen bräuchte, die reines Bewußtsein erfahren, um weltweit Gewalttätigkeiten zu vermindern. Im Augenblick gibt es nicht sehr viel mehr als 3 Millionen Meditierende. Dieser Ansatz wäre vielleicht wissenschaftlich einwandfrei, er ist aber praktisch nicht umsetzbar.

Wir stellen Ihnen deshalb einen weiteren Durchbruch vor – eine Zusatztechnik, um die Erfahrung reinen Bewußtseins zu verstärken, die 1977 eingeführt wurde. Unter denjenigen Meditierenden, die diese Zusatztechnik anwenden, entdeckten Forscher eine bemerkenswerte Zunahme der EEG-Kohärenz und anderer Anzeichen für die Erfahrung reinen Bewußtseins, welche sogar die früher an Meditierenden beobachteten Wirkungen übertrafen.

Wegen dieser ausgeprägteren physiologischen Wirkungen nahmen die Sozialwissenschaftler an, daß kleinere Gruppen von Ausübenden dieser Zusatztechnik ausreichten, um die gleichen soziologischen Wirkungen zu erzielen wie TM-Ausübende. Dadurch wäre es sehr viel einfacher, den gewünschten kausalen Einfluß hervorzurufen. Wirkliche sozialwissenschaftliche Experimente wären somit möglich. Ganze Bundesstaaten und Nationen – sogar unser ganzer Planet – könnten dazu gebracht werden, sich von ihrer besten Seite zu zeigen, und wir könnten vielleicht den großen Durchbruch schaffen.

Aber bevor gefeiert werden konnte, mußten zuerst Nachweise erbracht werden. Das Experiment, in dem erstmals diese fortgeschrittenen Techniken, die wir oben als Zusatztechniken bezeichneten, untersucht wurden, ist das Thema des nächsten Kapitels.

4

Die sanfte Invasion auf Rhode Island

An einem lauen Sommerabend im Jahre 1978 umkreisten wir auf der Suche nach einem Parkplatz einige Male einen Block Altbauwohnungen in der Nähe des Stadtzentrums von Providence auf Rhode Island, USA. Das war gar nicht so einfach — in der Nähe des Hauses, das wir besuchen wollten, war nirgendwo ein Parkplatz zu finden. Als wir endlich in der Dämmerung die Eingangsstufen einer Vorhalle hinaufgingen, wurden wir von Dutzenden von Leuten begrüßt, die entweder emsig irgendeinem Geschäft nachgingen oder nur den schönen Juniabend genossen. Viel mehr war nicht los. Aber uns interessierte eine Versammlung, an die man sich eines Tages vielleicht als Meilenstein der Geschichte erinnern wird.

Innen gab es nur Stehplätze für ein Spaghetti-Abendessen. In der oberen Etage war in einigen Zimmern Bettwäsche bis unter die Decke gestapelt, während in anderen Räumen Treffen abgehalten wurden. Wer waren diese Leute? Es waren TM-Lehrer, die von der Ostküste angereist waren, um den Sommer damit zu verbringen, Rhode Island in eine ›ideale Gesellschaft‹ zu verwandeln. Für uns Sozialwissenschaftler waren sie ein Teil des ersten ›wirklichen Experiments‹ über die gesellschaftlichen Auswirkungen der Erfahrung reinen Bewußtseins.

Wie wir im letzten Kapitel darlegten, zögern Wissenschaftler zu sagen, A habe B ›verursacht‹, wenn die Ergebnisse ›nur korrelativ‹ sind. Um sicher zu sein, daß A das Ereignis B *verursacht* hat, werden, wo immer möglich, wirkliche Experimente durchgeführt, in welchen B ohne A auftritt. B wird dann dem Einfluß von A ausgesetzt. Daraufhin wird A wieder eliminiert. (Oder eine Gruppe, in welcher B existiert, wird willkürlich in zwei Subgruppen unterteilt. Eine Subgruppe wird dem Einfluß von A ausgesetzt, die andere nicht.)

Um aber eine Bevölkerung zu beeinflussen, die so groß ist, daß komplexe soziale Probleme existieren − eine Stadt, ein Bundesstaat oder eine Nation −, müßten Tausende von Menschen hintransportiert werden, damit die 1%-Grenze erreicht werden könnte. Einen solchen Zustrom zu koordinieren und zu kontrollieren wäre fast unmöglich, denn er allein würde die schon vorhandene Bevölkerung zu verschiedenartig beeinflussen.

Deshalb entschloß sich die internationale TM-Lehrer-Organisation, die bestrebt war, die Möglichkeiten ihrer Entdeckung zu demonstrieren, 1% der bereits ansässigen Bevölkerung einer Gemeinde oder Stadt die Erfahrung reinen Bewußtseins zu lehren. Zugegeben − auch das ist kein perfektes Experiment. Unter anderem würde es nicht möglich sein, sie alle zu bitten, zu einem späteren, willkürlich gewählten Zeitpunkt, die Stadt zu verlassen, um dadurch den Effekt zu erfassen, den die Abreise der Menschen mit der Erfahrung reinen Bewußtseins auf die zurückgebliebene Bevölkerung dieser Stadt hat. Aber es wäre doch wenigstens annähernd ein wirkliches Experiment mit dauerhaft vorteilhaften Wirkungen auf die Bevölkerung. Dies wäre zumindest von praktischem, wenn schon nicht von wissenschaftlichem Nutzen.

Das kleine Rhode Island wurde für dieses Experiment ausgewählt, weil es geographisch übersichtlich, sehr dicht bevölkert und dennoch politisch und kulturell abgeschlossener ist als eine Stadt. Deshalb kamen im Juni 1978 TM-Lehrer zu Hunderten nach Rhode Island und breiteten sich im gesamten Staat aus, um während des Sommers jedem, der sein eigenes Wohlergehen erhöhen und gleichzeitig das des Bundesstaates positiv beeinflussen wollte, die Meditation zu lehren.

Die Bevölkerung von Rhode Island zeigte zugegebenermaßen nicht gerade reges Interesse. Dennoch erlernten viele die Meditation in diesem Sommer, wenn auch nicht genug, um 1 % der Bevölkerung zu erreichen. Offensichtlich waren sie alle viel zu sehr damit beschäftigt, den schönsten Sommer in der Geschichte der Insel zu genießen, was wir gleich näher erläutern werden.

Die TM-Lehrer hatten auch keinen schlechten Sommer. Rhode Island ist verkehrsmäßig gut erschlossen, so daß sie ihr Lehrinstitut in Providence nicht nur als Planungszentrale für ihre Kampagne benutzten, sondern auch als Treffpunkt, um alte Bekanntschaften aufzufrischen und neue zu schließen.

Das alte Haus schien den ganzen Sommer über ein Lächeln auszustrahlen, obwohl es aus allen Nähten zu platzen drohte. Autos kamen an, ihre Insassen quollen heraus — danach stürmische Begrüßungsszenen mit den Bewohnern, die aus dem Haus gestürzt kamen. »Du bist gekommen. Ich kann es kaum fassen. Wann sahen wir uns zuletzt — vor zwei Jahren?«

Natürlich meditierten die TM-Lehrer so viel wie möglich zusammen. Bis zum Sommer 1978 hatten die meisten von ihnen eine neue Technik, die oben erwähnte Zusatztechnik, erlernt, die fortgeschrittenen Meditierenden seit Januar 1977 angeboten worden war. Diese neue Technik bedarf einer Erklärung, da sie einen wesentlichen Fortschritt in der wissenschaftlichen Erforschung reinen Bewußtseins ermöglichte.

Patanjali und die ›Fäden des Bewußtseins‹

Vor einigen Tausend Jahren verfaßte der Philosoph Patanjali die *Yoga-Sutras* [1] — zu deutsch: die ›Fäden der Einheit‹. Sie umfassen Verse, die ein vereinheitlichtes Bewußtsein hervorrufen können — ein Bewußtsein, das so kohärent ist, daß es zu allen Zeiten reines Bewußtsein zu erfahren vermag (eine Möglichkeit, auf die wir bereits in Kapitel 2 eingegangen sind): ein Bewußtsein, das ›erleuchtet‹, ›befreit‹, ›mit Gott eins‹ oder im Zustand des ›*kaivalya*‹ ist. In anderen Kulturen gibt es sehr viele andere Bezeichnungen für diesen Zustand. Nach Patanjali und Denkern anderer Kulturen stellt dies das Ziel der Meditation und des Lebens schlechthin dar.

Im ersten Kapitel seiner *Yoga-Sutras* beschreibt Patanjali subtile Einzelheiten der Erfahrung reinen Bewußtseins. Im zweiten Kapitel werden im Detail die Veränderungen im Leben aufgeführt, die sich durch die fortschreitende Erfahrung reinen Bewußtseins und ihre Integration ins tägliche Leben ergeben. Im dritten Kapitel geht Patanjali auf eine Methode ein, subtile Formen geistiger Aktivität aufrechtzuerhalten, *während man gleichzeitig reines Bewußtsein erfährt*. Dies ist einleuchtend — denn, wenn man ›erleuchtet‹ wird und ständig reines Bewußtsein erfährt, muß man es auch erfahren, während man denkt, spricht, sich bewegt und Makkaroni mit Käse ißt. Aber ein Anfang ist schon gemacht, wenn man reines Bewußtsein aufrechterhalten kann, während man einige sorgfältig ausgewählte Gedanken, Wünsche oder Absichten hat. Welche Gedanken dies sein sollten, beschreibt Patanjali in Kapitel 3, und er erklärt, wie man sie als feine Impulse im Zustand reinen Bewußtseins hält, ohne aus ihnen gewöhnliche Gedanken werden zu lassen. Am Ende des Kapitels betont Patanjali, daß man diese feinen Impulse nicht wegen ihres Inhalts (wegen bestimmter ›Sidhis‹, d. h. Vollkommenheit, etwa in bezug auf Glück,

Wissen, außergewöhnliche Fähigkeiten) entwickelt, sondern zur Festigung der Erfahrung reinen Bewußtseins. Diesen Ausführungen liegt die Vorstellung zugrunde, daß Meditierende, die reines Bewußtsein ununterbrochen erfahren können, fähig sind zu lernen, wie man reines Bewußtsein ›beleben‹ und es trotzdem als unerschütterliche Grundlage beibehalten kann. Hierdurch wird es ›kaivalya‹, d. h. es kann unentwegt während des Denkens und Handels aufrechterhalten werden.

Als es offensichtlich wurde, daß viele Meditierende reines Bewußtsein klar erfahren konnten, erschien es sinnvoll, sie Patanjalis *Yoga-Sutras* ausprobieren zu lassen. Maharishi Mahesh Yogi, der den ursprünglichen TM-Kurs entwickelt hatte, wählte eine gewisse Anzahl von Patanjalis Techniken für die Meditierenden zur Ergänzung ihrer täglichen Meditationsübungen aus. 1977 besuchten viele TM-Lehrer (und später auch viele andere Meditierende) Kurse, um diese neuen Zusatztechniken zu erlernen, die ›TM-Sidhi-Techniken‹ genannt werden. Die Wissenschaftler warteten ungeduldig auf die ersten Absolventen dieser Kurse.

Den bisherigen physiologischen Untersuchungen zufolge sind die Sutras sehr wirksam. In einer Studie zum Beispiel [2] nahm eine Gruppe von Meditierenden, die bereits mehrere Jahre die TM-Technik ausgeübt hatten, an diesem neuen Kurs teil. Sie wurde zuerst mit einer Kontrollgruppe von Meditierenden verglichen, die ihr bezüglich verschiedener relevanter Untersuchungskriterien ähnlich war (und die diese Zusatztechniken einige Monate später ebenfalls erlernte). Einige Monate nach dem Kurs war der Anstieg der EEG- oder Gehirnwellenkohärenz bei den TM-Sidhi-Ausübenden eindeutig größer als bei der Kontrollgruppe.

Die subjektiven Berichte waren genauso beeindruckend. Viele behaupteten sogar, daß der Kontrast vor und nach dem Erlernen dieser Zusatztechniken während der Meditation und im täglichen Leben größer war als der Unterschied vor und nach dem Erlernen der ursprünglichen Meditation. Es war so, wie Patanjali es beschrieb — reines Bewußtsein erschien jetzt dynamisch, voll und gleichzeitig still und unbegrenzt.

Weil diese Meditierenden tiefergehende Erfahrungen reinen Bewußtseins machten, waren die Sozialwissenschaftler, die die gesellschaftlichen Auswirkungen reinen Bewußtseins erforschten, daran interessiert festzustellen, ob diese fortgeschrittenen Meditierenden ihre Umgebung noch deutlicher beeinflussen als Meditierende ohne die TM-Sidhi-Techniken. Man verglich die Meditierenden mit Glühbirnen. Von außen sehen sie alle gleich aus, aber innen können sie verschiedene Wattzahlen haben. Mehr Watt bedeutet eine größere Helligkeit, die von ihnen ausgestrahlt wird. Das einzige Problem war, daß 1978 die meisten, die bis dahin diese Zusatztechniken erlernt hatten, TM-Lehrer waren, die im gesamten Land verstreut und nicht an einem einzigen Ort versammelt lebten — was allerdings im Sommer 1978 in Rhode Island anders werden sollte.

Providence wird seinem Namen gerecht

Als die etwa 350 TM-Lehrer zum erstenmal in Rhode Island eintrafen, glaubten sie, 1 % der Bevölkerung TM lehren zu können, um dadurch auf Rhode Island die Gesamtsituation auf Dauer zu verbessern. Sie erstellten eine Liste der verfügbaren Statistiken — die von Beschäftigungs- bis hin zu Verschmutzungsraten der Ozonschicht reichte — von allen Bereichen, die sich, wie sie vermuteten, durch ihre Kampagne zum Besseren verändern würden. Sie wandten sich an die Regierungsstellen, Universitäten und Medien von Rhode Island und legten alle Karten offen auf den Tisch. »Dieser Sommer wird alles übertreffen, was Sie bisher erlebt haben. Rhode Island wird zu einer idealen Gesellschaft.«

Im großen und ganzen begegnete man den TM-Lehrern mit Lächeln und Gähnen. Jeder war zu ihnen nett. Jeder dachte, daß diese Meditationslehrer sympathisch waren. Das war aber auch alles.

Rhode Island hatte, wie jeder andere Bundesstaat des Nord-Ostens, schon seit langem seine Probleme mit Kriminalität, Unfällen, Arbeitslosigkeit, Luftverschmutzung usw. Die Ortsansässigen glaubten nicht, daß diese Leute während dreier Sommermonate durch täglich zweimaliges Schließen der Augen während der Meditation ein Durcheinander beheben könnten, woran die besten Kräfte im Staate vergebens vielleicht eine ganze Karriere gewandt hatten. Und die Tatsache, daß nicht der notwendige Bevölkerungsanteil von 1 % mit der Meditation begonnen hatte, ließ sogar die Meditationslehrer bisweilen zweifeln.

Jetzt aber mehr zu den interessantesten Aspekten des Projekts. Die Meditationslehrer waren nach Rhode Island gegangen, um ein bestimmtes Experiment durchzuführen, zu dessen Inhalt sie aber selber wurden. Sie schafften es nicht, 1 % der Bevölkerung von Rhode Island die TM zu lehren, damit diese reines Bewußtsein systematisch erfahren. Aber die TM-Lehrer selbst machten zahlenmäßig etwa 0,04 % der Bevölkerung aus. Dieser Prozentsatz reichte aus, um die Wissenschaftler voller Ungeduld und Neugierde die Auswirkungen der neuen Zusatztechniken, die die TM-Lehrer ausübten, untersuchen zu lassen, die sie im wesentlichen zur gleichen Zeit und in Gruppen in und um Providence anwandten.

Walter Zimmerman, der Leiter des Forschungsprojekts, analysierte 21 Statistiken, die Hinweise auf die Lebensqualität lieferten, und die leicht zugänglich waren. [3] Um eine wirklich genaue Interpretation der Statistiken zu ermöglichen, verglich er die Daten des Sommers 1978 mit denjenigen der fünf vorausgegangenen Sommerperioden. Er untersuchte auch die prozentuale Veränderung von Sommer zu

Sommer während dieses Zeitraums für die vorangegangenen fünf Jahre.

Was waren die Ergebnisse?

Die 21 Dimensionen des Paradieses

Alle außer zwei Parametern veränderten sich in positiver Richtung, einige sogar sehr deutlich. Auf der Grundlage aller Daten berechnete Zimmerman, daß die allgemeine Verbesserung der ›Lebensqualität‹ im Vergleich zu den fünf vorangegangenen Sommern etwa 28 % betrug. Im Vergleich zum vorherigen Sommer war sie sogar um 43 % angestiegen (vgl. Abbildung 4.1). In den meisten Fällen zeigte die Verbesserung während des Sommers 1978 die erste Trendumkehr in einer sich ansonsten zunehmend verschlimmernden Situation. Nachdem die Meditationsgruppe Rhode Island im September 1978 verlassen hatte, traten die negativen Tendenzen wieder auf.

Vielleicht am auffälligsten ist, daß zwar in einigen Jahren weniger Morde und in anderen weniger Arbeitslosigkeit usw. festzustellen waren, *es aber dennoch bisher kein einziges Jahr gegeben hatte, in dem sich so viele statistische Werte, die die Lebensqualität betrafen, gleichzeitig verbesserten.* Dies läßt vermuten, daß keine dieser Verbesserungen an sich als Ursache angesehen werden kann (etwa: geringere Arbeitslosigkeit führt zur Verringerung von Selbstmorden, Scheidungen usw.). Gutes Wetter, eine verbesserte Beschäftigungslage, ein verringerter Alkoholkonsum (gemessen am Verkauf), eine bessere geistige Gesundheit spiegeln sich in einer Abnahme der Selbstmordrate wider. In der Vergangenheit war keine Veränderung dieser Parameter mit einer gleichzeitigen Verbesserung der übrigen in der Art einhergegangen, daß sie als wahre Ursache für die anderen Verbesserungen hätte aufgefaßt werden können.

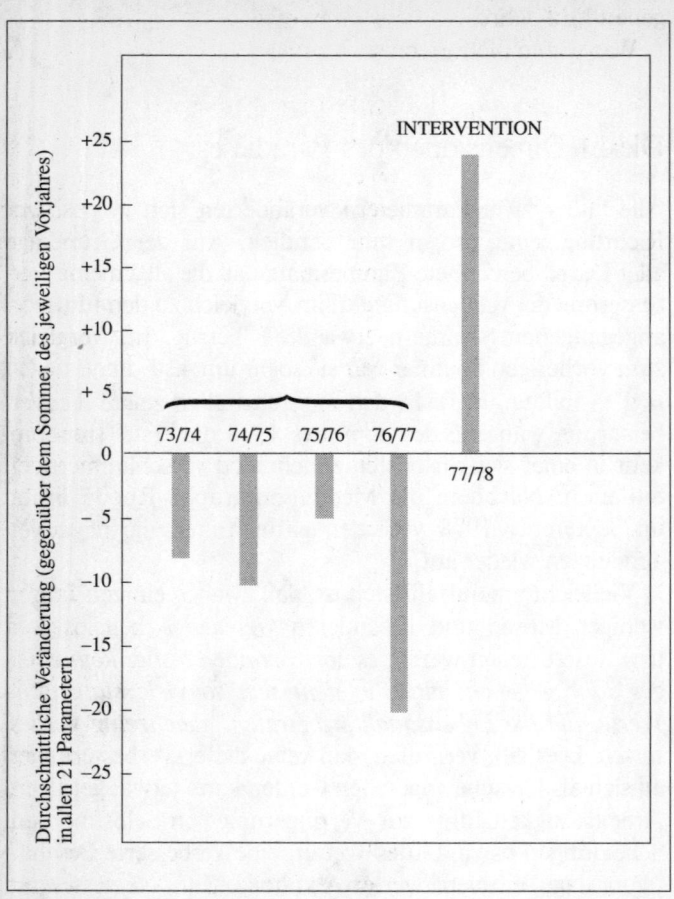

Abb. 4.1 Durchschnittliche Veränderung (gegenüber dem Sommer des jeweiligen Vorjahres) in 21 statistischen Indikatoren während eines Zeitraums von fünf Jahren auf Rhode Island.
Alle Statistiken wurden so angelegt,
daß eine positive Veränderung tatsächlich eine
Verbesserung darstellte (Daten aus [3]).

Nun eine kurze Beschreibung der einzelnen Ergebnisse:

1. Selbstmord: Selbstmorde nahmen vor 1978 auf Rhode Island zu. Für den Zeitraum von 1974−1978 lag die Rate um 68% höher als für die Jahre 1969 bis 1973. Jahr um Jahr stieg die Selbstmordrate − von 81 im Jahr 1974 auf 141 im Jahr 1977. Außerdem gab es auf Rhode Island wie in anderen Teilen des Landes während der Sommermonate mehr Selbstmorde als zu den anderen Jahreszeiten. Dennoch verübten im Sommer des Jahres 1978 im Vergleich zum Vorjahr 41,8% weniger Menschen Selbstmord. Auch gab es während der Sommermonate von 1978 weniger Selbstmorde als in den anderen Jahreszeiten dieses Jahres.

2. Totschlag: Ebenso nahm auf Rhode Island während der vorangegangenen zehn Jahre die Totschlagrate zu. Auch hier erhöhte sie sich normalerweise während der Sommermonate. Aber auch in diesem Fall war für den Sommer 1978 eine Umkehrung der Tendenz festzustellen. Im Vergleich zum Sommer des Vorjahres betrug die Abnahme fast 40%.

3. Scheidungen: Die Abnahme zwischen dem Sommer 1977 und 1978 war die größte, die von Sommer zu Sommer je auf Rhode Island festgestellt wurde.

4. Hochzeiten: Der Sommer 1978 verzeichnete die höchste Hochzeitsrate, die je registriert wurde.

5. Todesfälle: Die Todesrate vom Sommer 1978 war niedriger als die des vorangegangenen Sommers und der anderen drei Jahreszeiten. Sie war die drittniedrigste Todesrate in der Geschichte von Rhode Island.

6. Durch Leberzirrhose bedingte Todesfälle: Dieser Faktor dient als Anzeichen für Alkoholismus. Diese Todesrate war die niedrigste, die jemals festgestellt wurde.

7. Verkehrstote: Hierfür gibt es erst seit 1975 Statistiken. Die Anzahl der Verkehrstoten nahm gleichmäßig jedes Jahr zu. Aber für den Sommer des Jahres 1978 verzeichnete man für eine einzige Jahreszeit die niedrigste jemals festgestellte Rate. Aufgrund früherer Statistiken wurden 34 Verkehrstote für den Sommer erwartet. Es waren tatsächlich aber lediglich 14.

8. Mord*: Während der ersten Jahreshälfte von 1978 trat im Vergleich zur ersten Hälfte von 1977 eine Zunahme von 146 % auf. Doch im Vergleich zum entsprechenden Zeitraum des Vorjahres gab es, während die Meditierenden auf Rhode Island waren, eine Abnahme von beinahe 50 %.

9. Vergewaltigung: Für den untersuchten Zeitraum wurde eine Zunahme von gemeldeten Vergewaltigungen registriert. Jedoch ergaben Interviews mit Mitarbeitern der Beratungsstellen für Vergewaltigung, daß die Annahme berechtigt ist, daß, während Vergewaltigungen an sich abnahmen, die betroffenen Frauen in zunehmendem Maße den Mut aufbrachten, eine Anzeige zu erstatten. Diese Ergebnisse sind also schwierig zu interpretieren.

10. Raub: Im Vergleich zum Sommer des Vorjahres gab es eine 7 %ige Zunahme an Raubüberfällen. Dies war ein geringerer Anstieg als in den entsprechenden Zeiträumen der vorausgegangenen fünf Jahre von 1973 – 1977.

---

* Die oben beschriebenen Statistiken für Totschlag beruhen auf Quartalsangaben der bundesstaatlichen Behörden für Lebensstatistik (State Department of Vital Statistics). Diese Angaben für Mord (und für die weiter unten aufgezählten Straftäten) sind den FBI-Unterlagen, dem Uniform Crime Index (einheitlicher Kriminalitätsindex) entnommen und gelten nur für den zweimonatigen Zeitraum der wichtigsten Interventionsphase — eine genaue Analyse ist bei der Totschlagkategorie wegen der Art und Weise, wie die Behörden von Rhode Island ihre Statistiken führen, nicht möglich.

11. Schwere Körperverletzung: Die hier verzeichnete prozentuale Abnahme war größer als in den fünf vorangegangenen Sommern vor 1978. Sie war mehr als doppelt so groß wie die für einen vergleichbaren Zeitraum sonst ermittelten Abnahmen. Auf das ganze Jahre bezogen erhöhte sich die Rate für schwere Körperverletzung um 5%. Ohne Berücksichtigung der niedrigen Sommerwerte hätte diese Zunahme allerdings 18% betragen.

12. Einbruch: Der Sommer des Jahres 1978 zeigte bei der Zahl der Einbrüche zum ersten Mal seit fünf Jahren einen Rückgang. Die 6%ige Abnahme ist zwar nicht allzu groß, aber die tendenzielle Veränderung um so dramatischer. Angesichts der Einbruchquote der vorherigen Sommer überrascht, daß die 300 zusätzlich für den Sommer erwarteten Einbrüche nicht eintraten.

13. Diebstahl: (Ladendiebstahl, Diebstähle aus Fahrzeugen oder andere Diebstähle, die einen Schaden von mehr als 200 US$ ausmachten.) Im Vergleich zum Sommer des Vorjahres betrug der Rückgang 5%. Andererseits war im Durchschnitt für die Sommersaison von 1973 bis einschließlich 1977 eine Zunahme von 21% zu verzeichnen.

14. Autodiebstahl: Die Zunahme lag 11% niedriger als im Jahr zuvor und war geringer als in allen vorangegangenen 5 Jahren.

15. Arbeitslosigkeit: Im Vergleich zum gleichen Zeitraum des Vorjahres war hier ein Rückgang von 26% zu verzeichnen und eine Verringerung von 19% im Vergleich zu den entsprechenden Zeiträumen der vorangegangenen fünf Jahre feststellbar. Die Arbeitslosigkeit war allerdings für das gesamte Jahr 1978 insgesamt gering, und die Zahlen für den Sommer 1978 waren nur geringfügig besser als für das übrige Jahr. Hier ist es allerdings wichtig festzustellen, daß sich die 21 anderen Parameter während des restlichen Teils des Jahres 1978 (und während früherer Perioden geringer Arbeitslosigkeit) nicht alle gleichzeitig in dem Maße positiv veränderten wie im Sommer 1978.

16. Bierkonsum: (gemessen am Bierverkauf.) Zwischen 1973 und 1978 war ein ständiger Anstieg des Bierkonsums zu verzeichnen. Zum ersten Mal brachte der Sommer von 1978 eine signifikante Abnahme (und dies trotz der ungewöhnlich hohen Zahl von Sonnentagen).

17. Zigarettenkonsum: (gemessen am Zigarettenverkauf.) Für August war eine Zunahme und für Juli 1978 eine Abnahme feststellbar. Bei Berücksichtigung der Werte für Juni und September (Angaben für Zeiträume unter einem Monat waren nicht erhältlich) konnte insgesamt für die viermonatige Phase eine Abnahme ermittelt werden. Die vorliegenden Ergebnisse sind allerdings nicht eindeutig interpretierbar.

18. Beschäftigungsraten: Berichten über die Beschäftigungslage zufolge, die den Bekanntmachungen des Bundesstaates von Rhode Island entnommen wurden, übertraf der Sommer 1978 alle bisherigen Rekorde.

19. Sonnentage: Der Sommer von 1978 wies 14 % mehr Sonnentage auf als der Durchschnitt während der vergangenen 30 Jahre. Der Juni war der sonnigste Juni seit 1953. Der Juli lag 10 % über dem Durchschnitt. Der August hatte weniger Sonnentage als gewöhnlich und 66 % mehr Regentage als sonst. Der vermehrte Regen im August beeinflußte die beiden folgenden Faktoren, denn der Regen reinigte die Luft in dem Monat, der sonst den größten Anteil an Luftverschmutzung aufweist.

20. Luftverschmutzung durch Kohlenmonoxyd: Die Anzahl der Tage, an denen der Kohlenmonoxydanteil die durch die US-Regierung festgelegten zulässigen Höchstwerte überschritt, verringerte sich während des Sommers 1978 gegenüber dem Vorjahressommer um 63%, was den größten jemals gemessenen Rückgang darstellt.

21. Luftverschmutzung durch Ozon: Hier trat der deutlichste Rückgang seit Statistiken geführt werden auf bezüglich der Tage, an denen die Höchstwerte der Ozonbelastung überschritten wurden.

Eine weitere Analyse der Statistiken

1983 veröffentlichten Michael Dillbeck, Andrew Foss und Walter Zimmerman eine ›neue und verbesserte‹ Analyse des Rhode-Island-Experiments. [4] Sie benutzten Delaware als Vergleichsstaat für Rhode Island und ein verbessertes statistisches Verfahren, die ›Zeitreihenanalyse‹.

Zuerst verringerten sie die Anzahl der Parameter auf acht (aus guten Gründen, denn Heirats- und Scheidungstermine z.B. werden meistens schon Monate im voraus festgelegt, deshalb eliminierten sie beide Kategorien. Weiterhin faßten sie die verschiedenen Verbrechensarten zusammen, damit die Kriminalität nicht so schwer ins Gewicht fiel). Als nächstes wurden die Statistiken für den Zeitraum von 1974 bis 1980 monatsweise für beide Staaten aufbereitet und die Daten anhand der Zeitreihenanalyse auf *alle* nicht-zufälligen Schwankungen hin untersucht, die vielleicht zusätzlich zum Experiment hätten auftreten können. Dies geschah um festzustellen, welche Art von Schwankungen typisch für diese Statistiken war und daher nicht durch die erhöhte Anzahl von Menschen, die reines Bewußtsein erfuhren, verursacht worden ist. In der ursprünglichen Studie wurde eine solche natürlich wiederkehrende Variation als durch die Sommerjahreszeit bedingt aufgefaßt. Man verglich daher nur Sommerwerte miteinander. Es wäre zwecklos nachzuweisen, daß es im Sommer des Jahres 1978 mehr Sonnentage gab als im Winter des Vorjahrs!

Statistiker ziehen neuerdings Zeitreihenanalysen vor, denn durch sie lassen sich alle Tendenzen, Zyklen und Variationen erfassen, auch solche, die man nie vermutet hätte. (In der Vergangenheit war es einfach wegen des großen Aufwands zu schwierig, solche Analysen durchzuführen – dies ist eines von vielen Wundern, die durch Computer möglich geworden sind.)

Die von den Forschern untersuchten acht Parameter umfaßten die allgemeine Kriminalitätsrate (dem einheitlichen Kriminalitätsindex des FBI [FBI Uniform Crime Index] entnommen), durch Kraftfahrzeuge bedingte Verkehrsunfälle mit und ohne tödlichen Ausgang, die Todesrate (die obige Rate für Verkehrstodesfälle ausgenommen), den Bierkonsum pro Kopf, den Zigarettenkonsum pro Kopf (der Steuerstatistik entnommen), die Arbeitslosigkeit und das Ausmaß an Luftverschmutzung. »Zusammengefaßt spiegeln diese Variablen ein breites Spektrum von Ausdrucksformen der Lebensqualität einschließlich antisozialem und gesundheitsbezogenem Verhalten, Gesundheit, wirtschaftlichem Wohlergehen und Umwelt wider.« [4]

Die verschiedenen Angaben wurden zusammengefaßt. Der daraus abgeleitete Index zeigte eine durchschnittliche positive Verbesserung von »41 Standardabweichungen für die Dauer des Interventionszeitraums«. [4] Insgesamt kann man verglichen mit Delaware und unter Berücksichtigung aller normalen Tendenzen und Zyklen folgern, daß die Wahrscheinlichkeit, daß diese Veränderungen auf Rhode Island im Sommer 1978 rein zufällig auftraten, weniger als 1 % beträgt. Eine solch geringe Irrtumswahrscheinlichkeit bezeichnet man als ›statistisch signifikant‹.

Die Stärken und Schwächen dieses Experiments

Als umfassendes soziologisches Experiment stellt das Rhode-Island-Projekt etwas Einzigartiges dar. 350 Menschen kamen und gingen. Ihr Einfluß auf die Insel während der Zeit ihrer Anwesenheit ließ sich durch objektive Statistiken festhalten, die gleichzeitig in hohem Maße die Lebensqualität von Rhode Island in jenem Sommer widerspiegeln. Die Ergebnisse übertrafen alle Erwartungen: grundlegende Verbesserungen zeigten sich in fast jedem Parameter. Darüber hinaus blieb auch der Durchschnitt der Einzelwirkungen deutlich über der Norm, anstatt sich gegenseitig aufzuheben.

Dennoch hatte auch dieses Experiment (wie *alle* Untersuchungen dieser Art) seine Schwächen. In diesem Experiment teilte man die fortgeschrittenen Meditierenden nicht willkürlich anderen vergleichbaren Bundesstaaten zu. Weiterhin war es nicht möglich, den Zeitraum des Experiments zufällig zu bestimmen − Sommerferien − auch der Meditierenden − in Betrieben, Schulen und Universitäten liegen nun mal in den Sommermonaten. Es ist daher durchaus möglich, daß dieser Sommer auf Rhode Island oder der Sommer per se oder jener Sommer oder allgemein der Sommer auf Rhode Island etwas Besonderes an sich hat, wodurch gerade dieser Zeitraum und Ort für die dargestellten Ergebnisse verantwortlich sein könnte.

Der Vergleich mit anderen Sommern und die Zeitreihenanalyse schließen allerdings fast vollständig aus, daß der Haupteinfluß der Sommer an sich war. Der Vergleich mit dem nahegelegenen Bundesstaat Delaware macht deutlich, daß dieser Sommer nichts Besonderes war (außer natürlich, daß sich 350 Meditationslehrer auf Rhode Island aufhielten). Trotzdem gibt es keine Möglichkeit völlig auszuschließen, daß die beobachteten Veränderungen auf die Besonderheit dieses Sommers zurückzuführen sind. Auch wenn die

Wahrscheinlichkeit, daß all diese Statistiken sich gleichzeitig verbessert hätten, außerordentlich gering ist, so ist es immer noch denkbar, daß das alles zufällig eintrat — wenn man unbedingt darauf bestehen möchte.

An dieser Stelle sagen die meisten dann folgendes: »Es ist alles sehr überzeugend. Ich könnte es fast glauben. Doch es kann einfach nicht sein. Es gibt hierfür keine wissenschaftliche Erklärung. Es kann einfach nicht sein.«

Aber jetzt folgt hierfür doch eine wissenschaftliche Erklärung. Denn es *gibt* sie!

Zum allgemeinen Verständnis:
Stellen Sie sich eine Bowling-Kugel vor...

...die durch eine Wand hindurchgeht, ohne ein Loch zu hinterlassen. Zugegebenermaßen dürfte dies wenigstens in unserer Erfahrungswelt etwas sehr Unwahrscheinliches sein. Dennoch treten auf der subatomaren Ebene genau solche Phänomene in analoger Form auf. Um dieses Phänomen und ähnliche Ereignisse aus der Welt der Physik zu erklären, die nicht mit der Alltagswelt des gesunden Menschenverstandes in Einklang zu bringen sind, wurde die Quantenfeldtheorie entwickelt. Diese Thematik mag sich vielleicht etwas esoterisch anhören, dennoch versuchen wir in diesem Kapitel, Ihnen eine sehr knappe Einführung in die Quantenphysik zu vermitteln. Es ist sehr faszinierend — das können wir Ihnen versprechen. Darüber hinaus ist dieses Wissen wichtig, weil es ›Risse‹ in unserer durch den gesunden Menschenverstand geprägten Weltsicht entstehen läßt, und zwar genau in der Art von Weltsicht, die uns auch daran hindert, die in diesem Buch beschriebenen Ereignisse und Untersuchungen zu verstehen.

In der Tat könnte die moderne Physik mehr als ein riesiges Loch in unsere Weltsicht hineinreißen, wenn wir uns nur mehr mit ihren Entdeckungen beschäftigten. Einem bedeutenden Lehrbuch der Physik zufolge haben die Quanten- und Relativitätstheorien »beinahe den Unterbau der materialistischen Philosophie zerstört«. [1] Über mehrere Jahrhunderte hinweg hatte diese Philosophie das westliche Weltbild geprägt: man betrachtete nur die Materie, ihre Bewegungen und Wechselwirkungen als wirklich.

Mit anderen Worten: die Behauptungen des materiellen Weltbildes, an das wir uns alle so sehr gewöhnt haben, sind überholt. Nachdem wir jetzt eine tiefere Realitätsebene — die Quantenmechanik — entdeckt haben, werden wir umdenken und die Welt in Begriffen dieser neuen Wirklichkeitsebene deuten müssen. Ziel dieses Kapitels ist es, die Bedeutung dieser Ebene aufzuzeigen und eine stichhaltige, wissenschaftliche Interpretationsmöglichkeit für die in diesem Buch beschriebenen Ergebnisse zu liefern — und zwar auch für den Fall, daß diese Ergebnisse genausowenig mit unserer Erfahrungswelt in Einklang zu bringen sind wie eine Bowling-Kugel, die plötzlich aus einer festen Wand kommt und auf uns zurollt. Um zu einem solchen Verständnis zu gelangen, folgen wir dem Beispiel der Wissenschaftler, welche die Wirkungen reinen Bewußtseins erforschen, und betrachten das neue Weltbild, das die Quantenphysik impliziert.

Die Quantenphysik in Kurzfassung

Um auf die Bowling-Kugel zurückzukommen: das Phänomen, das durch diese Analogie dargestellt wird, ist der ›quantenphysikalische Tunneleffekt‹. Dieser tritt auf, weil nach der Quantenfeldtheorie die Materieteilchen genau genommen keine exakten Teilchen sind. In einigen physikalischen Experimenten verhalten sie sich wie Teilchen, in anderen wellenähnlich. Um diesen Widerspruch aufzulösen, faßte man diese fundamentalen ›Welle-Teilchen‹ als ›Anregungen eines Feldes‹ auf, d. h. als geringe Energieimpulse, die sich in alle Richtungen ausbreiten. Diese Anregungen sind insofern ›diskret‹, als nur gewisse Energien wahrscheinlich sind. Ein solches Energiepaket nennt man ›Quant‹. Jeder Teilchen- bzw. Wellentyp entspricht eigentlich einem eigenen Feld — man spricht von einem ›Vakuumgrundzustand‹ — und die verschiedenen Felder durchdringen sich sozusagen gegenseitig. Das soll genug sein! Wenn Sie Physiker sind, seien Sie bitte nachsichtig. Wir sind uns bewußt, daß wir alles sehr vereinfacht darstellen. Wir versprachen aber, uns kurz zu fassen. So wissen Sie jetzt, woher der Begriff ›Quantenfeldtheorie‹ kommt.

Der Wellenaspekt eines ›Welle-Teilchens‹ (Quants) weist einige sehr interessante Merkmale auf. Einerseits kann man es als eine Welle mit verschiedenen Aufenthaltswahrscheinlichkeiten auffassen — nämlich von Wahrscheinlichkeiten, das ›Welle-Teilchen‹ als Teilchen an einem von unendlich vielen Orten beobachten zu können. Solange es unbeobachtet ist, bleibt es wie eine Welle auf einem Teich überall ausgedehnt. Bedenken Sie, daß der Begriff ›Quant‹ sich auf diskrete Energieebenen bezieht und nicht auf diskrete Lokalisierungen. (Wir haben Sie darauf aufmerksam gemacht: diese Theorie vermittelt ein ganz anderes Weltbild als dasjenige, das man sich durch seinen gesunden Menschenverstand geschaffen hat!) Diese Welle breitet sich genauso wie jede andere Welle aus. Unter anderem findet man also Teile dieser Welle jenseits von Hindernissen, die jedes respektable Teilchen nicht zu überwinden vermag. Dies bedeutet also, daß sogar das gesamte Teilchen auf der falschen Seite des Hindernisses beobachtet werden kann, analog zu unserer gespenstischen Bowling-Kugel. Unter normalen Bedingungen macht sich weder dieses noch irgendeines der anderen Phänomene, die unter dem Sammelbegriff ›quantum weirdness‹ (was etwa soviel wie ›überraschende Quantenphänomene‹ bedeutet) zusammengefaßt werden, in unserem Alltagsleben bemerkbar. Dennoch gibt es Situationen, in denen diese Quanteneffekte beobachtet werden können, z. B. bei Abkühlung von Metallen wie Helium auf wenige Grad über dem absoluten Nullpunkt (−273 Grad Celsius entspricht 0 Kelvin).

Quanteneffekte sind in unserer Alltagswelt deshalb nicht so offensichtlich, weil wir es normalerweise mit einer extrem großen Anzahl von Teilchen und mit für den Menschen üblichen Temperaturen zu tun haben. Unter solchen Bedingungen tritt allerdings sehr viel ›Entropie‹, d. h. allgemeines Durcheinander und Ungeordnetheit auf. Wenn man jedoch die Temperatur einiger Substanzen wie Kupfer oder Helium auf fast 0 Kelvin (−273 Grad Celsius) senkt (in einem solchen Temperaturbereich gibt es fast keine Wärmebewegung und somit kaum Entropie), beruhigt sich buchstäblich die Lage. Die Teilchen dieser Substanzen beginnen sich anders zu verhalten und zwar so, wie es ihren eigentlichen Eigenschaften entspricht. Dieses neue Verhalten ist auf die Quanteneigenschaften dieser Teilchen zurückführbar. Sie verhalten sich sozusagen recht einfallsreich. Außer dem Tunneleffekt gibt es Dauerströme, gegen die Schwerkraft gerichtetes, reibungsloses Fließen von Flüssigkeiten (Helium) entlang den Wänden eines Behälters und noch viele andere ›Unmöglichkeiten‹, die nicht in Einklang mit den älteren, durch den gesunden Menschenverstand begründeten materialistischen Gesetzen der klassischen Physik zu bringen sind.

Was hat es jetzt eigentlich mit diesem Tunneleffekt auf sich? Eine besonders schöne Demonstration dieses Phänomens lieferte der Physiker Brian Josephson von der Cambridge Universität, indem er einen Kupferleiter auf wenige Grad Kelvin abkühlte. In diesem Leiter gab es einen kleinen Spalt, einen Bereich hohen elektrischen Widerstandes, durch den nach den Gesetzen der klassischen Physik kein elektrischer Strom hindurchfließen kann. Und dennoch konnte Josephson nachweisen, daß ein elektrischer Strom im supraleitenden Kupfer das Hindernis überwand, ohne sich durch den Spalt hindurchzuschmuggeln. Wie war das möglich? Man nimmt an, daß der Strom zeitweilig in einen Zustand überging, den man den ›Vakuumzustand‹ des elektromagnetischen Feldes nennt. Für dieses wissenschaftliche Kunststück und diesen dramatischen Nachweis einer der merkwürdigsten von der Quantentheorie je vorhergesagten Materieeigenschaften, die allerdings bis dahin im Labor nicht beobachtet werden konnten, erhielt Josephson den Nobelpreis.

Josephson [2] und einige andere Physiker [3, 4, 5] sind der Ansicht, daß die in diesem Buch beschriebenen Forschungsergebnisse am besten in Begriffen der Quantenfeldtheorie interpretiert werden. Zum Beispiel nehmen sie an, daß Impulse kohärenten Bewußtseins sich ähnlich wie ein elektrischer Strom in einem Supraleiter ausbreiten. Daß sie also ›Lücken‹ zwischen den Gehirnen überspringen können, indem sie sich in einem Bewußtseinsfeld ähnlich dem Vakuumzustand ausbreiten.

Der Zweck dieses Kapitels liegt darin, diese theoretischen Aussagen eingehender zu analysieren, indem wir genauer angeben, (a) was unter einem Bewußtseinsfeld zu verstehen ist, (b) was die Physik mit Quantenfeld meint, um dann abschließend (c) eine mögliche Beziehung zwischen diesen beiden Feldern herzustellen.

Zunächst einmal: Was ist ein ›Feld‹?

Damit Sie das Konzept eines Feldes leichter nachvollziehen können, wollen wir zuerst schildern, was ein Feld nicht ist. Stellen Sie sich einen Billardtisch vor. Sie haben soeben eine der Kugeln angestoßen. Sie bewegt sich und trifft mit einer oder mit mehreren anderen zusammen, die dann ebenfalls in Bewegung gesetzt werden. *Keine der Kugeln bewegt sich aber, ohne vorher durch eine andere angestoßen worden zu sein.* Vieles verhält sich im Leben wie im Billardspiel. Es gehorcht, wie man sagt, den ›Gesetzen der klassischen Mechanik‹.

Jetzt stellen Sie sich eine Anzahl von Korken vor, die in einem Eimer mit Wasser schwimmen. Nehmen Sie einen der Korken und tauchen ihn unter. Wenn Sie ihn dann loslassen, schnellt er hoch, und es gehen von ihm Wasserwellen aus, die alle anderen Korken ebenfalls herumhüpfen lassen.

Die Naturwissenschaft hat feststellen können, daß viele grundlegende Naturphänomene einem Eimer Wasser mit Korken — oder einem sogenannten ›Feld‹ — ähneln. Sie sind wahrscheinlich alle mit dem Phänomen des magnetischen Feldes und der Eisenfeilspäne vertraut, die wie von unsichtbaren Kräften bewegt werden. Wie Sie bald erkennen werden, stellen subatomare Teilchen auch ein sehr gutes Beispiel für ein Feld dar. Auch die Planeten bewegen sich durch ein Feld, durch das Gravitationsfeld der Sonne. Organismen sind, wie man sagt, in eine Art Feld eingebettet. Die menschliche Gesellschaft wird manchmal auch als Feld beschrieben. In all diesen Fällen führt eine Veränderung eines Teils zur fast gleichzeitigen Veränderung des Ganzen, d. h. die Veränderung breitet sich überallhin aus. Und sobald sich das Ganze verändert, sind alle Teile, wenigstens bis zu einem bestimmten Grad, davon betroffen. Mit anderen Worten: Alle Teile sind eng miteinander verknüpft. Oder wie Einstein es ausdrückte: Das Feld ist »eine Gesamtheit existierender Tatsachen, die als gegenseitig voneinander abhängig vorzustellen sind«. [6]

Was ist ein ›Bewußtseinsfeld‹?

Im Kapitel 2 definierten wir Bewußtsein als das resultierende Produkt des ganzheitlichen Funktionierens des Nervensystems — eine Ganzheit, die aus der Summe ihrer Teile entsteht, die aber dennoch mehr als diese Summe ist. Offensichtlich kann man sich Bewußtsein sehr leicht als Feld vorstellen. Jedes Teil des Nervensystems beeinflußt das Gesamtsystem. Das Ganze, die allgemeine Funktionsweise oder der Bewußtseinszustand, beeinflußt die Arbeitsweise eines jeden Teils.

Faßt man das Bewußtsein jedes Menschen als Feld und soziale Systeme als eine Ansammlung von Feldern auf, so wird verständlich, warum Wissenschaftler, welche die gesellschaftlichen Auswirkungen der Erfahrung reinen Bewußtseins untersucht haben, ihre Ergebnisse in Begriffen eines ›Feldes kollektiven Bewußtseins‹ interpretieren.

Wenn jedoch im allgemeinen von Bewußtsein die Rede ist, so ist meistens individuelles Bewußtsein gemeint. Wir schreiben es jedem Menschen zu. Aber wir neigen eher dazu, das Bewußtsein jedes Menschen als getrennt vom anderen zu sehen — ebenso wie Kugeln auf dem Billardtisch — und meinen, daß sich Menschen im sozialen Feld nur durch konkreten sozialen Kontakt, wie etwa durch Sprache, gegenseitig beeinflussen können.

Durch die in diesem Buch beschriebenen Forschungsergebnisse wird allerdings einsichtig, daß sich menschliches Bewußtsein eher wie ein Feld kollektiven Bewußtseins verhält, in dem Untertauchen und Emporschnellen eines Korkens (eine Veränderung in der Funktionsweise eines einzelnen Gehirns) auf jeden anderen eine Wirkung hervorruft. Anstatt das Bewußtsein eines einzelnen von demjenigen eines anderen getrennt zu betrachten, scheinen sich vielmehr die Felder, die von den getrennten Nervensystemen erzeugt werden, gegenseitig durchdringen zu können. Oder, was noch wahrscheinlicher ist: Es könnte sein, daß das Getrenntsein des individuellen Bewußtseins ein Trugbild ist. Auf einer tieferliegenden Ebene ist jedes Einzelbewußtsein ein Aspekt desselben Bewußtseinsfeldes.

Am Ende dieses Kapitels stellen wir die Theorien einiger anderer Forscher vor (im besonderen die des Schweizer

Psychiaters C. G. Jung), die ganz unabhängig zu ähnlichen Erkenntnissen gekommen sind. Unser Hauptanliegen bleibt, die Erklärungsansätze der oben zitierten Wissenschaftler zu überprüfen. Ihre Konzepte zur Erklärung der beschriebenen soziologischen Veränderungen hängen eng mit den Feldtheorien der Physik zusammen, denen wir uns jetzt zuwenden wollen.

Was beinhaltet der Feldbegriff in der Physik?

Das Konzept des Feldes geht auf Aristoteles zurück. Seitdem wurde es immer wieder benutzt, um ›Fernwirkungen‹ in der Wissenschaft zu erklären. Bewegt eine Kugel eine andere auf dem Billardtisch, so kann dieses Phänomen durch das Zusammenstoßen der beiden Kugeln erklärt werden. Im Rahmen der klassischen Mechanik ist es allerdings schwierig, Fernwirkungen, wie etwa den Einfluß eines Planeten auf die Umlaufbahn eines anderen, zu erklären, wenn zwischen ihnen nur das leere Vakuum des Raumes ist.

Es wurden also Felder postuliert wie das Gravitationsfeld, das magnetische Feld usw., die von einzelnen Objekten ausgehen. Dies reichte als Erklärung aber nicht aus, denn Materie und Energie brauchen für ihre Fortbewegung immer ein physikalisches Medium (oder haben Sie jemals eine Wasserwelle ohne Wasser gesehen?).

Eine Zeitlang wurde der ›Äther‹ als qualitätslose, überall im Raum gegenwärtige Substanz postuliert, die für die Übertragung von Kräften erforderlich und vergleichbar mit der unsichtbaren Fortbewegung von Schallwellen in der Luft ist. Der Äther ließ sich allerdings nicht nachweisen. Schließlich erklärte Albert Einstein zumindest für das Gravitationsfeld, daß es eine Illusion sei, denn in Wirklichkeit werden Objekte nicht durch Kräfte bewegt — ihre Bewegung ergibt sich aus der Krümmung von Raum und Zeit.

Dies war der Leitgedanke seiner berühmten allgemeinen Relativitätstheorie.

Es blieben jedoch noch andere Fernwirkungen oder Felder ohne Erklärung. Wie Sie sich vielleicht noch aus der Schule erinnern, hat man schließlich das magnetische Feld, Elektrizität und Licht auf die Fluktuationen eines einzigen elektromagnetischen Feldes zurückführen können. Also Licht, Radiowellen − alle Wellen des ›elektromagnetischen Spektrums‹ − lassen sich durch die Schwingungen von geladenen Teilchen beschreiben. Diese Schwingungen pflanzen sich im Raum als Wellen fort, und so konnte man ihre Fernwirkung auf Gegenstände verstehen.

Der Haken dabei war allerdings: dies stellte noch immer keine Erklärung dar. Man hat schlicht und einfach ›Fernwirkung‹ durch den Ausdruck ›durch ein Feld bedingte Fernwirkung‹ ersetzt. Physiker mußten sich also im klaren darüber werden, was eigentlich ein Feld ist. Dies war besonders für das vollkommen leere Feld des Vakuums erforderlich, durch welches sich ›Kräfte‹ angeblich fortpflanzten (und zwar als Wellen ohne Medium oder als Teilchen ohne Masse). Die heutige Antwort der Physik auf all diese Fragen − die Quantenfeldtheorie − ist befriedigend. Ihr einziger Nachteil: Sie führt zu einer vollkommen neuen Auffassung von ›reell‹ und ›physikalisch‹.

Um zu erklären, wie sich ein ›Welle-Teilchen‹ durch das Vakuum fortpflanzt, wiesen die Physiker nach, daß der ›Vakuumzustand‹ (der Zustand der geringsten Anregung eines Feldes) mit ›virtuellen‹ Teilchen gefüllt ist. *Diese Teilchen haben keine Masse, dennoch kann man sie nachweisen.* Indem man z. B. dem gänzlich leeren Vakuumzustand Energie durch Anregung zuführt, werden die Fluktuationen des Feldes so stark, daß sie von ihrem ›virtuellen‹ Zustand in einen ›reellen‹, überprüfbaren Zustand übergehen können. Eine Welle pflanzt sich im Vakuum fort, indem sie, leger ausgedrückt, von einer Reihe von virtuellen Teilchen weitergereicht wird, die durch die Energie des letzten reellen ›Welle-Teilchens‹ in einen vorübergehenden reellen Zustand übergehen. Es ist, als ob eine Reihe von Menschen eine heiße Kartoffel weiterreichen, wobei nur derjenige lebendig, sichtbar und reell ist, der jeweils die heiße Kartoffel in der Hand hält.

Falls dies alles etwas schwer zu verdauen ist, erstaunt uns das nicht. Das einzige, was Sie sich merken sollten, ist, daß nicht-materielle Felder durch die Quantenfeldtheorie zu grundlegenden Realitäten geworden sind. Soweit also zur ursprünglichen Bedeutung von ›physikalisch‹. Die gesamte Materie und Energie hat man auf vier grundlegende Kraftfelder (›Vakuumzustände‹) — Gravitation, Elektromagnetismus, die starke und die schwache Wechselwirkung — und auf Felder für jeden Elementarteilchentyp reduziert. Gegenwärtig ist die Physik damit beschäftigt, alle diese Felder in einem großen, abstrakten, nicht-materiellen Feld zu vereinheitlichen. Ein recht konservativer Physiker drückte es einmal so aus: »Die materielle Wirklichkeit besteht aus nichts anderem als der Transformation und Organisation von Feldquanten — und das ist alles.« [7] Und zum Vakuumgrundzustand oder dem Zustand der geringsten Anregung eines Feldes meinte er: »Alles, was je existierte oder existieren kann, ist bereits potentiell im Nichts des Raumes vorhanden.« [7] Materie und Energie mußten als Grundpfeiler der Physik abdanken. Ersetzt wurden sie durch das fundamentalere leere Feld.

»Na, und?« werden Sie sagen. »Spielen Quantenphänomene außer auf der atomaren Ebene überhaupt irgendeine Rolle?«

Man hat sie technisch schon vielfach anwenden können. Z. B. bei der Konstruktion von LASERn oder zur Herstellung von Mikrochips und modernen Computern. Aber noch viel wichtiger ist: Eine Reihe bedeutender Physiker vertritt die Ansicht, daß das menschliche Nervensystem vielleicht nach quantenmechanischen Prinzipien funktioniert. Es ist z. B. in der Lage, auf ein einziges Lichtquant (auf ein Photon) zu reagieren oder einzelne Moleküle bestimmter Duftstoffe wahrzunehmen.

Es ist daher durchaus berechtigt anzunehmen, daß spezifische geistige Prozesse durch Quantenereignisse gesteuert werden. Es gibt darüber hinaus noch deutlichere Hinweise, daß wir Grund zur Annahme haben, die Erfahrung reinen Bewußtseins als ein durch das Quantenfeld bedingtes Phänomen anzusehen.

Die Beziehung zwischen Bewußtseinsfeldern und physikalischen Feldern

Bereits zu Beginn dieses Kapitels erklärten wir, daß Physiker, die mit den in diesem Buch beschriebenen Forschungsergebnissen vertraut sind, annehmen, die ermittelten Befunde könnten am besten durch eine Art Feldeffekt interpretiert werden. Hierzu geben sowohl die Art der untersuchten Phänomene als auch die Erzeugung verschiedener Bewußtseinszustände durch das Gehirn Anlaß. Die Frage lautet nun: Um welche Art von Feldern handelt es sich dabei? Das Kräftefeld, das am meisten für Kommunikation und Energieübertragung benutzt wird, ist das elektromagnetische Feld. Das Gehirn scheint aber elektromagnetische Wellen nicht in genügender Stärke zu erzeugen, um alle Menschen einer Stadt oder gar einer Nation beeinflussen zu können. Und die Felder der starken und schwachen Wechselwirkung sowie das Gravitationsfeld scheinen noch weniger geeignet zu sein.

Könnte es ein zusätzliches, gänzlich anders geartetes Feld geben? Der hervorragende, in Oxford ausgebildete Biologe Rupert Sheldrake hat ein solches Feld postuliert, worauf wir am Ende dieses Kapitels näher eingehen werden.

Aber es gibt noch eine andere Möglichkeit, die von Wissenschaftlern, welche die Auswirkungen der Erfahrung reinen Bewußtseins erforschen, bevorzugt wird. Es handelt sich um eine Möglichkeit, die uns selbst auch am plausibelsten erscheint. Aber zunächst einmal einige Überlegungen zum sogenannten ›vereinheitlichten Feld‹.

Das vereinheitlichte Feld

Eingangs erläuterten wir, daß es bislang vier nachgewiesene Kräftefelder gibt, und daß die Physik gegenwärtig an der Vereinheitlichung dieser vier Felder arbeitet. Eine solche Vereinheitlichung ist zumindest seit Einstein das Ziel der Physik, dem er − leider ohne Erfolg − den größten Teil seiner Laufbahn widmete. Aber seit seinem Tode wurden zuerst die elektromagnetische Kraft und die starke Wechselwirkung (sowohl in der Theorie als auch im Experiment) vereinheitlicht. Danach folgte die Vereinheitlichung mit der schwachen Wechselwirkung. Die Vereinheitlichung dieser drei Kräfte mit der Gravitation erweist sich allerdings als viel schwieriger. Es existieren sehr viele Theorien, die aber experimentell schwieriger zu bestätigen sind. In den meisten Experimenten zur Untersuchung der Vereinheitlichung von Kräften wurden Teilchenbeschleuniger benutzt, die subatomare ›Welle-Teilchen‹ in kleinere Energiepakete zerlegen können. Für die Vereinheitlichung der Gravitation bräuchte man allerdings einen Teilchenbeschleuniger, dessen Größe die des Sonnensystems übertrifft!

Trotzdem läßt sich die Realität eines vereinheitlichten Feldes durch eine andere Hypothese stützen. Entsprechend der Urknalltheorie bezüglich der Erzeugung des Universums vor etwa 20 Milliarden Jahren dehnte sich das Universum explosionsartig von seiner damaligen Punkt-Größe aus. Anlaß hierfür ist die Materie selbst, die als eine Art fossiler

Bericht über die Kettenreaktionen unmittelbar nach der Explosion aufgefaßt werden kann. Symmetriebrechung, Auskristallisation und Abkühlung haben zur Entwicklung des Universums, wie wir es heute kennen, beigetragen. Aber diese Prozesse haben auch die ›schwereren‹ Quantenfelder, insbesondere das erste, fundamentale vereinheitlichte Feld, auf einer wahrnehmbaren Ebene verdeckt. Dennoch weisen alle Daten auf einen extrem kurzen Augenblick nach dem Urknall hin, als die vier Kraftfelder und alle Materiefelder (wie man die verschiedenen Elementarteilchenarten auch nennt) noch in einem nichtmateriellen Feld vereinigt waren. Weder Zeit noch Raum existierten damals, die an sich ›Illusionen‹ sind, und die erst durch das noch nicht abgesonderte Gravitationsfeld zu existieren begannen. Noch waren Materie und Energie nicht voneinander getrennt — sie waren sogar noch nicht einmal im herkömmlichen Sinn des Wortes existent.

Wir können also sagen, daß es im Augenblick des Urknalls nur ein einziges Naturgesetz gab. Es existierte als Feld, das weder Materie noch Energie besaß, das aber in sich alle Teilchen und die gesamte uns bekannte Existenz in potentieller oder virtueller Form beinhaltete. Dieses Feld (oder etwas vor der Existenz dieses Feldes, wobei wir eigentlich nicht über die Existenz von irgend etwas vor dem Urknall sprechen können) muß also irgendwie — aus sich selbst heraus — als Ursache für das gesamte Universum angesehen werden.

Das Großartige daran ist, daß das vereinheitlichte Feld immer noch als grundlegendstes aller Felder existiert, wenn es auch nicht direkt nachweisbar ist. Es fährt fort, die Welt spontan aus sich selbst heraus zu ›verursachen‹, und zwar dadurch, daß die vollkommen symmetrische interne Struktur des vereinheitlichten Feldes spontan ›bricht‹, was wiederum die Verschiedenartigkeiten der einzelnen Elementarteilchen in normaler Zeit und normalem Raum entstehen läßt. Auf der Ebene des vereinheitlichten Feldes — bei kleinstmöglichen zeitlichen und räumlichen Größenordnungen — ist vollkommene Symmetrie weiterhin Realität.

Reines Bewußtsein als das vereinheitlichte Feld

Wir haben bisher physikalische Felder und ein Bewußtseinsfeld beschrieben. Haben sie etwas Gemeinsames?

Ein Feld kann man sich in einem mehr oder weniger ›angeregten‹ Zustand vorstellen. In der Physik ist ein Feld dann in einem Zustand geringster Anregung, wenn es ein Vakuum ohne Materie und Energie und dennoch voller potentieller oder virtueller Materie und Energie ist. Das umfassendste Beispiel für diesen Feldzustand der Einfachheit und potentieller Fülle ist das vereinheitlichte Feld.

Sogar in angeregteren Zuständen kann sich ein Feld durch vorhandene oder fehlende ›Kohärenz‹ auszeichnen. D. h., wenn das Feld schwingt, können die nach außen sich fortpflanzenden Wellen unter sich geordnet oder chaotisch sein (eine oder zwei Wellen auf der stillen Oberfläche eines Teiches, einige harmonische Töne, turbulentes Wasser, weißes Rauschen). Aber auch in diesem Fall findet man im vereinheitlichten Feld die größte Ordnung.

In diesem Buch haben wir schon den einfachsten bzw. den kohärentesten Zustand menschlichen Bewußtseins — die Erfahrung reinen Bewußtseins an sich oder in Kombination mit subtilen geistigen Impulsen — beschrieben. Obwohl die Erfahrung reinen Bewußtseins eine persönliche, innere Erfahrung des einzelnen Meditierenden ist, weisen die Untersuchungsergebnisse auch auf kollektive Merkmale dieser Erfahrung hin — sie ›beruhigt‹ das kollektive Bewußtsein, ›kühlt‹ es ab, macht es kohärent und geordnet — und zwar auf eine Weise, die an die Supraabkühlung von Kupferdraht erinnert, um die verborgenen, ›supernormalen‹ Quanteneigenschaften sichtbar zu machen. Diese Eigenschaften sind das ›Gesicht‹ des vereinheitlichten Feldes. In ähnlicher Weise sind die sozialen Auswirkungen der Meditation die Effekte, das ›Gesicht‹ des Feldes reinen Bewußtseins.

Indem wir nach diesen einfachsten, kohärentesten Zuständen unseres inneren Bewußtseins oder unserer äußeren physikalischen Welt suchen, entdecken wir Eigenschaften, die uns fremd sind. Diese ungewöhnlichen Attribute sind letzten Endes auf die Feldeigenschaften beider Welten zurückzuführen. Wir sind mit Feldwirkungen normalerweise nicht vertraut, denn sie werden gewöhnlich von Aktivität, Entropie oder Systemgeräuschen überdeckt. Im Falle des Bewußtseins kommt selten jemand auf die Idee, es als Feld aufzufassen. Viele Psychologen und Philosophen haben sogar darüber spekuliert, ob Bewußtsein überhaupt getrennt von seinen Aktivitäten (Denken, Wahrnehmung usw.) existieren kann. Die Realität und die eigentliche Natur des Bewußtseins offenbaren sich erst, wenn einzelne Menschen zur Ruhe kommen und Bewußtsein an sich erfahren. Und seine Feldwirkungen werden erst dann sichtbar, wenn ein genügend großer Anteil dieses Feldes sich beruhigt, und man zielgerichtet nach Hinweisen für ein Feld sucht.

Ein einziges Feld? — Warum nicht?

Wir haben bisher zwei fundamentale und dennoch abstrakte Felder beschrieben — einmal das vereinheitlichte Feld und zum anderen das Feld reinen Bewußtseins. Einige Wissenschaftler und Forscher, die mit den in diesem Buch vorgestellten Forschungsergebnissen vertraut sind, haben die Erfahrung reinen Bewußtseins als direkte Erfahrung des vereinheitlichten Feldes durch das menschliche Nervensystem identifiziert. Besonders hervorgetreten sind die mit beiden Konzepten — dem vereinheitlichten Feld und der Erfahrung reinen Bewußtseins – vertrauten Physiker (Domash [3], Hagelin [4], Sudarshan [5], Bohm [8], Capra [9]).

Auch Gelehrte östlicher Philosophien, insbesondere der Veden, die detailliert reines Bewußtsein beschreiben, und andere Traditionen (der christlichen und jüdischen Mystik sowie natürlich des Buddhismus, eines frühen Ablegers der vedischen Tradition) propagieren diese Parallelen. Wenn diese Gelehrten (die oft auch Meditation ausüben) Beschreibungen des vereinheitlichten Feldes hören, erkennen sie unweigerlich offensichtliche Parallelen zu ihren Erfahrungen reinen Bewußtseins und den Beschreibungen reinen Bewußtseins in ihren jeweiligen Traditionen.

Die traditionellen und persönlichen Beschreibungen reinen Bewußtseins und physikalische Beschreibungen des vereinheitlichten Feldes heben vor allem die Zeitlosigkeit und Unendlichkeit dieser Felder hervor und betonen, wie unwichtig Raum und Zeit sind. Alle drei Beschreibungsarten betonen auch Vollständigkeit, Ganzheit und Einheit. Sie erkennen an, daß alles aus dieser Einheit spontan und ohne äußere Hilfe entspringt. Jede Form von Ordnung, alles Wissen, alle ›Naturgesetze‹ scheinen in dieser Einheit in ›reiner‹ oder ›Samen‹-Form enthalten zu sein.

In der Tat scheint die wichtigste Ähnlichkeit zwischen dem vereinheitlichten Feld und reinem Bewußtsein die allumfassende Eigenschaft der perfekten Ordnung zu sein – die einzige Eigenschaft des vereinheitlichten Feldes, die es weiterreichen kann, und woraus Ordnung, Intelligenz oder Struktur entstehen. Diese Ordnung kann im vereinheitlichten Feld nur in einer sehr abstrakten Form existieren, denn weil das vereinheitlichte Feld vereinheitlicht ist, kann es selbst keine Ordnungsstrukturen aufweisen – auch wenn es innerlich alles umfaßt. Entsprechend den physikalischen Theorien ist es einheitlich und nichtphysikalisch, dennoch beinhaltet es alle Ordnungsstrukturen von Energie und Materie. Ein verblüffendes Paradoxon.

Die Erfahrung reinen Bewußtseins umfaßt das Paradoxon. In ihrer einfachsten Form ist sie Bewußt sich ohne irgendeinen bestimmten Gedanken. Denn der Erfahrende reinen Bewußtseins jeden Augenblick wach und kann Gedanken erzeugen. Zusätzlich weist das Gehirn aufgrund von EEG-Messungen während der Erfahrung reinen Bewußtseins eine auffallend dynamische Ordnung oder kohärente Aktivität auf. Es ist handlungsbereit; alle Erinnerungen und möglichen Gedanken existieren in potentieller Form im Gehirn, ohne tatsächlich aufzutreten. Wird dann diesem reinen Bewußtsein eine subtile Aktivität aufgeprägt, wie z. B. die Sutras von Patanjali während des TM-Sidhi-Programms (eine Art sanfter Urknall des Bewußtseins), so wird dieses extrem geordnete Feld von Schwingungen durchsetzt. Wie im Falle des vereinheitlichten Feldes charakterisiert man dieses Feld am besten durch *Kohärenz* (dynamische Ordnung). Sie ist auch die einzige Eigenschaft, die den vielfältigen physiologischen, psychologischen und sozialen Veränderungen, die mit der Erfahrung reinen Bewußtseins in Verbindung stehen, gemeinsam ist.

Wozu ist ein vereinheitlichtes Feld reinen Bewußtseins gut?

Angesichts so vieler Ähnlichkeiten ist es plausibel, warum die Erfahrung reinen Bewußtseins als eine Erfahrung des vereinheitlichten Feldes anzusehen ist. Zunächst einmal hat man damit eine Erklärung für die in diesem Buch dargestellten unterschiedlichen Forschungsergebnisse, aus denen sich folgern läßt, daß beim Meditierenden alle Aspekte seiner Umgebung kohärenter werden. Dieser weitreichende Einfluß des reinen Bewußtseins läßt sich auf der Grundlage eines einzigen Feldes reiner Ordnung und einer gemeinsamen Quelle von Kohärenz oder dynamischer Ordnung für die materiellen, geistigen und sozialen Aspekte unserer Welt verständlicher interpretieren.

Diese Einheit impliziert, daß jede Methode zur Beeinflussung eines oder all dieser vielfältigen Aspekte eine Methode sein muß, die irgendwie Kohärenz oder dynamische Ordnung erhöht.

Oder anders formuliert: Da diese Ordnung ohnehin in allem wegen des zugrunde liegenden Feldes reiner Ordnung inhärent existiert, braucht man diese Ordnung nur ›anzuzapfen‹, sie sozusagen zu beleben, indem man dieses Feld leicht vibrieren läßt, oder indem man die aktiveren und differenzierten Ebenen auf ihren Ursprung zurückführt und in Kontakt mit der nur sehr subtil angeregten Ebene des vereinheitlichten Feldes bringt.

Auf den ersten Blick scheint ein solches ›Beheben‹ von ›Störungen‹ in der physikalischen Welt nicht möglich. Aber gerade hierfür lieferten wir zu Beginn dieses Kapitels ein Beispiel: die Abkühlung auf Temperaturen knapp über dem absoluten Nullpunkt. Werden physikalische Systeme in den Bereich des absoluten Nullpunktes abgekühlt, hören ihre Moleküle auf, ungeordnet umherzuschwirren. Das umfassendere Ordnungsstreben der Quantenebene wird lebendig, das Tunneleffekte, kohärente Dauerströme und ähnliches ermöglicht. LASER sind ein weiteres Beispiel: gewöhnliches, ungeordnetes Licht spiegelt die in seinem Ursprung, im Quantenfeld, vorhandene Ordnung wider.

In Kapitel 2 führten wir Forschungsergebnisse an, die vermuten lassen, daß die Erfahrung einer vereinheitlichten, subtilen, mühelosen Ebene des Geistes — die des reinen Bewußtseins — das Nervensystem des einzelnen ordnet. Und in diesem ganzen Buch sind Nachweise dafür aufgeführt, daß diese Erfahrung, besonders wenn sie in großen Gruppen erfolgt, auch soziale Systeme ordnet. Sie verändert keine Werte, Traditionen, wirtschaftliche oder politische Systeme, sondern sie reduziert einfach Entropie, Disharmonie oder

Trägheit, damit die im System latent vorhandene Ordnung ungehindert zur Wirkung gelangen kann.

Die Wissenschaft strebt nach Einheit, z. B. nach Vereinheitlichung von Elektrizität und Magnetismus, von Elektromagnetismus und Licht, Wellen und Partikeln, Materie und Energie, Raum und Zeit. Es ist stets ihr Bestreben gewesen, vielfältige Phänomene in einigen wenigen Naturgesetzen zusammenzufassen.

Was ist somit die letzte zu vereinheitlichende Dualität? Das Objektive und Subjektive, das Beobachtete und der Beobachter, das fundamentale physikalische Feld und das fundamentale Bewußtseinsfeld.

Durch die in diesem Buch aufgeführten Ergebnisse sind wir einer derartigen Vereinheitlichung möglicherweise schon sehr nahe.

Fassen wir zusammen: Wir haben versucht, eine Interpretation für die in diesem Buch beschriebene Vielzahl ungewöhnlicher Forschungsergebnisse zu entwickeln, indem wir uns einer anderen, ähnlichen wissenschaftlichen Problemstellung zuwandten: Wie kann sich Materie auf der einen Seite materiell und mechanisch und auf der anderen Seite wie ein nichtmaterielles Feld verhalten? Während wir nach analogen Situationen suchten, fanden wir auffallende Parallelen zwischen dem vereinheitlichten Feld der Physik und den individuellen und kollektiven Feldern des Bewußtseins — besonders die Fähigkeit beider Felder, die Eigenschaft dynamischer Ordnung oder Kohärenz in ihren Teilen zu entfalten.

In Anbetracht der natürlichen Entwicklung wissenschaftlicher Erklärungen in Richtung Vereinfachung und Vereinheitlichung erscheint es durchaus sinnvoll, das vereinheitlichte Feld der Physik und das Bewußtseinsfeld, welches den in diesem Buch dargestellten sozialen Phänomenen zugrunde liegt, als ein und dasselbe singuläre und vereinheitlichte Feld reinen Bewußtseins anzusehen.

Andere Theorien

Es gibt mindestens noch zwei weitere Theorien, die zur Erklärung der in diesem Buch vorgestellten Ergebnisse herangezogen werden könnten.* Die erste ist C. G. Jungs Konzept des kollektiven Unbewußten; die zweite das Konzept des morphogenetischen Feldes von Rupert Sheldrake. Andere haben auch soziale Feldtheorien vorgestellt — vor allem Emile Durkheim und Kurt Lewin. Aber beide wurden nicht entwickelt, um Hypothesen abzuleiten, die denen ähnlich sind, die im Rahmen der Studien überprüft wurden, die wir in diesem Buch beschrieben haben.

Die Theorie des kollektiven Unbewußten

C. G. Jung glaubte, wie übrigens auch Sigmund Freud, sein Lehrer und Kollege bis zum Streit im Jahre 1913, daß die tieferliegenden oder unbewußten Schichten des Geistes Wissen von unschätzbarem Wert enthielten, wenn es nur gelänge, es zu entschlüsseln. Er war daher sehr an Träumen, Phantasien und an den in künstlerischen Darstellungen wiederkehrenden Symbolen als Ausdrucksformen des Unbewußten interessiert.

Was aber Jung am meisten faszinierte, war die Art und Weise, wie die Manifestationen seines eigenen Unbewußten, desjenigen seiner Klienten, die Kunstgegenstände seiner

---

* Wir werden einen Standpunkt, von dem aus die geschilderten Ergebnisse unkorrekt erscheinen, nicht eine ›Theorie‹ nennen. Wir streiten nicht die mögliche, aber unwahrscheinliche Gültigkeit dieses Standpunktes ab, und wir haben hierauf in diesem Buch des öfteren hingewiesen. Nur die Zeit und weitere Forschung können diese Frage klären helfen. Ein solcher Standpunkt ist aber im üblichen Wortgebrauch keine Theorie, da er nicht zur Erklärung von Phänomenen dient, sondern der Beantwortung der Frage gilt, warum es vielleicht keine zu erklärenden Phänomene gibt.

Kultur und die Produkte anderer Kulturen und Epochen immer wieder die gleichen Symbole enthielten (z. B. Mutter Erde, der suchende Held, die reine Jungfrau, der weise alte Mann, der Lebensbaum, die Wiedergeburt aus dem Chaos). Diese gemeinsamen Symbole nannte er Archetypen. Nach seinen Vorstellungen waren sie in einer gemeinsamen Erinnerung — dem kollektiven Unbewußten — gespeichert, das er jeder sozialen Gruppierung zuordnete — der Familie, Gemeinde, Provinz, Nation und Gattung. Und diesen allen zugrunde liegend stellte er sich die »zentrale Energie‹ oder den ›unauslotbaren Grund« vor. Dies beschrieb er als ›eine allgegenwärtige, unveränderliche Qualität oder Substrat der Psyche per se‹, wobei hier Ähnlichkeiten mit dem reinen Bewußtsein auffällig sind. Oder an anderer Stelle sprach Jung von einem ›transzendentalen psychophysischen Hintergrund‹. Er schrieb z. B.:

»Früher oder später werden sich Atomphysik und Psychologie des Unbewußten in bedeutender Weise annähern, da beide unabhängig voneinander und von entgegengesetzter Seite in transzendentales Gebiet vorstoßen...« [10].

»Sollte sich diese Entwicklung in der Zukunft noch stärker ausprägen, so würde die Hypothese einer Einheit des Gegenstandes beider Forschungsrichtungen an Wahrscheinlichkeit gewinnen... Aber so viel wissen wir heutzutage über allen Zweifel hinaus, daß die empirische Erscheinung auf einem transzendentalen Hintergrund beruht; ...Der gemeinsame Hintergrund von Mikrophysik und sogenannter Tiefenpsychologie ist ebenso physisch wie psychisch und daher keines von beiden, sondern vielmehr ein Drittes, eine neutrale Natur, die sich höchstens andeutungsweise erfassen läßt, da sie im Kerne transzendental ist... Der transzendentale psychophysische Hintergrund entspricht insofern einer ›potentiellen Welt‹, als in ihm alle jene Bedingungen, welche die Gestalt der empirischen Phänomene bestimmen, angelegt sind.« [11]

Klingen diese Ideen nicht vertraut? Jungs Lebensweg als Psychotherapeut umspannte beide Weltkriege, und er hatte genügend Gelegenheit, das kollektive Unbewußte Europas bei Individuen und nationalen Ereignissen zu beobachten. Für ihn lag die grundlegende Ursache für Krieg und Gewalt in der Disharmonie zwischen den einzelnen Teilen des kollektiven Unbewußten und zwischen diesem und dem bewußten Leben. Auch wenn Menschen z. B. die Wichtigkeit des emotionalen oder subjektiven Aspekts ihrer Persönlichkeit leugnen und darauf beharren, immer objektiv und logisch zu sein, sind sie trotzdem subjektiv und emotional gesteuert. Diese Aspekte gehören ebenso wie die Zehennägel zum Menschen. Sie werden es aber ableugnen und ihre nicht logischen Vorlieben und unbegründeten Intuitionen zu rationalisieren versuchen. Oder sie projizieren ihre Irrationalität auf andere — »sie sind gefährlich abergläubisch; wir sind ausgewogen und rational«.

Andere koexistierende Gegensätze, die aus dem Lot geraten können, sind etwa: Betonung individueller Originalität gegenüber gruppenbestimmtem Verhalten, Notwendigkeit für Vorausberechenbarkeit gegenüber Spontaneität oder auch Leistungsdenken gegenüber einem lockeren Lebensstil.

Jung schien der Ansicht zu sein, daß einige wenige Mutige, die Gleichgewicht, Ordnung und Ganzheit in ihrem geistigen Leben wiederherstellen können, ausreichten, um das gesamte kollektive Unbewußte zu beeinflussen. Aber im allgemeinen versuchte er nicht, die genauen Mechanismen zu beschreiben, z. B. ein Feld, durch welches sich einzelne und soziale Gruppierungen gegenseitig beeinflussen könnten. Aufgrund des obigen Zitats können wir aber annehmen, daß, wenn zu Jungs Lebzeiten ein Konzept des vereinheitlichten Feldes existiert hätte, Jung mit einer Erklärung und einer Methode, um sowohl inneren als auch äußeren Frieden aufrechtzuerhalten, sicher einverstanden gewesen wäre.

Rupert Sheldrakes Theorie

Die andere Theorie ist relativ neu und ungewöhnlich. Der Biologe Sheldrake entwickelte seine Theorie der morphogenetischen Felder bei der Beobachtung der Entwicklungsformen von Pflanzen und Tieren. Er ist mittlerweile davon überzeugt, daß das DNS-Molekül nicht primär für die biologische Form verantwortlich ist und auch prinzipiell keine solche primäre Rolle annehmen kann. Die DNS ist nach Sheldrake nur eine Übergangsstufe.

Seine Theorie ist schlichtweg revolutionär. Sie ist demgemäß auch bei den ›Schulbiologen‹ auf sehr viel Widerstand und sogar Feindseligkeit gestoßen. Sheldrake liefert jedoch einige sehr überzeugende Forschungsergebnisse. Zudem umreißt er in sehr klarer Form, welche Art von Experimenten notwendig wäre, um seine Theorie zu beweisen bzw. zu widerlegen. Er selbst versucht, einige dieser Experimente durchzuführen und ermuntert auch andere, sich mit ihm zusammenzutun, um das, was er in der Überschrift seines Buches *A New Science of Life* [12] (deutsch: Das schöpferische Universum, Meyster-Verlag) genannt hat, zu entdecken.

Nach Sheldrake existiert ein morphogenetisches (das bedeutet ein ›formbildendes‹) Feld für jede Lebensform (Gattung, Mitglied dieser Gattung oder ein Organ dieses Mitglieds) — und auch für alle beliebigen Vorstellungen, Verhaltensweisen, sozialen Bräuche, Gruppierungen, Spinnweben, Kristalle, Gebirgszüge und für alles andere. Der Ursprung für die erste Form ist nach Sheldrake wahrscheinlich durch wissenschaftliche Methoden prinzipiell nicht erfaßbar. Der Ursprung einer Variation beruht wahrscheinlich auf Zufall (Mutationen bei biologischen Formen), der sich allerdings wiederholen muß, wenn er einen funktionalen Wert annehmen soll. Die Formen sind nicht bloße Protokolle über das, was stattgefunden hat, sondern Leitschablonen bei der Entwicklung aller Formen (Organe, Vorstellungen, Individuen, Verhaltensweisen usw.). Die prinzipielle Zufallsbedingtheit individueller Ereignisse auf der Quantenebene ermöglicht es dieser nichtphysikalischen Morphogenese, Ereignisse zu prägen.* Jedes Mal, wenn ein Feld Zufallsereignisse zu einer spezifischen Form prägt, wird das Feld gestärkt, und die Wahrscheinlichkeit, daß diese Form wiederholt wird, nimmt zu.

Wenn wir versuchen, diese Theorie aufzugreifen, um damit die in diesem Buch dargestellten Ergebnisse zu erklären, taucht jedoch ein sehr interessantes Problem auf. Welche Form wird durch die Meditierenden, die reines Bewußtsein, einen angeblich inhaltslosen Zustand, erfahren, gestärkt? Nach Sheldrakes Theorie müßte ein Gedanke (etwa »Ich werde das Verbrechen nicht begehen«) oder eine Verhaltensweise (nicht zu kämpfen) wiederholt werden, um Kriminalität zu reduzieren oder den Weltfrieden herbeizuführen. Aber da anzunehmen ist, daß die meisten Menschen bereits diese Gedanken gehabt und sich entsprechend verhalten haben, müßten diese Formen schon längst vorherrschend sein und Kriminalität und Gewalt sehr selten auftreten.

Dieses Problem kann aber in Sheldrakes Theorie durch die Vorstellung umgangen werden, daß ähnliche Formen miteinander in Resonanz stehen. Also haben friedfertige Menschen einen größeren Einfluß auf das Verhalten anderer friedfertiger Menschen, während Menschen, die Verbrechen begangen haben oder in der Vergangenheit Kriege verursacht haben, einen größeren Einfluß auf Personen haben,

---

* Wie wir bereits zu Beginn dieses Kapitels erwähnten, ist eine der Entdeckungen der Quantentheorien, daß ein ›Welle-Teilchen‹ überall lokalisiert werden kann, was sich nur in Begriffen von Wahrscheinlichkeiten ausdrücken läßt. In diesem Sinne ist das Verhalten des ›Welle-Teilchens‹ zufallsbedingt, auch wenn das Feld, in das es eingebettet ist, geordnet und vorhersagbar ist, da es einen Mittelwert aller individuellen Ereignisse liefert. Einstein war speziell der Ansicht, daß diese Zufallsbedingtheit eines Tages widerlegt werden würde.

die zu derartigen Taten neigen oder sie bereits planen. Daraus läßt sich folgern, daß es wohl wirkungsvoller wäre, Verbrecher, Diplomaten und Bundeswehrangehörige meditieren zu lassen! Und zudem sollten sie keine Meditation anwenden, die reines Bewußtsein erzeugt, sondern eine Art Kontemplation über Moral und Frieden.

Dies sind sicherlich alternative Techniken, die in ihrer Wirkung überprüft werden könnten. Aber es handelt sich hierbei nicht um die in diesem Buch beschriebenen Meditationstechniken, deren Wirksamkeit wir erläutert haben. Denn die Menschen waren sich während der Erfahrung reinen Bewußtseins im allgemeinen nicht bewußt, daß ihre Meditationen angeblich Verbrechen und Gewalt vermindern helfen. Oder, als sie sich der Wirkung ihrer Meditation in dieser Hinsicht bewußt wurden, stellte man später fest, daß sich andere Aspekte sozialer Inkohärenz (z. B. Autounfälle, Hausbrände, Selbstmorde) ebenfalls unbeabsichtigt verringerten. Es erscheint daher unwahrscheinlich, daß diese Veränderungen durch spezifische Gedanken, die mit anderen in Resonanz standen, hervorgerufen wurden.

Auf der anderen Seite gibt es eine Möglichkeit, Sheldrakes Theorie mit den hier aufgeführten Ergebnissen in Übereinstimmung zu bringen. Morphogenetische Felder sollten hierarchisch angeordnet sein, d. h. von Ebenen des festumrissen Konkreten bis hin zu Ebenen umfassender Abstraktheit. Somit ist also die Form eines Stuhls in die Form für Möbel eingebettet, die wiederum in der Form physikalischer Objekte im allgemeinen enthalten ist. Vielleicht gibt es an der Spitze dieser Pyramide ein morphogenetisches Feld für die Form — Kohärenz — selbst. Und mit *diesem* Feld treten Meditierende in Resonanz, wodurch Gewalt, Unfälle und andere Symptome von Ungeordnetheit abnehmen. (Ein solches Feld stünde sicher dem vereinheitlichten Feld reinen Bewußtseins, das wir früher in diesem Kapitel diskutierten, konzeptionell sehr nahe.)

Schlußfolgerung

Wir sind jetzt allerdings dabei, uns mit theoretischen Einzelheiten zu beschäftigen, die jenseits der Reichweite dieses Buches liegen. Unser Hauptanliegen war es, zumindest eine zufriedenstellende Interpretationsmöglichkeit für die Forschungsergebnisse über die sozialen Auswirkungen der Erfahrungen reinen Bewußtseins zu liefern. Es war offenbar zwangsläufig, daß wir durch diese Erörterungen in eine Welt geführt wurden, die sich gänzlich von der Welt unserer üblichen Alltagserfahrungen unterscheidet – in eine Welt voller quantenmechanischer ›Überraschungen‹ und ›realer, nichtmaterieller‹ Felder.

Aber diese Welt nichtmaterieller, physikalischer Felder ist eigentlich keine so ganz andere Welt. Wir leben schon von Anfang an in ihr; wir lernen nun einfach etwas mehr darüber. Ebenso haben wir immer in Feldern kollektiven Bewußtseins gelebt, und sie sind uns viel vertrauter. Ihnen ist bestimmt schon aufgefallen, wie verschieden sich zwei Städte anfühlen können, oder wie jeder Landstrich, jedes Land und jeder Staat, den Sie besucht haben, seine spezifischen Eigentümlichkeiten und Qualitäten aufweist. Wir sind alle schon in eine Wohnung gegangen und haben uns dort spontan wohl gefühlt, aber wir sind auch in eine andere gekommen, aus der wir so schnell wie möglich wieder heraus wollten. Und wir haben alle schon erfahren, wie Menschen, die sich nahestehen wie Familienmitglieder, auf eine fast mysteriöse Weise die Gedanken der anderen Familienmitglieder kennen und ihre Launen beeinflussen – dies ist uns alles sehr vertraut. All das sind Beispiele für das Wirken von kollektivem Bewußtsein, und Sie wissen jetzt, warum solche Dinge geschehen, und wie sie erklärt werden können.

Wir haben einmal Auszüge einiger Forschungsergebnisse einem Polizeichef vorgestellt. Er sagte: »Das kenne ich schon alles. Jeder Polizist kennt das. In einigen Gegenden stimmt alles — in anderen ist die Hölle los. Und das ändert sich von Nacht zu Nacht. Hinter den Mauern einiger Häuser — das kann man regelrecht spüren — läuft nichts Gutes ab. Andere sind einfach in Ordnung. Entweder lernt man das mit der Zeit, oder man schafft es nicht.«

Man schafft es nicht — nicht als Polizist und vielleicht auch nicht als Gattung. Wenn sachliche, wissenschaftliche Erklärungen Ihnen helfen, dies besser zu verstehen, so hoffen wir, daß dieses Kapitel Ihr Wissen in dieser Hinsicht bereichert hat.

Aber es gibt keinen Grund zur Eile. Wir haben erst mit unserem Plädoyer begonnen. Und wenn Ihnen graue Theorie und abstrakte Analogien nicht liegen, macht das nichts. Im nächsten Kapitel steuern wir das genaue Gegenteil an und stellen Ihnen einen der realistischsten und praktikabelsten aller nur denkbaren Tests vor — die Anwendung der Erfahrung reinen Bewußtseins, um internationale Krisen zu lösen.

Und ein noch größerer Schritt:
von Rhode Island zur ganzen Welt

Rhode Island war für ein soziologisches Experiment wie geschaffen. Es lagen dort genaue Daten über alle wesentlichen Aspekte zur Bestimmung der Qualität des sozialen Lebens vor.

Nach den Erfolgen auf Rhode Island im Herbst 1978 unterbreitete die internationale Dachorganisation der TM-Bewegung »jeder Staatsführung, ...die sich einer Krise gegenübersieht, welche eine sofortige Lösung verlangt«, ein Angebot. Sie erklärte, daß ihre Organisation »gut darauf vorbereitet [sei], bei vollkommener Diskretion Maßnahmen zu ergreifen, um die Krise zu lösen«. [1]

Fast zur gleichen Zeit veröffentlichte die United Press International einen Bericht − oder vielmehr einen Aufruf − der Stadt Esteli in Nicaragua an alle nationalen und internationalen Organisationen, helfend in den dortigen Bürgerkrieg einzugreifen, wenn dies in irgendeiner Weise möglich sei. Der Aufruf war sehr einfach formuliert: »Jeder, der helfen kann, soll helfen.« [2]

Bedingt durch das Angebot und den Aufruf wurden innerhalb von 48 Stunden 250 Ausübende der TM-Sidhi-Techniken (vgl. Kapitel 4) mit fortgeschrittenen Erfahrungen von reinem Bewußtsein nach Nicaragua und in die umliegenden Staaten Mittelamerikas geflogen*. Schon in den ersten Tagen nach Ankunft der Meditationsgruppe verschwanden die Gewalttätigkeiten und die Verhandlungen zwischen den verfeindeten Parteien machten Fortschritte. Die Meditierenden mischten sich nicht in die spannungsgeladenen Auseinandersetzungen ein und bevorzugten keine der Parteien. Sie hielten sich in ihren Hotels auf und machten dort Erfahrungen von reinem Bewußtsein.

In Anbetracht der positiven Ergebnisse entschied sich die TM-Organisation, noch mehr Meditierende nach Mittelamerika und auch in andere Krisenherde der Welt zu schikken, um Gewalttätigkeiten zu vermindern und um die Spannungen im Weltbewußtsein abzubauen. So entstand das Weltfriedensprojekt, wie es später genannt wurde. Im Rahmen dieses Projekts sollten fünf Krisenherde der Erde — Mittelamerika, der Iran, der Mittlere Osten (hauptsächlich Israel), Südostasien (Thailand) und der südliche Teil Afrikas (Simbabwe, Rhodesien und Sambia) — durch die intensivierte Erfahrung reinen Bewußtseins größerer Gruppen von Meditierenden positiv beeinflußt werden. Die Meditierenden erzeugten ›Wellen von Kohärenz‹ im sozialen Feld dieser Teile der Erde.

Die vorhergesagten Effekte dieses Projekts sollten sein:
1. Abbau von Gewalttätigkeiten in Gebieten mit Unruheherden und die Herbeiführung von sozialen Veränderungen ohne unnötigen Aufruhr.
2. Weltweit mehr Frieden.

Das Motto lautete: ›Jenseits von Politik‹. D. h.: »Wir stellen uns nicht auf die Seite irgendeiner Partei. Wir kümmern uns nicht um die jeweilige Regierungsform. Das menschliche

---

* Anm. des Übersetzers: Diese und die weiteren ›Einsätze‹ von Meditierenden erfolgten auf freiwilliger Basis der einzelnen Meditierenden, die sogar teilweise die anfallenden Kosten selbst übernahmen.

Bewußtsein soll mit seiner tiefsten Ebene verbunden werden. Als Folge davon wird sich Chaos auflösen.« [3]

Die Daten über die innenpolitischen Unruhen in diesen Gegenden und über den Frieden in der Welt wurden allerdings nicht gesammelt und in schönen Broschüren der US-Regierung veröffentlicht. Von Krieg oder bevorstehenden Revolutionen zerrüttete Nationen neigen nicht dazu, genau Buch zu führen. Die Forscher mußten sich also auf zufällig vorhandenes statistisches Material der jeweiligen Medien und auf Berichte lokaler Beobachter verlassen. Obwohl dieses Experiment die einzige Möglichkeit zur Überprüfung der Nützlichkeit der Erfahrung reinen Bewußtseins für die Lösung internationaler Konflikte darstellte, konnten die Wirkungen nicht genauso exakt gemessen werden wie bei den vorher beschriebenen Experimenten, wo auf exakt geführte soziologische Statistiken über Kriminalität, Unfälle und ähnliches zurückgegriffen werden konnte.

Aber gerade Sozialwissenschaftlern ist nur allzu bekannt, daß es kein perfektes soziologisches Experiment geben kann. Die Erhebung der Daten erfolgt in einem kontrollierten Umfeld, in dem Messungen zwar genau, aber vielleicht auch irrelevant sind. Oder die Datenerhebung wird im normalen Alltag durchgeführt, in dem die Messungen ungenau sein können, dafür aber vielleicht höchst relevant sind. Die nun folgende Studie konnte hinsichtlich der Datenerfassung nicht so genau wie die früheren Studien durchgeführt werden. Sie ist trotzdem die wichtigste der bisher abgeschlossenen Studien. Es wurde hier nämlich auf sehr direkte Weise überprüft, ob die Erfahrung reinen Bewußtseins den Weltfrieden herbeiführen kann.

Wir werden zuerst mit einer Darstellung der Ergebnisse beginnen, die sich in den jeweiligen Unruheherden zeigten. Dazu werden wir die Zustände vor, während und nach Anwendung der Erfahrung reinen Bewußtseins durch die Meditationsgruppen beschreiben. Im letzten Teil dieses Kapitels

untersuchen wir dann die zweite Vorhersage des Weltfrie-
densprojektes mit Hilfe einer Analyse von Zeitungsberich-
ten über das Weltgeschehen im Zeitraum von Mitte Oktober
bis Ende Dezember 1978. Dabei wird der Monat November
besonders beachtet, da die Zahl der Zeitungsberichte in diesem Monat am größten war.

Die meisten der von uns vorgestellten Ergebnisse stam-
men aus einer sehr sorgfältigen Studie [4, 5], die von David
Orme-Johnson durchgeführt wurde. Orme-Johnson promo-
vierte an der Universität von Maryland. Er studierte bei
Schülern des bekannten Psychologen B. F. Skinner, bevor er
sich der Erforschung der Wirkungen reinen Bewußtseins
widmete. Er ist ohne Zweifel der erfahrenste Forscher in
diesem Untersuchungsbereich.

Die Wirkungen auf die einzelnen Länder

Nicaragua

Vorher

Dürre, ein Erdbeben, das 20 000 Menschen tötete, hohe
Steuern, weitreichende Arbeitsniederlegungen, politische
Entführungen, Attentate und zunehmende politische Pro-
bleme charakterisierten die vorangegangenen sechs Jahre.
Ab September 1978 wurden in einem 20 Tage dauernden
Krieg 1500 Menschen getötet und mehrere Städte teilweise
zerstört.

Während

6. bis 16. Oktober: Ankunft der ersten Gruppe und gemeinsame Meditationen in Managua. Die zuvor Monate andau-
ernde Zensur oppositioneller Zeitungen wird aufgehoben.
Das Ausgehverbot wird verlängert.

127

16. bis 30. Oktober: Ankunft von 53 weiteren fortgeschrittenen Meditierenden. Gerüchte von Angriffen beider verfeindeter Seiten hören auf. Die Straßen beleben sich zusehends. Das Leben scheint sich wieder zu normalisieren.

30. Oktober bis 7. November: Ankunft von 55 weiteren fortgeschrittenen Meditierenden, als sich Gerüchte über das erneute Aufflammen von Kämpfen verdichten. Die Kämpfe finden nicht statt. Die Regierung beginnt mit Aufräumungsarbeiten in Managua, wodurch 400 Arbeitsstellen geschaffen werden. Berichten des Roten Kreuzes zufolge nehmen die Krankenhauseinlieferungen aufgrund von Unfällen und kriegerischen Auseinandersetzungen ab.

7. bis 17. November: 31 Meditierende in Nicaragua erlernen das TM-Sidhi-Programm. Es treten trotz Drohungen und Gerüchten keine weiteten bewaffneten Überfälle auf.

18. bis 28. November: Vermittlung zwischen der von Somoza geführten Regierung und oppositionellen Kräften lassen Hoffnung auf Frieden aufkommen, bis am 25. November die Verhandlungen abgebrochen und Kampfhandlungen wieder aufgenommen werden. Weitere 14 fortgeschrittene Meditierende treffen ein, die zusammen in Managua verstärkt reines Bewußtsein erfahren wollen.

Am 27. November werden die Verhandlungsgespräche wieder aufgenommen. Die Kampfhandlungen versiegen allmählich.

29. November bis 8. Dezember: Die Gesamtzahl der Ausübenden des TM-Sidhi-Programms beläuft sich auf 123. Präsident Somoza hebt das Kriegsrecht auf, plant die Beendigung der Zensur und die Gewährung einer bedingungslosen Amnestie für politische Gefangene und Asylanten. Die Menschen singen während eines Nationalfeiertags in den Straßen.

9. bis 19. Dezember: 28 Meditierende verlassen das Land. Die Kampfhandlungen werden wieder aufgenommen und die Verhandlungen abgebrochen.

Danach

20. bis 31. Dezember: Alle ausländischen Meditierenden verlassen das Land. Verhärtung zwischen Somoza und den oppositionellen Kräften. Trotzdem halten sich die täglichen Auseinandersetzungen noch in Grenzen, zumindest für eine gewisse Zeit. Wir alle wissen, wie es heute in Mittelamerika aussieht.

Iran

Der Iran mit einer Bevölkerung von 33 Millionen war bei weitem das größte Land, das in das Weltfriedensprojekt involviert war. Wegen Visaproblemen und Streiks bei den Fluggesellschaften konnte die notwendige Zahl von Meditierenden zu keinem Zeitpunkt erreicht werden. (Wir werden am Anfang des nächsten Kapitels zeigen, wie sich diese Zahl errechnet.) Wie wir weiter unten sehen werden, nahmen jedoch an den Ankunftstagen neuer Gruppen von Meditierenden die Gewalttätigkeiten stets ab.

Vorher

Der Widerstand gegen den Schah verstärkt sich zusehends.

Während

17. Oktober: Ankunft von 40 Meditierenden mit fortgeschrittenen Erfahrungen reinen Bewußtseins in Teheran. Vier Tage nach ihrer Ankunft stellt die BBC fest, daß die Demonstrationen in Teheran viel friedlicher geworden sind — eine Veränderung, die als ›bemerkenswert‹ beschrieben wird.

4. November: Die Gewalttätigkeiten in Teheran nehmen zu. Die Armee schießt auf Demonstranten.

5. November: Ankunft weiterer Ausübender des TM-Sidhi-Programms. Weiterhin Aufruhr in der Bevölkerung, aber die Armee greift nicht ein. Niemand wird an diesem Tag verletzt oder getötet. Während der folgenden zwei Wochen sind kaum Gewalttätigkeiten zu vermerken.

4. bis 9. Dezember: Ankunft weiterer fortgeschrittener Meditierender wegen der bevorstehenden Muharram-Feiertage am 10. und 11. Dezember. Man erwartet große Kundgebungen und ein mögliches ›Blutbad‹.

11. Dezember: Eine Million Iraner nehmen an Anti-Schah-Kundgebungen teil. Nirgendwo sind aber Ausschreitungen zu beobachten. Die Menge wirft Blumen auf vorbeiziehende Soldaten.

19. und 20. Dezember: Es treffen weitere Meditierende mit Erfahrungen reinen Bewußtseins ein. Jegliches Schießen wird während der folgenden 36 Stunden eingestellt.

Danach

Alle ausländischen Meditierenden müssen im Januar das Land verlassen, da ihre Visa nicht verlängert werden. Vier Tage, nachdem der letzte Meditierende das Land verlassen hat, verläßt auch der Schah das Land. Seitdem haben die Ausschreitungen im Iran nicht mehr aufgehört.

Simbabwe (Rhodesien) und Sambia

Vorher

Die Möglichkeit einer politischen Einigung zwischen den schwarzen Fraktionen und der weißen Minderheitsregierung scheint ausgeschlossen zu sein. Gleichzeitig ist die Lage im gesamten Mittelafrika, besonders in Sambia, sehr gespannt. Sambia, das von einer schwarzen Mehrheit regiert wird, dient als Stützpunkt für schwarze Guerillakämpfer in Rhodesien. Am Tag vor der Ankunft von TM-Sidhi-Ausübenden in Rhodesien läßt die rhodesische Regierung Guerillastützpunkte in Sambia bombardieren. Vier Tage vor der

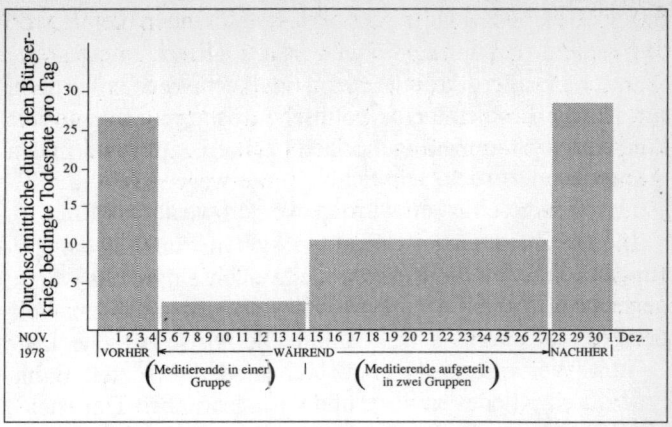

Abb. 6.1 Durchschnittliche Anzahl der täglichen, durch den Bürgerkrieg bedingten Todesfälle in Simbabwe (vormals Rhodesien) vor, während und nach den Gruppenmeditationen von TM-Ausübenden mit fortgeschrittenen Erfahrungen reinen Bewußtseins. Im zweiten Teil der ›Während‹-Phase teilten sich die Meditierenden in zwei Gruppen auf (nach Regierungsstatistiken des *Rhodesian Chronicle* zusammengefaßt in [6]).

Ankunft einer weiteren Gruppe von Meditierenden in Sambia bombardiert Rhodesien Lusaka, die Hauptstadt Sambias, in der sich gegen die Weißen gerichtete Feindseligkeiten ausbreiten. Die Wirtschaftslage Sambias verschlimmert sich zusehends.

Während

4. bis 15. November: Während dieser Zeit treffen weitere TM-Ausübende mit fortgeschrittenen Erfahrungen reinen Bewußtseins in Lusaka ein. Während ihres Aufenthalts gibt es keine weiteren Bombenangriffe. Die Anzahl von Todesfällen nimmt auf allen Seiten deutlich ab (Abb. 6.1). Ent-

131

gegen den Vorhersagen der Regierung finden keine groß angelegten Kampfhandlungen statt. Eine unerwartete ›Konferenz aller Parteien‹ wird in Rhodesien einberufen, um für die Probleme eine politische Lösung zu finden. Die ländlichen Stammesangehörigen kehren zum normalen Alltagsleben zurück. Die Schulen, die wegen der Guerilla-Aktivitäten geschlossen wurden, werden wieder geöffnet.

In der Zwischenzeit beginnen sich in Sambia die Zeitungen, die zuvor sehr gegen die Weißen eingestellt waren, gegen sambische Gruppierungen von Schwarzen zu wenden, die ›die Weißen traktieren‹. Die wirtschaftliche Lage Sambias verbessert sich dank der wiedereröffneten Bahnlinie durch Rhodesien aufgrund eines britischen Darlehens, einer Erhöhung des Preises für Kupfer und der Entdeckung von Eisen, Kobalt und Uran.

Ein sambischer Regierungsbeamter bemerkt: »Sie [die Meditierenden des Weltfriedensprojekts] waren imstande, eine sehr bedrohliche Lage in eine günstigere zu verwandeln.« Ein anderer stellt fest: »Als sie zuerst hier ankamen, sah es sehr schlecht aus — und ich möchte gar nicht darüber sprechen, wie ich erwartete, daß sich die Lage entwickeln würde. Aber diese ungünstigen Umstände haben sich erst gar nicht entwickelt. Und dies können wir nur ihrer Anwesenheit hier in Sambia zuschreiben.« [5]

15. November: Die Gruppe der fortgeschrittenen Meditierenden in Rhodesien versucht, ihren Einflußbereich auszudehnen und teilt sich auf. 20 bleiben in Salisbury und 20 gehen nach Balawago. Die Todesrate in Rhodesien erhöht sich (siehe Abb. 6.1). Dies bestätigt den im Sommer 1978 auf Rhode Island und an den anderen Unruheherden der Welt gewonnenen Eindruck: Die Wirkung der gemeinsamen Erfahrung reinen Bewußtseins, besonders mit Hilfe der TM-Sidhi-Techniken, ist viel größer, wenn sich alle an einem Ort versammeln. Sie ist dann am stärksten, wenn sie im gleichen Gebäude zur gleichen Zeit erzeugt wird.

Danach

27. November: Als die Meditierenden Rhodesien verlassen, nimmt die Todesrate zu. Man entscheidet sich dafür, daß 14 zurückbleiben. Die Todesrate nimmt wieder ab.

2. Dezember: 20 Meditierende verlassen Sambia. Wenige Stunden später erhält der sambische Präsident Drohtelegramme aus Südafrika und Rhodesien, und Terroristen greifen Lusaka an und verüben viele Greueltaten.

3. Dezember: Die 20 in Sambia verbleibenden Meditierenden verlängern ihre täglichen Meditationszeiten. Keine weiteren Gewalttätigkeiten werden verübt.

5. bis 22. Dezember: Keine weiteren kriegerischen Auseinandersetzungen treten in Sambia auf. Die nationalen Wahlen in Sambia verzeichnen die höchste je beobachtete Wahlbeteiligung.

22. Dezember: Alle ausländischen Meditierenden verlassen Sambia.

23. Dezember: Rhodesien nimmt die Bombenangriffe auf Sambia wieder auf.

Israel

Vorher

In den siebziger Jahren übte 1% der israelischen Bevölkerung die TM-Technik aus. Kurz nachdem diese Zahl erreicht wurde, und noch vor Beginn des Weltfriedensprojekts, unternahm Präsident Anwar Sadat von Ägypten seine berühmte Friedensinitiative, die zum Friedensvertrag von Camp David führte. Während der Durchführung des Weltfriedensprojekts war dieser Teil der Welt jedoch noch immer von Unruhen beherrscht. Während 1% der israelischen Bevölkerung TM anwendet, gibt es in den umliegenden Staaten noch sehr wenige TM-Meditierende, und es üben nur wenige von diesen die fortgeschrittenen TM-Sidhi-Techniken aus. Seit dem Weltfriedensprojekt gab es weitere Versuche, in Israel eine große Anzahl von TM-Ausübenden zu versammeln, die gemeinsam reines Bewußtsein erfahren. Der bisher umfangreichste Versuch wird in Kapitel 8 eingehend beschrieben. Aber der erste Versuch war das Weltfriedensprojekt von 1978.

Während

Da es in Israel viele Meditierende gibt, hat man, anstatt fortgeschrittene Meditierende aus anderen Ländern einzufliegen, israelische Meditierende die TM-Sidhi-Techniken erlernen lassen. Nicht-Israelis konnten auch an dem Kurs teilnehmen (für viele war es ein Anreiz, an dem Kurs teilzunehmen und dabei gleichzeitig mitzuhelfen, die Atmosphäre im Nahen Osten zu beruhigen). Insgesamt 400 Teilnehmer versammeln sich zu dem Kurs in der Stadt Safad. Während des Kurses sinkt die Kriminalitätsrate der Stadt auf 0 Prozent.

Die Erfahrungen reinen Bewußtseins der Teilnehmer veränderten sich im Verlauf des Experiments: Sie wurden mit zunehmender TM-Sidhi-Kurs-Dauer ausgedehnter und tiefer. Und mit bereits 1 % Meditierenden im Lande erwartete man, daß sich die Wirkungen im gesamten Umfeld Israels bemerkbar machen, d. h. sich nicht nur auf Israel beschränken würden (und dies kann durchaus der Fall gewesen sein, wie aus den im nächsten Abschnitt dargestellten globalen Auswirkungen des Weltfriedensprojekts hervorgeht).

Danach

Als die große Zahl von neuen fortgeschrittenen, aber nicht-israelischen Meditierenden in ihre Heimatländer zurückkehrt, verschlimmert sich die Situation im Nahen Osten drastisch. Gleichwohl sind relativ wenige Fälle von Gewalttätigkeiten innerhalb der Grenzen Israels festzustellen, das immer noch ein 1 %-Land ist.

Südostasien

Vorher

Andauernder Krieg.

Während

In Südostasien konnten die wenigsten Daten gesammelt werden. Während der Anwesenheit der Gruppe des Weltfriedensprojekts verpflichten sich Thailand und Malaysia, sich für den Frieden in Südostasien einzusetzen. Kambodscha verbessert seine Kontakte zur restlichen Welt. Die USA normalisieren ihre Beziehungen zu China.

Danach

150 TM-Lehrer (die ebenfalls die TM-Sidhi-Techniken ausüben) bleiben über Januar hinaus im Lande. Sie bemühen sich um die Verwirklichung eines langfristigen Plans, eine große Anzahl Einheimischer in der TM-Technik zu unterrichten. Dieser Plan läßt sich jedoch nicht realisieren, so daß die TM-Lehrer in ihre Heimatländer zurückkehren. 1979 überfallen China und Kambodscha Vietnam. Die Organisatoren des Friedensprojekts meinen hierzu: »Die Welt sollte wissen, daß dieser Krieg und andere Kriege leicht hätten vermieden werden können.« [6]

Wirkungen auf die Welt

Es wurde im Rahmen des Weltfriedensprojekts vorausgesagt, daß die Konzentration von Personen, die tiefe Erfahrungen reinen Bewußtseins machen, eine meßbare Auswirkung auf die Krisengebiete der Erde haben würden. Orme-Johnson versuchte, diese Hypothese so genau wie möglich zu überprüfen. Er ließ seine Assistenten die für den Weltfrie-

135

den bedeutsamen Ereignisse systematisch festhalten und sie zeitlich nach den verschiedenen Phasen des Weltfriedensprojekts ordnen (vorher, während − etwa vom 12. Oktober bis zum 31. Dezember 1978 − und nachher). Dabei wurden Zeitschriften hoher Auflage und möglichst geringer Parteilichkeit zur Datenerfassung herangezogen (*Newsweek, Time* und *International Herald Tribune*).

Um jeglicher Voreingenommenheit, wie etwa unbeabsichtigtes intensiveres Suchen nach Artikeln mit Friedensinhalten, während der Interventionsphase entgegenzuwirken, teilte Orme-Johnson seinen Mitarbeitern den Zweck der Untersuchung nicht mit. Sie hatten die Anweisung, die oben erwähnten Zeitungen und Zeitschriften gründlich durchzulesen, und alle Artikel festzuhalten, die mindestens einen der folgenden Punkte berücksichtigten:

1. Allgemeine Kommentare der Staatschefs oder hoher Regierungsbeamter, die Friedensbestrebungen zum Ausdruck bringen.
2. Politische Aussagen, die die Motivation, nach Frieden zu streben, zum Inhalt haben.
3. Fortschritte bei Abrüstungs- und Friedensverhandlungen.
4. Anzeichen der Normalisierung zwischen Feinden oder potentiellen Feinden, wie erhöhter Informationsaustausch, Aufnahme diplomatischer Beziehungen, Öffnen der Grenzen oder intensivere Handelsbeziehungen.
5. Friedliche Lösungen bei internationalen und nationalen Konflikten.
6. Abnahme von Gewalttätigkeiten.

Die Abbildung 6.2 zeigt die Ergebnisse der von Orme-Johnson durchgeführten Analyse: eine dramatische Zunahme an ›Friedenspunkten‹ während des Monats November, als in den jeweiligen Ländern mit Unruheherden die meisten Meditierenden versammelt waren.

136

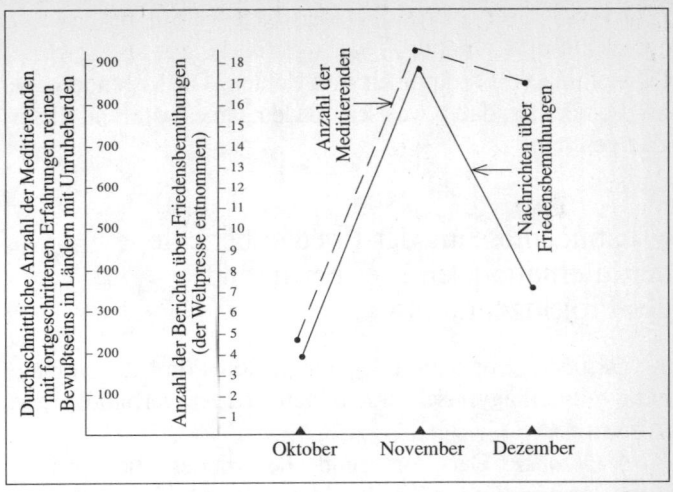

Abb. 6.2 Presseberichte zum Thema Frieden: eine Inhaltsanalyse der größten Zeitschriften mit internationaler Verbreitung im Vergleich zu der Anzahl von Meditierenden, die in den Monaten von Oktober bis Dezember 1978 in Ländern mit Unruheherden versammelt waren (basierend auf Daten, die in [6] enthalten sind).

Eine zweite Analyse der weltweiten Berichterstattungen unter Verwendung von *Time* und *Newsweek* verglich die zehn Wochen des gesamten Projektzeitraums (etwa Mitte Oktober bis zum Ende des Jahres) mit den zehn vorangegangenen Wochen (1. August bis zum 12. Oktober). In dieser Analyse stellte Orme-Johnson fest, daß sich die Anzahl der ›Friedenspunkte‹ in dieser Zeit mehr als verdoppelte.*

---

* War dies nur eine besonders friedvolle Jahreszeit? Eine Analyse von Herbstmonaten anderer Jahre wäre hier nützlich gewesen. Vielleicht lassen wir uns aber von der friedlosen Stimmung in der Welt des gleichen Zeitraums im Jahre 1983 überzeugen: militärische Intervention der USA auf Grenada, Bombenangriffe und Kämpfe im Libanon, Aufstellung von Raketen in Europa, Abbruch der Abrüstungsverhandlungen durch die Sowjetunion.

Ein viel lebendigeres Bild der Lage liefern beispielhaft einige Zeitungsberichte – sie sagen mehr aus als die bloße Darstellung von Graphiken und Zahlen. Die folgende Liste zeigt eindeutig, daß etwas sehr Bedeutsames während dieser Zeit geschah.

Zusammenfassung der Friedensberichte der internationalen Presse während des Projektzeitraums

13. Oktober: Fortdauernder Optimismus im Zusammenhang mit den ägyptisch-israelischen Friedensverhandlungen *(Newsweek).*

16. Oktober: Der Vorsitzende der rhodesischen weißen Minderheitsregierung Smith stimmt einem weiteren Treffen mit den USA zu, die »ihn zu Verhandlungen mit den Guerillakräften zu bewegen versuchen« *(Newsweek).*

20. Oktober: Verbesserung der Beziehungen zwischen Zaire und Angola *(Weekly Review).*

22. Oktober: Gewaltfreie Amtseinführung des neuen Präsidenten von Kenia. »Alle Untergangspropheten wurden eines Besseren belehrt. Ich bin zuversichtlich, daß wir jede Situation meistern können, wenn wir uns nur ernsthaft genug um Frieden und Stabilität bemühen« *(Time).*

25. Oktober: Kubas Präsident Fidel Castro verkündet zunehmende Freundschaft mit den in den USA lebenden kubanischen Asylanten, »etwas, das noch vor wenigen Monaten unvorstellbar gewesen wäre« *(International Herald Tribune).*

25. Oktober: Sowjetpräsident Breschnew hebt gegenüber dem US-Staatssekretär Vance besonders stark hervor, daß die Supermächte bei der Lösung von internationalen Problemen eng zusammenarbeiten sollen *(International Herald Tribune).*

5. November: Der Oberbefehlshaber der rhodesischen Streitkräfte erklärt: »Wir haben eine ernsthafte Gefahr abwenden können« *(The Sunday Mail).*

6. November: Japan und China ratifizieren einen Friedens- und Freundschaftsvertrag *(Time).*

7. November: Der kambodschanische Außenminister stellt Verbindungen zu nichtkommunistischen Ländern Südostasiens wieder her *(Newsweek).*

7. November: »Die Sowjetunion sucht an der Schwelle einer neuen Phase in ihren Beziehungen zu den USA nach einer aktiven Zusammenarbeit zwischen den Supermächten, um internationale Probleme zu lösen und um potentielle Zusammenstöße zu vermeiden... Breschnew sagte... die zwei stärksten Nationen der Welt müßten Möglichkeiten zur engeren Zusammenarbeit finden« *(International Herald Tribune).*

10. November: Chinas Vizepremier Deng sagt, daß die Wahrscheinlichkeit eines durch Nordkorea verursachten Krieges nicht bestehe *(Far Eastern Economic Review).*

10. November: Der thailändische Premier erklärt seine Absicht, zu allen Nationen friedliche Beziehungen zu unterhalten und in Südostasien den Frieden zu wahren. »Ich mag keine Handlung, die nicht das Prinzip des Friedens unterstützt« *(Far Eastern Economic Review).*

10. November: Friedliche Verhandlungen zwischen Chile und Argentinien werden wegen der Seerechte bei Kap Hoorn geführt *(International Herald Tribune).*

10. November: Kambodscha erteilt US-Journalisten die Erlaubnis, das Land zu besuchen *(International Herald Tribune).*

11. November: Im Namen der Nationen Südostasiens erklärt der malaysische Premier diese zu einer Zone des Friedens, der Freiheit und Neutralität, die von Einmischung, Subversion oder Anstiftung freigehalten werden soll *(New Straits Times).*

18. November: Präsident Carter sagt: »Ich glaube, daß es in den letzten Wochen eine Milderung der Spannungen zwischen uns [den USA] und der Sowjetunion gegeben hat. Es wäre schön, wenn dies andauern würde. Ich kann nicht sagen, warum es eine Verbesserung in den amerikanisch-sowjetischen Beziehungen gegeben hat« *(International Herald Tribune).*

22. November: Der Außenminister Kubas erklärt, daß die Truppen seines Landes, wenn sie darum gebeten werden, Afrika verlassen *(Daily Nation).*

25. November: Die Staatsoberhäupter der Länder des Warschauer Pakts schlagen eine Konferenz der fünf Atommächte zum Verbot von Atomwaffen vor *(Radio Moskau).*

25. November: Der Außenminister Indiens bringt die Bemühungen seines Landes um Frieden zum Ausdruck. »Wir suchen die Freundschaft aller Länder. Gegenüber keiner Nation hegen wir negative Gefühle« *(Hindustan Times).*

27. November: Präsident Castro verspricht die Freilassung von 3000 politischen Gefangenen *(International Herald Tribune).*

27. November: Ein schwarzer rhodesischer Politiker sagt vor einer Versammlung von 5000 Menschen: »Ich bin gekommen, um über Frieden zu reden. Ich bin in einer heiligen Mission gekommen, um das unnötige Sterben unserer Landeskinder zu vermeiden« *(The Herald).*

29. November: König Juan Carlos von Spanien sagt, daß es friedliche Mittel zur Eindämmung des Terrorismus gäbe *(International Herald Tribune).*

29. November: Der sowjetische Präsident Breschnew hebt gegenüber US-Senatoren die Wichtigkeit des Weltfriedens und der Beseitigung der nuklearen Bedrohung hervor *(Des Moines Register).*

30. November: »Derzeit ist keine Nation direkt an einem offenen Krieg beteiligt — eine historische Seltenheit« *(Des Moines Register).*

1. Dezember: Präsident Somoza stimmt einer Volksentscheidung in Nicaragua zu *(International Herald Tribune).*

1. Dezember: Freundschaftsvertrag zwischen der Sowjetunion und Vietnam *(Radio Moskau).*

7. Dezember: Averill Harriman sagt über den sowjetischen Präsidenten Breschnew: »Es gibt keinen Menschen auf der Welt, der mehr dafür tun will, einen nuklearen Krieg zu verhindern« *(International Herald Tribune).*

9. Dezember: »Die Kämpfe [zwischen Tansania und Uganda] sind praktisch zu Ende« *(BBC).*

9. Dezember: Die namibischen Wahlen verlaufen ohne Gewalttätigkeiten. »Die Wahlen scheinen einen Wendepunkt für Südwestafrika darzustellen« *(International Herald Tribune).*

26. Dezember: Präsident Carter sagt: »Wir haben jetzt den Frieden auf Erden, und wir hoffen, daß dies so bleibt« *(International Herald Tribune).*

Die Aussagekraft der Ergebnisse

Natürlich gab es auch vor dem Weltfriedensprojekt ähnliche Berichte in der Presse. Die quantitative Analyse zeigt aber, daß es vorher deutlich weniger waren. Viele davon könnten als bloßes Gerede oder Propaganda abgetan werden. Aber gerade in internationalen Angelegenheiten ist der Ton der Gespräche oft entscheidend für das politische Geschehen. Während des Weltfriedensprojekts scheint ungewöhnlich viel über Frieden geredet worden zu sein, und es gab auch mehr Ereignisse, die friedlich abliefen.

Nach dieser 1979 fertiggestellten Analyse erfuhr Orme-Johnson, daß eine ähnliche Art von Datensammlung von der Datenbank für Konflikt und Frieden (COPDAB – Conflict and Peace Data Bank) der Universität von North Carolina unabhängig von Orme-Johnsons Arbeit durchgeführt

141

worden war. [7] Ihre Zahlen beruhten auf der Erfassung internationaler Ereignisse durch Experten, und die Darstellung der Ergebnisse erfolgte mittels einer in 15 Bereiche unterteilten Konflikt-Kooperations-Skala. Die Datenbank genießt internationale Anerkennung und wird von Friedens- und Konfliktforschern aus aller Welt benutzt. Die COPDAB arbeitete, wie gesagt, unabhängig vom Weltfriedensprojekt oder von Forschern und deren Mitarbeitern, die mit diesem Projekt befaßt waren. Eine Analyse der Vorher-, Während- und Nachher-Phasen des Weltfriedensprojekts kam mit Hilfe der COPDAB-Daten zu den gleichen Schlußfolgerungen wie die ursprüngliche Analyse: Während des Weltfriedensprojekts waren weitaus weniger internationale Konflikte feststellbar.

Schlußfolgerungen aus dem Weltfriedensprojekt

Sowohl die quantitativen als auch die qualitativen Analysen des Weltfriedensprojekts von 1978 lassen folgende Schlußfolgerungen zu:
1. Als die Gruppen von Meditierenden ankamen und anfingen, reines Bewußtsein in den Unruheländern zu erfahren, ging dort damit eine sofortige Abnahme der Gewalttätigkeiten einher.
2. Während ihrer Anwesenheit normalisierte sich die Situation, und man kam einer friedlichen Lösung der Probleme näher.
3. Als sich die Gruppen in kleinere Gruppen aufteilten oder sich zahlenmäßig vergrößerten, kam es zu vorhersagbaren Veränderungen.
4. Als die Meditierenden die jeweiligen Länder verließen, trat eine Zunahme von Gewalttätigkeiten auf.
5. Die gesamte Welt erfreute sich in der Zeit des Weltfriedensprojekts eines ungewöhnlichen Friedens.

Aber eine weitere Schlußfolgerung könnte sein, daß dieses Projekt nie hätte abgebrochen werden sollen, wobei allerdings diese Art von ›Feuerwehreinsätzen‹ nicht optimal ist, um Frieden in der Welt herzustellen. Das Weltfriedensprojekt war ohne Zweifel für eine gemeinnützige Organisation eine kostspielige Kampagne. Außerdem konnte man von den Teilnehmern dieses Projekts nicht erwarten, daß sie sich für unbestimmte Zeit im Ausland aufhalten. Die meisten stammten aus den USA, Kanada und aus den westeuropäischen Ländern und mußten dort ihren Lebensunterhalt verdienen. Dieses Projekt war für Regierungen und ihre Bürger lediglich als eine Demonstration des Erreichbaren gedacht, wurde darüber hinaus aber bedauerlicherweise auch zur Demonstration von Folgen, die bei Abbruch des Experiments entstehen.

Es sieht fast so aus, als ob wir Menschen uns nur langsam daran gewöhnen können, daß es für unsere Schwierigkeiten eine Lösung gibt, besonders in Anbetracht der Tatsache, daß die Schwierigkeiten so alt und die Lösungen so einfach sind. Nach Abschluß jeder Studie erschien es den Beteiligten, daß es jetzt genügend empirische Belege gibt, um jeden zu überzeugen. Man hat die Erfahrung reinen Bewußtseins nicht nur in Zusammenhang mit der Senkung von Kriminalitätsraten bringen können, sondern es scheint so, als ob diese Erfahrung diese Verringerung sogar *verursacht* und alle statistischen Parameter zur Erfassung der Qualität menschlichen Zusammenlebens günstig beeinflußt — nicht nur auf der städtischen, sondern auch auf der regionalen und nationalen Ebene. Diese Verbesserung spiegelt sich nicht nur in soziologischen Statistiken wider, sondern wirkte sich auch auf den Weltfrieden selbst aus.

Das öffentliche Interesse an den vorgestellten Ergebnissen blieb auch 1979 gering. In der Zwischenzeit sind noch mehr Nachweise gesammelt worden, welche diese Skepsis zunehmend unglaubwürdig machen. Eine Reihe neuer Untersuchungen sind in einer Vielzahl von Bundesstaaten und Ländern durchgeführt worden. Sie orientieren sich sowohl am alten Parameter der Kriminalitätsrate als auch an anderen. Im nächsten Kapitel sollen drei davon näher besprochen werden.

7

Weitere empirische Nachweise

An dieser Stelle ist es Zeit, Ihnen einige der Menschen vorzustellen, die weit reisen und durch ihre natürliche, aber hochentwickelte Fähigkeit, reines Bewußtsein erfahren zu können, zu Frieden und Fortschritt beitragen. Es ist sinnvoll, sich vor Augen zu führen, daß diese Menschen nicht nur Zahlen in einer statistischen Aufstellung sind. Sie sind auch keine Heiligen oder Yogis oder sonst etwas Besonderes. Es sind Menschen wie Sie und wir.

Chuck zum Beispiel ist Automechaniker in Atlanta. Dan ist ein Orthopäde aus Pennsylvania. Seine Frau Kate hat zwei kleine Kinder und aus ihrer ersten Ehe einen Sohn in jugendlichem Alter. Sarah ist Krankenschwester. Ihr Mann Mike verkauft Werbeflächen an Lebensmittelgeschäfte. Frank ist Qualitätskontrolleur bei einem Nahrungsmittelhersteller. Karen ist Buchhalterin. Sie möchte aber an die Uni zurück, um in Sprach- und Kommunikationswissenschaft zu promovieren. Lynn erstellt Dokumentationen im Silicon Valley. Josh bietet Psychotherapie in Toronto an. Clay ist Professor für Philosophie in Virginia. Die Wallisons sind Mitglieder eines großen Symphonieorchesters. George spielt am Feierabend in der lokalen Softballmannschaft*.

---

* Anm. des Übersetzers: Softball ist Baseball, nur mit einem weicheren Ball und breiteren Schläger gespielt.

Tagsüber streicht er Häuser an. Und diese Liste ließe sich noch weiter fortsetzen. Mindestens 20 000 von ihnen leben allein in Nordamerika – und weltweit sind es noch viel mehr.

In diesem Kapitel stellen wir zunächst eine Gleichung vor. Dann fahren wir mit der Beschreibung einiger weiterer interessanter Experimente fort. Bedenken Sie dabei aber immer, daß die ›harten Fakten‹ nur durch einzelne Menschen gewonnen werden konnten. Einige von ihnen hatten ihre Heimatländer noch nie verlassen, bevor sie sich entschlossen, sich mit anderen an fernen Orten zu treffen, um das Weltgeschehen positiv zu beeinflussen. Sie investierten ihren Urlaub, ihre Ersparnisse, aber sie hatten auch ihren Spaß, kauften interessante Sachen, machten Fotos und schauten sich einige Sehenswürdigkeiten an. Die Wirkungen ihres Handelns waren außergewöhnlich – sie selbst aber waren ganz normale Menschen. Sie hatten alle den Wunsch, etwas für die Welt zu tun. Und in diesem Fall wußten sie auch, daß sie die einzigen waren, die das auf diese Weise konnten. Also machten sie sich auf die Reise.

Einige wichtige Fragen wie z. B.: »Wie viele werden gebraucht?« und einige Antworten dazu

Da Sie die fortgeschrittenen Meditierenden nun als Menschen kennen, wollen wir sie jetzt wieder als Zahlen einer Statistik betrachten. Wahrscheinlich stellen Sie sich genau die Art von Fragen, die sich die Wissenschaftler nach dem Weltfriedensprojekt gestellt haben: Warum scheint die Erfahrung reinen Bewußtseins in der Gruppe zum gleichen Zeitpunkt am gleichen Ort eine besonders intensive Wirkung zu haben? Wie groß muß die Gruppe sein, damit diese Wirkung bei einer festgelegten Bevölkerungszahl zum Tragen kommt?

Manche Wissenschaftler haben bemerkt, daß es die fortgeschrittenen Meditierenden im allgemeinen vorziehen, gemeinsam in Gruppen zu meditieren. Bloßer Altruismus war wohl nicht die einzige Motivation, die die Meditierenden nach Rhode Island, Providence, Iran, Nicaragua, Thailand usw. trieb. Sie spürten vielmehr, daß die gemeinsamen Meditationen für ihre Erfahrungen sehr förderlich sind.

Dies wurde nicht erst entdeckt, als die ersten mit dem TM-Sidhi-Programm anfingen. Meditierende haben ›Gruppenmeditationen‹ wahrscheinlich schon, seit Meditation überhaupt ausgeübt wird, bevorzugt. Seit Beginn der Geschichtsschreibung versammeln sich Menschen, um ihre inneren Erfahrungen zu intensivieren.

Aber warum zeigen sich bei diesen Meditierenden mit fortgeschrittenen Erfahrungen reinen Bewußtseins und in ihrem sozialen Umfeld ausgeprägtere Wirkungen, wenn sie sich in Gruppen zur Meditation treffen? Das einzelne Neuron kann auf Reize reagieren. Andererseits kann es als Bestandteil des Nervensystems denken, den Körper bewegen, die Umgebung verstehen und beeinflussen. In einem sozialen Feld, so sagten wir bereits, beeinflußt der einzelne das Ganze und das Ganze den einzelnen. Aber im allgemeinen ist die Wirkung des Ganzen auf den einzelnen größer. Und es gibt auch Organisationsebenen, die zwischen dem isolierten einzelnen und der Gesamtbevölkerung liegen. Wenn einige wenige Menschen handeln, so können sie normalerweise das Ganze beeinflussen. Einige wenige Zellen kontrollieren den Herzschlag. Einige Tiere leiten die gesamte Herde. Wie viele einzelne müssen gemeinsam handeln, um den Zustand der Gesellschaft zu beeinflussen? Das hängt vorrangig von der Intensität ihres Zusammenhalts ab. Und das führt uns zu unserer nächsten Frage.

In Kapitel 4 zitierten wir die Vermutung einiger Wissenschaftler, daß sich die Ausübenden der TM-Sidhi-Techniken aufgrund ihrer größeren Gehirnwellenkohärenz und ihrer klareren Erfahrungen reinen Bewußtseins wahrscheinlich in dem Maße von anderen Meditierenden unterscheiden, wie sich eine starke Glühbirne von einer Glühbirne kleinerer Wattzahl unterscheidet. Aber als man die Wirkungen dieser Menschen im Iran, in Nicaragua und Rhodesien sah, glaubte man eher, sie mit LASERstrahlern als mit gewöhnlichen Glühbirnen vergleichen zu müssen!

LASERstrahler unterscheiden sich von der stärksten gewöhnlichen Glühbirne insofern, als sich die LASERphotonen (Wellenteilchen des LASERlichts) kohärent verhalten. Die Intensität des kohärenten LASERlichts ergibt sich als die *Quadratzahl* der beteiligten Photonen. Dieses Phänomen wird ›Superstrahlung‹ genannt.

Kehren wir zurück zu den gewöhnlichen Glühbirnen. Dort berechnet man die Intensität inkohärenten Lichts mit Hilfe der Summe der beteiligten Photonen. D. h., um die Lichtstärke von acht kohärenten Photonen zu erreichen, braucht man 64 inkohärente Photonen. Oder anders ausgedrückt: Theoretisch muß man nur acht kohärente Photonen 56 inkohärenten Photonen hinzufügen, um sie alle kohärent als LASER funktionieren zu lassen.* Die Wirkung von Kohärenz wird um so deutlicher, je größer die Zahlen werden: 9 um 81, 10 um 100 und 1000 um 1 000 000 zu beeinflussen!

Die bisherigen Untersuchungen lassen den Schluß zu, daß bereits Meditierende, die das TM-Sidhi-Programm nicht anwenden, verglichen mit denjenigen, die reines Bewußtsein nicht erfahren, eine stärkere positive Wirkung auf ihr sozia-

---

* Anm. des Übersetzers: Licht wird von einem Körper ausgestrahlt, wenn er energetisch angeregte Elektronenzustände besitzt, die in ihren energetischen Grundzustand zurückfallen. Bei einer Glühbirne geschieht dies unabhängig voneinander. Bei einem LASER wird das ausgesandte Licht teilweise in das System zurückreflektiert. Wenn dabei ein Photon (Lichtquant) an einem angeregten Zustand ›vorbeifliegt‹, wird dessen Rücksprung zum Grundzustand stimuliert, und das entstehende Photon schwingt parallel und kohärent zu dem ersten Photon. Dieser Vorgang wird als ›stimulierte Emission‹ bezeichnet und bildet die Grundlage eines LASERs.

les Umfeld haben. Dies muß also auch in Betracht gezogen werden. Die folgende Formel hat sich als sehr nützlich erwiesen: Um eine Bevölkerung einer vorgegebenen Größe beeinflussen zu können, braucht man eine Gruppe von fortgeschrittenen Meditierenden in der Größenordnung der Quadratwurzel von einem Prozent der jeweiligen Bevölkerungsgröße. Daß es nur ein Prozent zu sein braucht, ist durch die Tatsache bedingt, daß diese Personen bereits meditieren. Und die Quadratwurzel aus einem Prozent ergibt sich wegen der ›fortgeschrittenen‹ Fähigkeiten, d. h. der Anwendung der oben beschriebenen Zusatztechniken im Rahmen des TM-Sidhi-Programms.

Ein Beispiel soll das Gesagte verdeutlichen: Um 9 Millionen Menschen (einen großen Bundesstaat oder eine kleine Nation) zu beeinflussen, bräuchte man 90 000 Menschen mit der ›gewöhnlichen‹ Erfahrung reinen Bewußtseins (1 %). Aber entsprechend der LASER-Analogie benötigt man nur $\sqrt{(1\,\%)} = 300$, wenn diese Menschen zusätzlich zusammen in einer Gruppe das TM-Sidhi-Programm ausüben.

Diesem Phänomen hat man eine Vielzahl von Namen gegeben: ›Superstrahlungseffekt‹, ›Gruppendynamik des Bewußtseins‹, und zu Ehren der Person, durch deren Lehre es praktisch anwendbar wurde, wird es auch ›Maharishi-Effekt‹ genannt. Die neueste Bezeichnung lautet ›Maharishi Technologie des Vereinheitlichten Feldes‹, die sowohl dem Begründer des TM- und TM-Sidhi-Programms zu Ehren gewählt wurde, als auch zur Verdeutlichung, wodurch die Effekte zustande kommen.

Drei Experimente

Der Rest dieses Kapitels ist drei Experimenten gewidmet, die in den Niederlanden, Puerto Rico und Neu-Delhi (Indien) durchgeführt wurden. In allen drei Fällen bestand die

›Intervention‹ aus einer Versammlung von Menschen, die zusammen meditierten und die auch die in Kapitel 4 beschriebenen Zusatztechniken benutzten, um ihre Erfahrungen reinen Bewußtseins zu ›beleben‹ und zu stabilisieren. Die Auswahl der Versammlungsorte stand dieses Mal in keinem Zusammenhang mit irgendwelchen gesellschaftlichen Krisen. Vielmehr erschienen die entsprechenden Orte einfach sehr geeignet für die Durchführung solcher Versammlungen. Da die ›fortgeschrittenen Meditierenden‹ festgestellt haben, daß ihre Meditationen in der Gruppe tiefer und die Wirkungen andauernder sind, ist die Motivation hoch, solche Versammlungen zu besuchen. Trotzdem sollte der jeweilige Versammlungsort in der Nähe liegen und der Aufenthalt so preiswert wie möglich oder sonstwie attraktiv sein.

Das soll aber nicht heißen, daß die Versammlungsteilnehmer nur aus persönlichen Gründen in die Niederlande, nach Puerto Rico oder Neu-Delhi gekommen sind. Ihre Versammlungen bezeichneten sie als ›Weltfriedensversammlungen‹. Sie fanden in unterschiedlichen Teilen der Welt statt, nicht nur, um den Reiseaufwand so gering wie möglich zu halten, sondern auch um die Wirkungen überallhin auszubreiten, besonders in die Gebiete, die eine Erhöhung ihrer sozialen Kohärenz dringend benötigten.

Diese Versammlungen stellten aber keine Experimente im Sinne des Weltfriedensprojekts dar. Der Hauptzweck war, sich zu treffen, und nur nebenbei sollten Daten gesammelt werden. In den frühen achtziger Jahren, als diese Studien durchgeführt wurden, entwickelte sich alles so schnell, daß man vor großen Veranstaltungen nicht in jedem Fall Sozialwissenschaftler hinzuziehen konnte. Die Menschen, die an Versammlungen teilnahmen, waren sich sicher, daß die Treffen für sie und die Welt etwas Gutes bedeuteten. Und sie kamen deshalb so oft wie nur möglich zusammen.

Natürlich konnten die Sozialwissenschaftler nicht umhin, die Auswirkungen dieser Versammlungen zu analysieren.

Die methodische Schwierigkeit lag darin, nachzuweisen, daß die während der Zeitdauer des jeweiligen Treffens auftretenden Veränderungen tatsächlich nur auf die Versammlungen zurückzuführen waren. Die Wissenschaftler konnten die Termine nicht willkürlich auswählen. Die Treffen fanden für gewöhnlich während der Weihnachts- oder Winterferien oder während der Urlaubszeit im Sommer statt. Dadurch ergab sich die Frage, ob die Veränderungen nicht einfach jahreszeitlich bedingt waren.

Glücklicherweise hatte man zu Beginn der achtziger Jahre eine neue statistische Methode zur Hand, um Fragen dieser Art besser beantworten zu können. Es handelt sich um die ›Zeitreihenanalyse‹. Im vierten Kapitel haben wir sie schon kurz vorgestellt, da man sie benutzt hat, um die Daten von Rhode Island neu zu analysieren. Aber jetzt wollen wir sie etwas näher darstellen, da sie bei zwei von den drei nachfolgend beschriebenen Studien Anwendung fand: in Puerto Rico und Neu-Delhi — und auch bei einigen später in diesem Buch erläuterten Untersuchungen.

Bei einer Zeitreihenanalyse muß man zuerst viele tages-, wochen- oder monatsbezogene Daten sammeln (wie etwa die Kriminalitätsrate), die einen längeren Zeitraum vor oder nach der experimentellen Phase umfassen. Zusätzlich zu den Daten der Untersuchungsperiode faßt man dann alle Variationen für die Interventions- und Nicht-Interventionszeiträume zusammen — »zwei mehr an diesem Tag, vier mehr am Tag danach, sechs weniger am darauf folgenden Tag, danach noch zwei mehr« usw. Als nächstes werden alle diese Variationen zu einem ›Kuchen‹ zusammengerührt (d. h. in einen Computer eingegeben). Die Zeitreihenanalyse schneidet dann aus diesem ›Variationenkuchen‹ die zufälligen Schwankungen oder das ›Rauschen‹ heraus, d. h. den Teil der Veränderungen, der während des untersuchten Zeitraums keine Tendenzen oder regelmäßigen Muster aufweist. Auch der Teil wird herausgeschnitten, der Tendenzen aufweist, die als Fortsetzung andauernder Tendenzen oder als Teil von konsistenten zyklischen Mustern, die für den untersuchten Zeitraum typisch sind, aufgefaßt werden können. Dies können wochenend- oder jahreszeitlich bedingte Tendenzen sein. Oder es handelt sich um einen allgemeinen Trend der Zu- oder Abnahme während des gesamten Untersuchungszeitraums. Es ergibt sich nun die Frage, ob für die Interventionszeiträume vom ›Kuchen‹ noch etwas übrig bleibt. Falls dies der Fall sein sollte, kann es nur durch etwas anderes als zufällige oder zyklische Variationen bedingt sein – und dieses andere ist vermutlich nur durch die Intervention bedingt.

Natürlich könnte ein gänzlich anderes Phänomen als die große Versammlung diese Veränderungen bewirkt haben. Aber es müßte etwas Außergewöhnliches sein – kein Lokalereignis, das sich wiederholt einstellt, weil es sonst durch den abgeschnittenen Teil bereits erfaßt worden wäre. Man braucht also nur nach weiteren einmaligen Ereignissen in diesem Zeitraum zu schauen, die eine Auswirkung auf die Kriminalitätsrate oder auf den jeweils interessierenden Parameter haben könnten.

Wenn jemand annimmt, daß diese Erfahrungen reinen Bewußtseins keine Wirkungen nach sich ziehen, könnte er die Vermutung äußern, daß im besagten Zeitraum eine Reihe subtiler, nicht aufgezeichneter Ereignisse die festgestellte Veränderung bewirkt haben. Dafür muß er aber all die unterschiedlichen Kampagnen, Bemühungen und Ausgaben, die bereits für Verbrechensbekämpfung gemacht worden sind, und die im allgemeinen wenig erfolgreich waren, in Betracht ziehen. Zu behaupten, daß eine solch wichtige Veränderung durch ›so ziemlich alles‹ herbeigeführt worden sein könnte, kommt einer Verhöhnung der Fakten gleich. Erinnern Sie sich, wie es auf Rhode Island vorher ausgesehen hatte (vgl. Kapitel 4)? Bedauerlicherweise kann man nicht gerade behaupten, daß dort von 1972 bis

1982 Verbesserungen der Lebensqualität (wie etwa sinkende Kriminalitätsraten) feststellbar waren.

Wir schauen uns jetzt die erwähnten Studien in ihrer zeitlichen Reihenfolge etwas näher an.

Niederlande

Nach der Wurzel-aus-1%-Formel braucht man für den Maharishi-Effekt in den Niederlanden etwa 376 Meditierende mit fortgeschrittenen Erfahrungen reinen Bewußtseins. Vor Mai 1982, als diese Studie durchgeführt wurde, erreichte man diese Zahl bereits zweimal. Das erste Mal vom 1. bis zum 15. August 1981 und das zweite Mal vom 22. Dezember 1981 bis zum 3. Januar 1982. Auch in Deutschland fand vom 22. Dezember 1978 bis zum 20. Januar 1979 ein Treffen mit 950 Teilnehmern statt, das ausreichte, um nach der Formel die Niederlande (wie auch Deutschland* und Dänemark) positiv zu beeinflussen. Diese drei Zeiträume wurden deshalb von einer Forschungsgruppe aus Rotterdam untersucht [1].

Sie verwendeten Statistiken über die Kriminalitäts- und Unfallraten, die ihnen von den niederländischen Behörden zur Verfügung gestellt wurden. Eine Zeitreihenanalyse war nicht möglich, da ausreichendes Datenmaterial für den Zeitraum vor und nach der Untersuchung nicht verfügbar war. Es wurde allerdings ein anderes statistisches Verfahren angewandt, das zu ähnlichen Ergebnissen führt. Zuerst errechnete man die zu erwartenden Kriminalitätsraten für die Monate August, Dezember und Januar, indem man die Durchschnittswerte für die Monate vorher und nachher ermittelte. Diese Analyse wurde für das Jahr, in dem das Treffen statt-

---

* Anm. des Übersetzers: Für die BRD liegt die Wurzel-aus-1%-Schwelle bei etwa 800 fortgeschrittenen Meditierenden.

fand, und jeweils für die zehn vorangegangenen Jahre durchgeführt. Als nächstes subtrahierte man von den erwarteten Kriminalitätsraten die tatsächlichen Raten. Hieraus ergab sich für jedes Jahr die Abweichung zwischen den ›tatsächlichen und den erwarteten Kriminalitätsraten‹. Abschließend wurden die tatsächlichen und die erwarteten Zahlen für die einzelnen Monate der Interventionszeiträume monatsweise mit denjenigen der vorangegangenen zehn Jahre verglichen. Eine analoge Analyse wurde für Autounfälle durchgeführt.

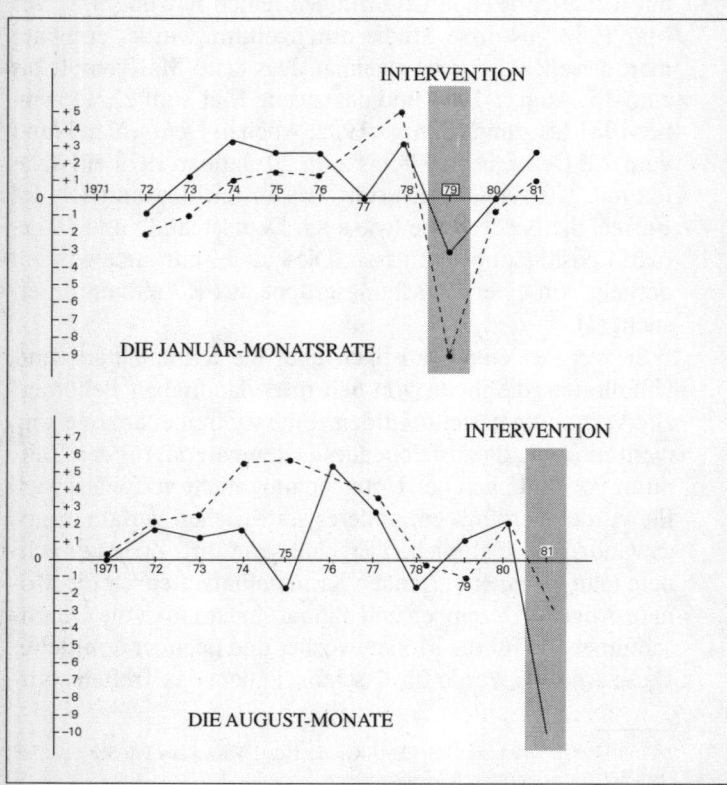

Die Ergebnisse für die drei verschiedenen Monate sind in Abbildung 7 aufgeführt. Die Grundlinie stellt die erwartete Kriminalitäts- bzw. Unfallrate für den jeweiligen Monat dar. Tatsächlich abgebildet sind dann die Abweichungen von den erwarteten Werten für die jeweiligen Jahre. Wie aus der Abbildung ersichtlich, sind die Abnahmen jeweils während der Versammlungen am größten. Die formal-statistische Analyse ergibt eine ›signifikante‹ Abnahme (so lautet der statistische Fachbegriff für eine Abweichung, die nicht zufällig sein kann) der Kriminalitätsraten für alle drei Mo-

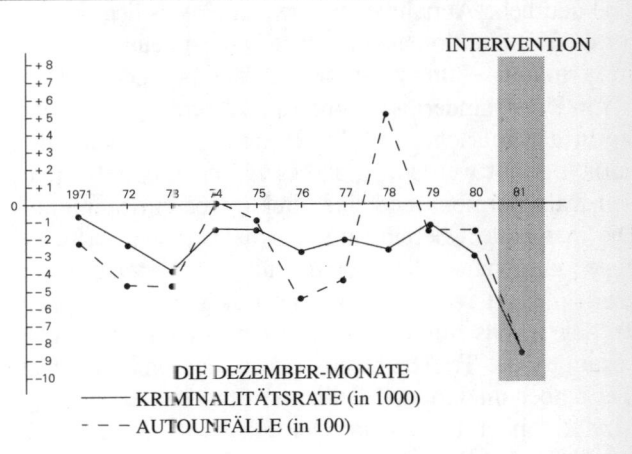

Abb. 7 Monatliche Zu- bzw. Abnahmen im Vergleich zu den erwarteten Kriminalitäts- und Autounfallraten in den Niederlanden — erhoben über mehrere Jahre für die Monate, in denen mehr als die für das ganze Land notwendige Anzahl von fortgeschrittenen Meditierenden versammelt waren. Die Monate, in denen die kritische Anzahl überschritten wurde, waren Januar 1979, August 1981 und Dezember 1981 (Daten, die dem vorläufigen Bericht von [1] entnommen wurden).

nate im Vergleich zu den gleichen Monaten der jeweiligen Vorjahre. Die Abnahme von Verkehrsunfällen war nur für Januar 1979 signifikant.

Ein weiterer wichtiger Punkt ist, daß es von den 129 Monaten des Untersuchungszeitraums, in denen Meditierende mit fortgeschrittenen Erfahrungen reinen Bewußtseins nicht in ausreichender Anzahl an einem Ort versammelt waren, nur einen einzigen Monat gab, in dem sowohl die Kriminalitäts- als auch die Verkehrsunfallrate in den Niederlanden substantiell abnahm. Im Gegensatz dazu war bei diesen beiden Parametern in allen drei Interventionsmonaten eine deutliche Abnahme zu verzeichnen. Es liegt also nahe, für diese Reduktion eine unmittelbare gemeinsame Ursache zu vermuten — und zwar die drei Meditierendentreffen.

Ein Haupthindernis für noch aussagekräftigere Ergebnisse lag in der Tatsache, daß die Regierungsstatistiken alle monatlich erfaßt werden, so daß es zwischen den Treffen und den Kalendermonaten keine direkte Übereinstimmung gab. Die maximale Übereinstimmung betrug zwei Drittel eines Kalendermonats. Die Monate, die der Untersuchung zugrunde gelegt wurden, waren also diejenigen, in denen die Treffen jeweils zum größten Teil stattfanden. In zwei Fällen begannen die Treffen bereits einige Tage im Monat davor (Dezember im Januar-1979-Kurs) bzw. erst einige Tage im Monat danach (Januar im Dezember-1981-Kurs). Dadurch wurde der Vergleich auf einer monatlichen Basis erschwert. Aufgrund dieser Tatsache war die Wirkung wahrscheinlich nicht so ausgeprägt. Trotzdem war ein Effekt feststellbar.

Neu-Delhi, Indien

Im November 1980 versammelten sich 3000 Meditierende in Neu-Delhi, um gemeinsam die Erfahrung reinen Bewußtseins zu machen. Während der folgenden Monate nahm die

Zahl allmählich wieder ab, weil die Teilnehmer in ihre Heimatländer zurückkehrten. Der Studie wurde der Bundesstaat Delhi zugrunde gelegt, der eine ähnliche Rolle wie der District of Columbia in den USA spielt. Die Bevölkerung in diesem Staat umfaßte damals etwa sechs Millionen Einwohner.

Nach der oben erläuterten Formel wurden 245 Teilnehmer benötigt (die Quadratwurzel von 1% der Bevölkerung), um eine Wirkung auf den ganzen Bundesstaat zu erzielen. Man war sich jedoch nicht sicher, ob eine größere Anzahl (in diesem Fall etwa 3000) einen kleineren Bezirk intensiver beeinflußt, oder ob sich ein positiver Effekt einfach über eine größere Region ausdehnt. (In dieser Studie scheint letzteres der Fall gewesen zu sein.) Man nahm daher als Interventionsdauer den Zeitraum an, in dem mindestens 245 Teilnehmer anwesend waren, und das war bis April 1981. Waren mehr anwesend, so wurde angenommen, daß sie die um Delhi liegenden Bundesstaaten beeinflußten.

Michael Dillbeck berechnete zusammen mit Ken Cavanaugh von der Washington University und dem holländischen Psychologen William Van den Berg die täglichen Kriminalitätsraten pro 1000 Einwohner für die Monate zwischen Juni 1980 und März 1981 mit Hilfe der neuesten damals verfügbaren Statistiken [2]. Diese täglichen Daten benutzten sie, um die Kriminalitätsmuster in Delhi zu ermitteln. Um zu unserer Analogie zurückzukehren, heißt das, daß die ersten Stücke ›Kuchen‹ abgeschnitten wurden.

Die von den Forschern entdeckten Kriminalitätsmuster Neu-Delhis konnten die vor dem Interventionszeitraum auftretenden Veränderungen gut erklären. Es blieb kein Stück ›Kuchen‹ übrig. Während des Aufenthalts der 245 fortgeschrittenen Meditierenden stellte man allerdings eine dramatische Veränderung in der Kriminalitätsrate fest: Im Durchschnitt gab es 14,65 weniger Verbrechen pro Tag, d. h. eine Abnahme von 11%. Die ›statistischen Kuchenstücke‹, die zuvor ausgereicht hatten, waren jetzt alle zu klein. Es blieb viel übrig, was nicht erklärt werden konnte. Nur durch Hinzufügen des Stücks ›Kuchen‹, das die Intervention darstellte, war es möglich, alle Veränderungen zu erklären.

Puerto Rico

1981 wurden in dem schönen Badeort Fajardo (etwa 100 km östlich von San Juan) auf Puerto Rico Unterkünfte für Meditierende aus Mittelamerika und dem östlichen Teil der USA angemietet. Die erste Gruppe traf dort Ende Dezember ein.

Puerto Rico hat eine Bevölkerung von etwa drei Millionen. Nach der schon mehrmals erwähnten Quadratwurzel-aus-1%-Formel benötigte man also 174 Meditierende mit fortgeschrittenen Erfahrungen reinen Bewußtseins, um für die gesamte Insel eine Veränderung herbeizuführen. Bis zum Zeitpunkt der Durchführung dieser Studie im September 1984 konnte diese Zahl zuvor lediglich im April 1984 erreicht werden. In den anderen Monaten waren dort selten mehr als 100 Meditierende versammelt.

Der Zeitreihenanalyse wurden die monatlichen Raten für alle bei den Polizeibehörden Puerto Ricos zwischen Januar 1969 und September 1984 gemeldeten Verbrechen des ›Typ I‹ (Mord, Vergewaltigung, Raubüberfall, Körperverletzung, Einbruch, Diebstahl und Autodiebstahl) zugrunde gelegt. Der Interventionszeitraum umfaßte nur den Monat April 1984.

Wieder gab es, wie vorausgesagt, während dieser Zeit eine deutliche Abnahme der Kriminalität in Puerto Rico. Mit Hilfe der Zeitreihenanalyse konnte die statistische Signifikanz dieser Abnahme und ihre Unabhängigkeit von Trends und zyklischen Ereignissen belegt werden.

Schlußfolgerung

Soviel zu drei weiteren Studien, die vermuten lassen, daß zumindest die Kriminalität durch Gruppen von Menschen beeinflußt werden kann, die außergewöhnlich tiefe Erfahrungen reinen Bewußtseins machen. Nicht die benötigte Anzahl von Menschen ist dabei das Besondere, sondern nur die Erfahrungen. In der Vergangenheit gab es auch schon Zusammenkünfte von Menschen, die lediglich ihren Wunsch nach weniger Kriminalität zum Ausdruck brachten und darüber sprachen. Warum sollten also nicht Menschen zusammenkommen, um etwas zu *tun*, das funktioniert?

Aber vielleicht sind Sie immer noch skeptisch. Wir werden deshalb im nächsten Kapitel weiterhin Ihre Zweifel auszuräumen versuchen. Es werden dabei zwei Studien vorgestellt, die über einen langen Zeitraum unterschiedlich große und in der Anzahl stark schwankende Gruppen beobachteten. Mit der Gruppengröße veränderte sich dann auch die Ausprägung der Parameter zur Bestimmung der Lebensqualität. Diese Veränderungen waren genauso exakt vorhersagbar wie die Zusammenhänge zwischen Regen und wildwachsenden Blumen.

8

Kausalität aus anderer Sicht

Skip und Vicki Alexander unternahmen unzählige Taxifahrten, um Daten über den Verlauf der Intervention in Israel zusammenzutragen. Vielleicht lag es an ihren Persönlichkeiten, daß sich ihnen so viele Taxifahrer spontan anvertrauten. Auf jeden Fall war Skip, als er nach jahrelanger Beschäftigung mit komplizierten statistischen Analysen von seinem ersten wichtigen Forschungsprojekt nach Hause zurückkehrte, davon überzeugt, daß Taxifahrer genauso zuverlässige Informationsquellen wie Regierungsstellen sind.

An den Tagen, an denen die Anzahl der Menschen, die in Jerusalem zusammen in einer Gruppe reines Bewußtsein erfuhren, die für Israel notwendige Zahl überschritt, stellten Skip und Vicki fest, daß sich ihre Taxifahrer ausnahmslos überschäumend optimistisch zeigten. An den Tagen, an denen diese Zahl, aus welchem Grund auch immer, unterschritten wurde, sahen die Taxifahrer eher schwarz: Israel würde wohl überrannt werden. Mit der Wirtschaft ginge es bergab usw. Und schließlich sei die Chance, rechtzeitig am Flughafen anzukommen, gleich Null.

Eine spätere formale Analyse der Regierungsstatistiken ergab Schwankungen, die mit der Zahl der Meditierenden bei den Treffen übereinstimmte. Aber man verliert sich nur allzuleicht in Statistiken und vergißt zu schnell, daß, wenn Gruppen von Menschen zusammenkommen, um reines Bewußtsein zu erfahren, das gesamte soziale Umfeld kohärenter wird. Nicht nur die Kriminalität wird verringert, sondern auch negative Gefühle schwinden allmählich. Es verbessert sich nicht nur die Lage an den Börsen, sondern es nehmen auch Optimismus, Freude und Freundlichkeit usw. zu.

Wir wollen uns nun mit zwei weiteren Studien beschäftigen, die fast unwiderlegbar den Maharishi-Effekt untermauern. Diese Studien zeigten, daß mit der ansteigenden und abnehmenden Anzahl von Meditierenden mit fortgeschrittenen Erfahrungen reinen Bewußtseins an verschiedenen Orten auch die unterschiedlichen Parameter für Lebensqualität entsprechend variierten — und zwar mit einer Konsistenz, wie sie sich ein Wissenschaftler bei der Entdeckung eines neuen Naturgesetzes nur wünschen kann.

Israel

Wegen der zunehmenden Konflikte im Mittleren Osten im Jahre 1983 entschlossen sich Juden innerhalb und außerhalb Israels, die Erfahrung reinen Bewußtseins für die Lösung der Probleme dieser Region nutzbar zu machen, wobei sie sich allerdings auf Israel konzentrieren wollten, da sie zu diesem Land die engste Beziehung hatten. Im Gegensatz zu der im vorigen Kapitel beschriebenen Studie wurde dieses Projekt [1] schon lange im voraus als Experiment geplant. Es sollte für andere Regierungen ein wissenschaftlich fundierter Nachweis und ein Katalysator für den Frieden sein.

Nach der 1%-Formel waren 200 Meditierende erforderlich, um auf die Bevölkerung Israels den nötigen Einfluß auszuüben. Angesichts der Tatsache, daß sich Israel durch die Invasion des Libanon in jenem Sommer ausgedehnt hatte, sollte die Versammlung auch diese spannungsgeladene Situation entschärfen helfen. Es war im Grunde geplant, das Land auf jede nur mögliche Weise zu stärken, um es in all seinen Handlungen innerhalb und außerhalb seiner Grenzen kohärent zu machen. Schließlich erhoffte man sich, daß Israel andere Länder dazu veranlassen könnte, diese ›Verteidigungswaffe‹ in ihre Arsenale aufzunehmen.

Vom 1. August 1983 an meditierten etwa 65 Meditierende mit fortgeschrittenen Erfahrungen reinen Bewußtseins täglich zusammen in Jerusalem. Während der Ferien fand eine dreiwöchige ›Friedensversammlung‹ statt. Bis zum 19. August hatte sich die Anzahl der Meditierenden auf 200 erhöht. Es erwies sich aber als schwierig, eine so große Zahl in Israel aufrechtzuerhalten, da von den 200 Teilnehmern nur 65 Einheimische waren. Die anderen kamen aus dem Ausland. Dabei hatten sie die Reisekosten selbst aufgebracht. Es erging ein Aufruf um Verstärkung. Die Gruppenstärke nahm zu, fiel aber immer wieder ab. Es waren jedoch nie weniger als 100 versammelt. Aber die Schwankungen waren beträchtlich. Das Experiment wurde daher am 30. September abgebrochen.

Die starken Schwankungen hatten allerdings einen Vorteil: Die Änderungen in der Gruppenstärke ließen sich sehr genau mit den Variationen in den statistischen Indizes vergleichen. Natürlich hätte man untersuchen müssen, ob nicht Umstände wie Wochenenden oder das Wetter die Versammlungsgröße und die nationalen Statistiken gleichermaßen beeinflussen können. Aufgrund des Verfahrens der Zeitreihenanalyse ist es jedoch möglich, diese potentiellen wechselseitigen Einflußfaktoren systematisch zu überprüfen und die Wirkungen solcher Tendenzen oder Muster zu erfassen.

Im Gegensatz zu den im vorherigen Kapitel beschriebenen drei Untersuchungen waren Sozialwissenschaftler schon lange im voraus vor Ort, um ihre Forschungsstrategie für diese Studie in Israel zu planen. Charles Alexander und David Orme-Johnson kamen nach Israel, um einen ›Index nationalen Fortschritts‹ zu entwickeln. Er beruhte auf Statistiken, die die Regierung routinemäßig erstellt und die nach Ansicht dieser Wissenschaftler die wichtigsten und zuverlässigsten Anzeichen für eine Verbesserung im nationalen Leben darstellen. Diesen Index verfeinerten sie dann weiter in Zusammenarbeit mit israelischen Forschern. Ihre Vorhersagen formulierten sie schon Monate im voraus gegenüber unabhängigen amerikanischen und israelischen Aufsichtsgremien. Was wurde in dieser Studie gemessen und welche Ergebnisse erbrachte sie?

■ Pro Tag traten im Durchschnitt 28 *kriegsbedingte Todesfälle* auf, sobald die Anzahl der TM-Sidhi-Ausübenden in Jerusalem den ›Schwellenwert‹ von 200 unterschritt. Dieser Durchschnittswert verringerte sich auf 1 an den Tagen, an denen der Grenzwert von 200 überschritten wurde (insgesamt siebenmal − siehe Abb. 8.1).

Abb. 8.1 Die Anzahl der Kriegstoten und die Intensität des Kampfgeschehens während des Israel-Experiments. Die Perioden, in denen der vorausgesagte kritische Wert von 200 überschritten wurde, sind durch Schattierungen gekennzeichnet (Daten aus [1]).

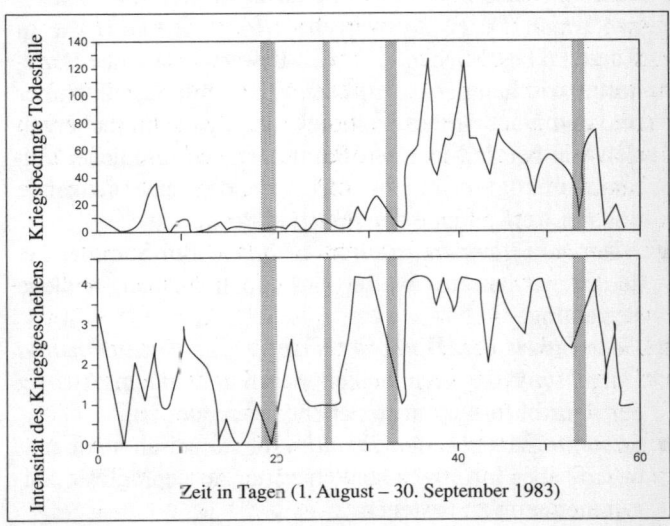

- *Die Intensität des Kampfgeschehens* korrelierte ebenfalls sehr stark mit der Anzahl der Versammlungsteilnehmer in Jerusalem: je größer die Versammlung an einem gegebenen Tag, um so geringer war die Intensität der Kampfhandlungen.

- *Brände durch Unfälle, Brandstiftungen, die Gesamtzahl von Brandfällen sowie alle anderen Fälle, in denen die Feuerwehr eingreifen mußte,* wiesen das gleiche Muster auf: eine größere Versammlungsstärke ging mit einer geringeren Anzahl von Einsätzen einher.

- Derselbe korrelative Zusammenhang ergab sich auch bezogen auf die *Anzahl der Autounfälle in Jerusalem.*

- *Der Index des israelischen Börsenmarktes* — wie auch andernorts Ausdruck der Zuversicht des Landes in seine eigene Zukunft — stieg und fiel mit der Anzahl der Versammlungsteilnehmer: er stieg bei zunehmender und fiel bei abnehmender Gruppenstärke.

- *Der allgemeine Grad positiver Lebenseinstellung spiegelt sich auf Titelseiten und in Leitartikeln von Tageszeitungen wider.* Deren Auswertung erfolgte genauso wie in Kapitel 6 beschrieben, d. h. den Bewertern war die Beziehung zwischen der Anzahl der Versammlungsteilnehmer und den Nachrichten nicht bekannt. Auch hierbei ergab sich wie bei den anderen Parametern ein ähnlicher Zusammenhang: bei mehr Meditierenden eine steigende und bei weniger eine abnehmende Positivität.

- *Niedrigere Temperaturen in Jerusalem* (im Sommer bedeutet dies besseres Wetter): also auch hier eine analoge Beziehung.

- *Genauigkeit der Wettervorhersagen für Jerusalem und Umgebung:* die Genauigkeit nahm mit einem Anstieg der Anzahl fortgeschrittener Meditierender zu.

- *Stimmungslage bei den Taxifahrern:* statistisch nicht analysiert, aber intuitiv scheint hier der ausgeprägteste Zusammenhang zu bestehen.

Als statistisches Analyseverfahren wurde ein ›multivariate state space forecasting system‹ benutzt, was im Prinzip eine verfeinerte Form der Zeitreihenanalyse darstellt. Die einzelnen Statistiken wurden per Computer graphisch dargestellt, wodurch bisherige Tendenzen und Zyklen sichtbar wurden. Weiterhin entwickelte man eine Formel, die ein mögliches ›Beschreibungsmodell‹ für die zukünftigen, täglichen Veränderungen der erfaßten Parameter umfaßt (dabei wurden alle wesentlichen Muster mitberücksichtigt wie etwa wochenendbedingte Veränderungen). Dieses Modell diente dazu, die täglichen Parameterwerte für den Zeitraum zwischen dem 15. August und dem 30. September vorherzusagen.

Als nächstes wurde eine weitere Gleichung entwickelt, die die tägliche Anzahl von Meditierenden, die sich in Jerusalem trafen, mit einbezog. Sollte sich diese Formel bei der Vorhersage der statistischen Werte für jeden beliebigen Tag als genauer erweisen, dann hätte die Versammlung von 200 Menschen in Jerusalem auch in dieser Hinsicht eine Auswirkung gehabt.

Das ›Interventionsmodell‹ erwies sich in seinen Vorhersagen bei jedem Parameter als außergewöhnlich genau. Zum Beispiel waren seine Vorhersagen für die Intensität des Kampfgeschehens im Libanon mehrere hundertmal genauer als diejenigen des Modells, das nur die bisherigen Tendenzen berücksichtigte. Bei einer großen Anzahl von Versammlungsteilnehmern konnte man sicher sein, daß das Kampfgeschehen an Intensität abnahm und sich die Taxifahrer einer besseren Stimmung erfreuten.

Die enge Beziehung zwischen der Gesamtheit der untersuchten Parameter und der Anzahl der Versammlungsteilnehmer ist verblüffend (siehe Abb. 8.2).

Noch beeindruckender ist vielleicht der Umstand, daß alle diese vielfältigen Faktoren offenkundig in engem Zusammenhang mit einer einzigen grundlegenden Einflußquelle

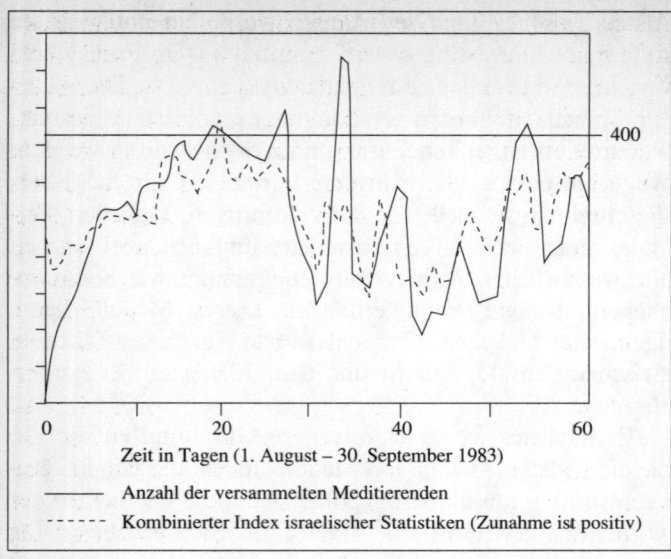

Abb. 8.2 Durchschnitt der wichtigsten statistischen Parameter
Israels (so dargestellt, daß eine Zunahme als positiv anzusehen ist)
im Vergleich zu der Anzahl der Meditierenden mit
fortgeschrittenen Erfahrungen reinen Bewußtseins, die während
des Israel-Experiments gemeinsam meditierten (Daten aus [1]).

standen. Das gleiche Phänomen zeigte sich in Rhode Island
in 21 Parametern und in den Niederlanden in zwei Statistiken. Aber in Israel ist es noch deutlicher. Als die Anzahl der
Versammlungsteilnehmer in Jerusalem (der einzige gemeinsame Einflußfaktor) den kritischen Grenzwert von 200 unterschritt, veränderten sich die verschiedenen Parameter un-
einheitlich (ihr Durchschnittswert nahm jedoch immer ab).
Derjenige Faktor, der sie einheitlich als Ganzes beeinflußt
hatte, war offensichtlich bedeutungslos geworden. Dieser
Sachverhalt soll nun im Detail analysiert werden.

Als Orme-Johnson und Alexander die Daten gemeinsam aufbereiteten, kristallisierten sich drei unterschiedliche Gruppen statistischen Materials deutlich heraus: Intensität des Kriegsgeschehens, negative nationale Gefühlslage; börsenbezogene Faktoren; Feuer- und Temperaturfaktoren. In der Vergangenheit und bei Unterschreitung der 200er-Grenze standen diese Faktorengruppen nicht miteinander in Beziehung. Verbesserte sich die eine Faktorengruppe, so veränderten sich die anderen Parameter durchaus nicht immer einheitlich. Sobald aber mindestens 200 Versammlungsteilnehmer in Jerusalem zusammenkamen, verhielten sich diese Parameter insgesamt wie eine einzige Variable. Orme-Johnson und Alexander verglichen diese Situation mit der Art und Weise, wie wir ein Funksignal wahrnehmen. Ist das Signal stark — in diesem Fall die Auswirkung der 200 Teilnehmer, die reines Bewußtsein erfahren —, so können Störsignale der Umgebung es nicht bedeutsam verändern. Da man durch Verstärkung ein vages oder imaginäres Signal auf Echtheit hin testen kann, stellt dieses Verfahren eine Möglichkeit für eine genaue Überprüfung von tatsächlichen Einflüssen dar. In diesem Fall handelte es sich jedoch nicht um Einbildung. Das Signal war laut und deutlich wahrnehmbar.

Die Forscher selbst gelangten zu folgendem Schluß:

»Die Anwendung von experimentellen Verfahren verfolgt das Ziel, Alternativerklärungen, die durch die Arbeitshypothesen des jeweiligen Forschungsprojekts nicht abgedeckt werden, möglichst auszuschließen. In diesem Fall stimmen die vorhergesagten und beobachteten Ergebnismuster dermaßen überein, daß es sogar äußerst schwierig ist, sich überhaupt eine Alternativerklärung vorzustellen.« [1]

Bevor Sie jetzt anfangen, sich mögliche Alternativerklärungen auszudenken, mit denen Sie die beiden Autoren herausfordern möchten, stellen wir Ihnen als nächstes eine weitere Studie vor.

167

Washington, D. C.

Würde man sich einen Ort ausdenken, von wo aus man die USA und außerdem indirekt auch noch einen möglichst großen Teil der restlichen Welt beeinflussen könnte, so fiele die Wahl auf die Hauptstadt der Vereinigten Staaten. Zu diesem Schluß kam auch eine Gruppe von Meditierenden, und sie beschlossen 1982, nach Washington D. C. umzuziehen, um dort zu wohnen, zu arbeiten und etwas Kohärenz in der Stadt zu erzeugen, die das Geschick so vieler Menschen und Nationen beeinflußt.

Ihr Ziel war, eine Gruppe von 400 aufzubauen. Notwendig wären aufgrund der Quadratwurzel-aus-1%-Formel nur 173. Man glaubte allerdings, daß Washington als Hauptstadt diesen Zahlenrahmen sprenge und daher ›sicherheitshalber‹ eine größere Anzahl angebracht wäre.

Vor Anfang 1983 betrug die Zahl der Meditierenden mit fortgeschrittenen Erfahrungen reinen Bewußtseins, die in Washington zusammen das TM-Sidhi-Programm ausübten, selten mehr als 40 bis 50. Aber bis Mai 1983 hatte sie sich plötzlich auf etwa 400 eingependelt.

Dies war eine Forschungsmöglichkeit, die nicht unbeachtet blieb. Audrey Lanford, eine Absolventin der Stanford University, die mehrere Jahre an der Catholic University in Washington Soziologie gelehrt hatte, ergriff 1983 die Gelegenheit, Untersuchungen über Veränderungen des Kollektivbewußtseins durchzuführen. Sie leitete dabei zwei bahnbrechende Studien, die wir nachfolgend beschreiben möchten. Beide befaßten sich mit den Auswirkungen reinen Bewußtseins auf die Lebensqualität in Washington: die eine analysierte die Anzahl der Tötungsdelikte [2] und die andere die Börsennotierungen von in Washington ansässigen Firmen [3].

Tötungsdelikte wurden als Parameter für das Ausmaß an Inkohärenz in einer Stadt aus zweierlei Gründen gewählt:

1. Diese Delikte sind nicht wie einige andere Verbrechensraten stark durch die Gesetzgebung beeinflußbar. Sie eignen sich daher sehr gut als Maß für gesellschaftliche Kohärenz. Hierzu meint das FBI: »Man hat schon seit langem erkennen können, daß Mord hauptsächlich ein soziologisches Problem ist, das durch die Gesetzgebung nur wenig oder möglicherweise gar nicht beeinflußt werden kann.« [4]
2. Mordfälle werden fast immer der Polizei gemeldet. Die polizeilichen Statistiken über Tötungsdelikte sind daher das zuverlässigste Datenmaterial zur Erfassung krimineller oder gewalttätiger Handlungen.

Lanford erhielt diese Statistiken von der Polizei des District of Columbia für den Zeitraum von August 1980 bis November 1983. Sie berechnete daraus die wöchentlichen Raten für den erfaßten Zeitraum von 173 Wochen. Unter Benutzung der Zeitreihenanalyse eliminierte Lanford daraufhin alle zyklischen Tendenzen (wie etwa jahreszeitliche und monatliche Veränderungen). Sie untersuchte dann die Wochen, in denen für mindestens einen Tag mehr als 400 Meditierende an den Gruppentreffen teilnahmen (es gab insgesamt 38 solche Wochen), und verglich diese mit den Wochen, in denen die kritische Anzahl von 400 nicht erreicht wurde.* (Das erste Mal wurde die Grenze von 400 im Juni 1982 überschritten, aber vor Mitte Mai 1983 wurde diese Zahl selten erreicht).

---

* Lanford versuchte zusätzlich, einen Vergleich zwischen Wochen mit mehr als 173 Teilnehmern und Wochen mit weniger als 173 Teilnehmern anzustellen. Diese Analyse mußte sie jedoch abbrechen, als sie feststellte, daß vor Mitte 1983 diese Zahl nur sehr selten und danach jede Woche erreicht wurde. Es gab tatsächlich in den Wochen, in denen mehr als 173 Meditierende zusammenkamen, weniger Mordfälle, wobei sich die Zahl 173 aus der Quadratwurzel-aus-1%-Formel ergibt. Wegen der Vorher- und Nachher-Verteilung der Wochen war es ihr nicht möglich, die erforderlichen statistischen Analysen durchzuführen. Die Ergebnisse decken sich mit denjenigen, über die wir jetzt berichten werden.

Welche Ergebnisse erbrachten ihre Analysen? In den 400er Wochen gab es 22% weniger Mordfälle — ein Unterschied, der statistisch signifikant war. D. h. die Wahrscheinlichkeit, daß diese Abnahme der Tötungsdelikte auf Zufall beruht, war in diesem Fall geringer als 2%. Die 22%ige Reduktion bedeutete für die Bevölkerung Washingtons etwa einen Mordfall weniger pro Woche im Verlauf der Wochen, in denen sich mehr als 400 Meditierende trafen. Lanford betont, daß es keine systematische Beziehung zwischen der Verteilung der 400er Wochen und anderen Ereignissen gab. In ihrem Bericht analysierte sie eingehend andere mögliche Ursachen für die Abnahme der Anzahl der Tötungsdelikte: z. B. Veränderungen in der Polizeipräsenz, im Wetter, in den Bevölkerungsschutzmaßnahmen und in der Zusammensetzung der Bevölkerung. In jedem Fall gab es entweder keine signifikante Veränderung im Verlauf der während der Studie untersuchten Wochen, oder es konnte keine konsistente Beziehung zwischen den Veränderungen und den 400er Wochen festgestellt werden.

In ihrer zweiten Studie befaßte sich Lanford mit der anderen Seite gesellschaftlicher Kohärenz: mit ihren Stärken und speziell mit der Stärke der in Washington ansässigen Firmen im Vergleich zu anderen US-Firmen. Ihre Untersuchungen beruhten auf Angaben des Johnston-Lemon-Börsenindex, der den Durchschnitt der täglichen Abschlußnotierungen von 30 in Washington ansässigen Firmen berechnet. Diese Notierungen werden täglich von der *Washington Post* veröffentlicht.

Ihren Untersuchungen lagen die wöchentlichen Durchschnittswerte des Johnston-Lemon-Index zugrunde, beginnend mit dem ersten Tag seiner öffentlichen Bekanntmachung, dem 13. Juli 1981, bis zur Beendigung der Studie am 30. September 1983. Wieder wurde eine Zeitreihenanalyse benutzt, um die Auswirkungen zyklischer oder anderer Tendenzen auszuschalten. Auch in diesem Fall waren die Ergebnisse eindeutig: die Börsennotierungen lagen in den 400er Wochen beträchtlich höher.

Das ›Signifikanzniveau‹, das ein Maß für die Wahrscheinlichkeit ist, daß diese Ergebnisse durch Zufall bedingt sind, ›lag bei weniger als 0,001‹ — also ein besonders aussagekräftiges Ergebnis.

Die Bedeutung dieser Studien

Es ist sehr schwierig, sich etwas anderes als Ursache für diese Veränderungen in der Anzahl der Kriegstoten, Brandfälle, Verbrechen, Börsennotierungen usw. vorzustellen als die Veränderungen in der Größe der Gruppen Meditierender. Dennoch fragen Sie sich nun vielleicht, ob nicht das, was diese Menschen dazu veranlaßt, an spezifischen Tagen in der Gruppe zu meditieren (etwa kühleres Wetter in Jerusalem), nicht auch dafür verantwortlich ist, daß Menschen Aktienanteile kaufen und weniger Morde begehen. Zugegebenermaßen wurden die Tage, an denen die großen Gruppen zusammenkamen, nicht zufällig ausgewählt. Aber durch die Zeitreihenanalyse ließen sich in beiden Studien keine regelmäßigen, früheren Tendenzen feststellen, die in ihren Auswirkungen auf die Analyse statistisch nicht eliminiert werden konnten. In Washington D. C. gab es keine Beziehung zwischen den Wetterveränderungen und den Wochen, in denen mehr als 400 Meditierende zusammenkamen. (In Israel war das Wetter ein ›Ergebnis‹, aber gutes Wetter hatte in der Vergangenheit die Börsennotierungen, Kriminalitätsraten usw. nicht beeinflußt). Wenn es einen solchen Faktor gab, dann müßte es einer sein, den es vor der Zusammenkunft der großen Gruppen nicht gegeben hatte und er müßte mit der zahlenmäßigen Stärke dieser Gruppen variieren. Es ist schwer, sich außer den Gruppen selbst einen solchen Faktor vorzustellen.

Es gibt eine Untersuchung, in der die Entscheidung, an den Gruppenmeditationen teilzunehmen, nicht den Mitwirkenden selbst überlassen wurde. Diese Studie führten wir in Atlanta (Georgia) durch, indem wir Gruppen von fortgeschrittenen Meditierenden sich in Gegenden mit hoher und niedriger Kriminalitätsrate versammeln ließen. Wir wählten dabei vier ein- oder zweiwöchige Perioden vollkommen willkürlich aus. Die Teilnehmer hatten auf die zeitliche Auswahl dieser Perioden keinen Einfluß [5, 6]. An dieser ›Pilotstudie‹ (Vorstudie; sozialwissenschaftlicher Fachausdruck für Studien, die mit geringem Aufwand Ideen überprüfen, bevor in größere Projekte viel Zeit und Geld investiert wird) nahmen zwischen 28 und 40 Meditierende teil. Diese Zahl reichte nicht aus, um auf die ganze Stadt Atlanta einen Einfluß auszuüben. Deshalb mußte die Gruppe der Meditierenden jeweils von einem Stadtbezirk in den nächsten umziehen. Dabei verbesserten sie die Lebensqualität des Stadtteils, in dem sie sich gerade aufhielten, während die Lebensqualität des Stadtteils, in dem sie zuvor waren, sank — sicherlich ein eher unbefriedigender Ansatz für soziale Veränderungen. Aber diese Studie füllt eine mögliche Lücke in der Kausalitätsfrage. Diese Untersuchung berücksichtigte auch noch einen weiteren Punkt, an den wir vorher nicht gedacht hatten: wir haben den Zweck dieser Experimente nicht im voraus veröffentlicht oder bekanntgegeben. In dieser Studie sanken die Gewaltverbrechen jedesmal um 10 – 30 %, wenn sich die Gruppe in einer Gegend mit hoher Kriminalitätsrate aufhielt. Sie nahm aber dort, wo sich die Meditierenden zuvor getroffen hatten, wieder um 10 – 30 % zu. Der Effekt wurde also jeweils umgekehrt, wenn die Meditierenden zu ihrem ursprünglichen Treffort zurückkehrten.

Jetzt fragen Sie sich aber vielleicht: Gut, aber wie sieht es aus mit einer realen, objektiven Veränderung bei einem *Menschen* aus irgendeinem der betreffenden Bezirke und nicht nur mit Veränderungen in einer ›Statistik‹?

Eine weitere Pilotstudie [7] untersuchte eine solche Veränderung. Im nächsten Kapitel beschreiben wir die Auswirkung der ersten Versammlung in den USA, die groß genug war (1600 und mehr Menschen), um die gesamte Nation zu beeinflussen. Diese Veranstaltung wurde im Sommer 1979 in Amherst, Massachusetts, durchgeführt, und 2500 fortgeschrittene Meditierende nahmen über mehrere Wochen an ihr teil. Während dieses Zeitraums untersuchte David Orme-Johnson Meditierende im etwa 1800 km von Amherst entfernten Iowa, um die Kohärenz im sozialen Feld zu ›erfassen‹, die die Gruppe von Meditierenden in Amherst erzeugen sollte.

Orme-Johnson und seine Mitarbeiter untersuchten insbesondere das EEG oder die Gehirnwellenmuster von drei ortsansässigen Versuchspersonen. Jede war für sich allein in einem lärmisolierten Raum untergebracht, und es wurde ihnen der Zweck der Untersuchung nicht mitgeteilt. Die Labortechniker kannten zwar den Zweck der Studie, nicht aber die Meditationszeiten der Gruppe in Amherst. Darüber hinaus mußte jeder Mitarbeiter seine Uhr ablegen, und die Uhren im Labor wurden bewußt ein wenig verstellt.

Die drei Versuchspersonen meditierten dreimal zur gleichen Zeit mit der Amherster Gruppe, dreimal zu einem anderen Zeitpunkt und dann noch einmal im September nach Abschluß des Treffens in Amherst. Die Ergebnisse, die im *International Journal of Neuroscience* veröffentlicht wurden, waren sowohl eindeutig als auch überraschend: Während der Untersuchungsperioden nahm bei den Meditierenden in Amherst selbst die EEG-Kohärenz nicht zu, dafür aber bei den drei Versuchspersonen in Iowa, obwohl diese sich in drei getrennten Räumen aufhielten. Ihre Gehirne arbeiteten ähnlich geordnet. Es handelt sich hierbei um den Feldeffekt einer einzelnen Welle, die ›alle Korken auf dem Teich auf und ab schaukeln ließ‹. Außerhalb der Amherster Meditationszeiten konnte bei allen drei Untersuchungsteilnehmern ebenfalls Kohärenz im EEG nachgewiesen werden, aber nur zwischen verschiedenen Teilen ihres eigenen Gehirns.

Wir vermuten nun, daß Sie von diesen Ergebnissen ziemlich beeindruckt sind. Die in Israel und Washington durchgeführten Studien werfen ein neues Licht auf die Kausalitätsfrage. Der Maharishi-Effekt verhielt sich hier wie ein klassisches Naturgesetz. Sie erinnern sich bestimmt an einfache Versuche in der Schule. Wenn z. B. die Temperatur in einem Ballon zunimmt, dehnt sich das Gas aus, und der Ballon wird größer. Nimmt die Temperatur ab, zieht sich das Gas zusammen, und der Ballon wird kleiner. Jetzt haben Sie ein neues Naturgesetz kennengelernt: Erhöht sich die Anzahl der Menschen, die zusammen reines Bewußtsein erfahren, sinkt die Kriminalitätsrate. Verringert sich die Anzahl der Menschen, die reines Bewußtsein erfahren, nimmt die Kohärenz ab und die Kriminalität zu.

Die wenigsten wissenschaftlichen Tatsachen — besonders nicht diejenigen im soziologischen Bereich — zeigen normalerweise eine derartige Konsistenz, es sei denn, sie sind sehr grundlegend. Kinder imitieren nicht immer die Eltern. Preise werden nicht immer bei Mangel erhöht. Im Hinblick auf Kriminalität und Börsennotierungen spielen die vielfältigsten Faktoren eine Rolle. Daher ist die *Beständigkeit* des Maharishi-Effekts sehr beeindruckend.

Sie geben sich vielleicht damit immer noch nicht zufrieden und fragen nach wirklich praktischen Ergebnissen umfassender Art (z. B. Veränderungen, welche die Lebensqualität einer ganzen Nation betreffen). Oder unter Umständen denken Sie: Ach, wie nett. Einige wenige, wohlhabende Gegenden auf der Erde werden gefördert, während die ganze Welt am Rande der Auslöschung steht. Im nächsten Kapitel beschreiben wir Ihnen, wie die Auswirkungen der Erfahrung reinen Bewußtseins ihren eigentlichen Zweck erfüllen und worin ihre eigentliche Bedeutung liegt. Wir werden Ihnen schildern, was geschah, als die notwendige Zahl von 1600 Meditierenden in den USA mehrmals überschritten wurde, und als sich zum ersten Mal die für die gesamte Welt erforderliche Anzahl von 7000 TM-Sidhi-Ausübenden versammelte.

9

Eine ganz andere Welt

Sollten Sie je auf der I-80 quer durch Iowa fahren, verlassen
Sie bei Iowa City den Highway und fahren Sie in Richtung
Süden. Nach etwa einer Stunde sind Sie in Fairfield. Im
Sommer sind die langgezogenen Hügelketten mit Mais und
Sojabohnen und im Winter mit harschigem Schnee bedeckt.
Auf jeder Anhöhe gibt es kleine Farmen und in den Tälern
Bäche und Wälder. Die Landschaft ist recht hübsch, aber
bis man Fairfield erreicht, hat man sich bereits sehr daran
gewöhnt.

Aus einer bestimmten Entfernung erkennt man schon die
Kirchturmspitzen, das Gerichtsgebäude, Bäume und die Ge-
treidesilos. Man fährt durch die Bahnunterführung der Bur-
lington Northern Railway, und schon kann man zur Linken
zwei goldfarbene Kuppelbauten erkennen.

Einige Leute glauben, sie sähen Raumschiffe von einem
anderen Planeten. Eigentlich haben sie damit nicht unrecht,
denn diese Bauten sind, wie man sagen könnte, ›Fähren zur
Erforschung des inneren Raums‹, um auf unserer Erde Frieden zu fördern. Gebaut wurden sie, um einer ausreichenden
Anzahl von Meditierenden mit fortgeschrittenen Erfahrungen reinen Bewußtseins Platz zu bieten, damit sie Kohärenz
in jeden Winkel dieses Planeten ausstrahlen können.

Neben diesen Kuppelbauten gibt es noch eine größere Anzahl anderer Gebäude, die im typischen Stil einer kleineren
Universität des mittleren Westens errichtet wurden. 1974

wurden die damals leerstehenden Gebäude einer kleineren Universität (damals noch ohne die Kuppelbauten) von einer Gruppe junger, promovierter Akademiker bezogen, die alle das TM-Programm ausübten. Sie hatten sich vorgenommen, eine neuartige Universität zu gründen, in der alle Studenten, Mitglieder des Lehrkörpers, Verwaltungsangestellten, Hausmeister, Köche und Einkäufer morgens und abends meditierten. Mit anderen Worten, jeder in dieser Gemeinschaft, und im besonderen die Studenten, sollten in Selbsterkenntnis wachsen. Ihnen wurde nicht nur in den traditionellen Studienfächern Unterricht erteilt, sondern sie erweiterten darüber hinaus durch ihre Erfahrung reinen Bewußtseins ›den Behälter des Wissens‹. Sie gaben ihrer Universität den Namen ›Maharishi International University‹ (MIU). Von Anfang an war es ihr Bestreben, eine wirklich internationale Universität aufzubauen, mit Zweiguniversitäten überall auf der Welt und vor allem mit einer internationalen Studentenschaft.

Die Idee zündete. Die Studenten kamen aus den USA und aus dem Ausland — auch eine Gruppe aus der Volksrepublik China. Je länger die Studenten an der MIU studierten, um so mehr stieg ihr IQ, anstatt, wie für dieses Lebensalter üblich, leicht abzunehmen [1]. (An dieser Hochschule gibt es keine Zulassungsbeschränkungen, gute Physik- und Mathematik-Kenntnisse werden aber vorausgesetzt. Wenn ein Student das Semesterziel nicht erreicht, geht man davon aus, daß er es nach einigen weiteren Monaten Meditation erreicht, was auch meist zutrifft). Diese Hochschule wurde von staatlichen Stellen anerkannt. Ihre Absolventen besuchen renommierte weiterführende akademische Lehreinrichtungen. Zahlreiche Magister- und Promotionsstudiengänge wurden entwickelt und sind inzwischen anerkannt. In der Zwischenzeit bildete sich außerdem eine größere Gemeinschaft von Meditierenden, die in die Nähe der Universität zog.

In den letzten Jahren beschäftigte die Sozialwissenschaftler an der MIU vermehrt die Frage: Was wäre, wenn...? Zum Beispiel: Was wäre, wenn diese Gemeinschaft zahlenmäßig so stark zunähme, daß morgens und abends 1600 zusammen meditieren könnten? Hätte das eine dauerhafte Wirkung auf die gesamte Nation? Und dann dachten sie noch etwas weiter: Was wäre, wenn 7000 Meditierende hier wohnten. Könnte das auf den gesamten Planeten eine Auswirkung haben? Wie würde die Welt dann aussehen?

Nach der Versammlung in Amherst im Jahre 1979 wurde folgender Vorschlag gemacht: Alle diejenigen, die nicht gebunden sind, könnten ihrer Nation einen großen Dienst erweisen, wenn sie nach Fairfield umzögen, um dort zu arbeiten, zu studieren oder zu lehren.

Und viele Menschen kamen und kommen immer noch. Die kleine Stadt wurde zunächst von dem ersten Zustrom eher überrollt. Aber alles in allem brachte dies für den Südosten Iowas einen starken kulturellen und wirtschaftlichen Aufschwung. Anfangs mußten sich die Einheimischen erst an die Zuwanderer gewöhnen, was nicht verwunderlich ist, denn diese Menschen kamen zum größten Teil aus den städtischen Küstengegenden, um ›Kohärenz zu verbreiten‹. So war die Reaktion der Einheimischen verständlich: »Sie glauben, sie werden die Welt verändern. Aber es sind ganz normale Leute.«

›Ganz normale Menschen‹ zogen nach Fairfield: Ärzte, Schreiner, Anwälte, Restaurantbesitzer, Börsenmakler, Schmuckhändler, Immobilienmakler, Schriftsteller, Handwerker und Mechaniker zusammen mit der Studentenschaft und dem Lehrkörper der Universität. Jeden Morgen finden sie sich in den beiden goldenen Kuppelbauten für etwa eine Stunde ein, ›um das vereinheitlichte Feld zu beleben‹. Um 9 Uhr gehen sie zur Arbeit bzw. zu den Vorlesungen. Sie lachen, unterhalten sich, planen und machen Geschäfte wie ›ganz normale Menschen‹. Am Abend kommen sie wieder zum ›Kohärenzerzeugungsprogramm‹ zusammen. Und das machen sie tagein, tagaus — bei jedem Wetter, bei Schnee, Regen, bitterkalten Winden, herrlichem Sonnenschein.

Sie sind entschlossen, dieses für sie wichtige Experiment konsequent durchzuführen. Sie hoffen der Welt, ihrer Nation und sich selbst dadurch einen guten Dienst zu erweisen. Aber sie sind von dem Gedanken nicht überschattet.

Für sie ist die Bedrohung eines Atomkrieges genauso offenkundig wie für uns alle, aber darüber hinaus wollen sie noch etwas viel Besseres erreichen, etwas Dauerhaftes. Sie haben keine eindeutig umrissenen Ziele. Sie glauben nicht, daß jeder auf eine ganz bestimmte Weise denken, fühlen oder handeln sollte. Sie sind einfach der Meinung, daß die im Überfluß vorhandenen menschlichen Eigenschaften der Kohärenz, Intelligenz, Harmonie, Liebe, Gesundheit und Umsicht die Oberhand gewinnen werden, und daß die bislang durchgeführten Experimente den Nachweis dafür liefern, daß ihre kollektiven Erfahrungen reinen Bewußtseins diese latent vorhandenen Qualitäten im sozialen Feld beleben können. Was haben sie bislang erreicht?

1600 Bürger verändern die Lebensqualität ihrer Nation

Im Jahre 1982 und Anfang 1983 schwankte die Anzahl der TM-Sidhi-Programm-Ausübenden um 1600. (Derzeit liegt diese Zahl immer weit über 1600). Viele TM-Sidhi-Praktizierende waren Studenten, die während der Semesterferien nach Hause fuhren. Andere waren Besucher. Einige zogen nach Fairfield, mußten aber hin und wieder beruflich verreisen. Alles in allem wurde die Gesamtgruppenstärke von 1600 etwa fünfmal während des oben genannten Zeitraums überschritten. Während dieser Perioden traten national und weltweit beachtliche Veränderungen auf [2, 3, 4].

Auswirkungen auf den Börsenmarkt

Der auffälligste und sichtbarste Effekt zeigte sich nicht auf irgendeiner abgehobenen esoterischen Ebene, sondern im Dow Jones-Index!

Der Börsenmarkt ist vielleicht nicht das geeignetste Maß nationalen Wohlbefindens, er dient aber als Barometer für Selbstvertrauen und wirtschaftliche Stärke. Seit 1945 ist eine Verbesserung auf dem Börsenmarkt immer einer Erholung von wirtschaftlicher Rezession vorausgegangen.

Seit März 1982 gingen alle stabilen Verbesserungen auf dem Börsenmarkt mit hohen Teilnehmerzahlen am Meditationsprogramm in Fairfield einher (siehe Abb. 9.1). Einem plötzlichen Anstieg der Gruppenstärke in Fairfield folgten immer Verbesserungen im Dow Jones-Index. In den sieben Tagen nach dem Erreichen von Spitzenwerten in Fairfield

Abb. 9.1 Die durchschnittlichen Werte des Dow Jones-Index im Zeitraum von März 1982 bis Mai 1983 in Beziehung gesetzt zu den Perioden, in denen die Anzahl der Meditierenden in Fairfield mit fortgeschrittenen Erfahrungen reinen Bewußtseins die für die USA erforderliche Zahl von 1600 überschritt (Daten aus [4]).

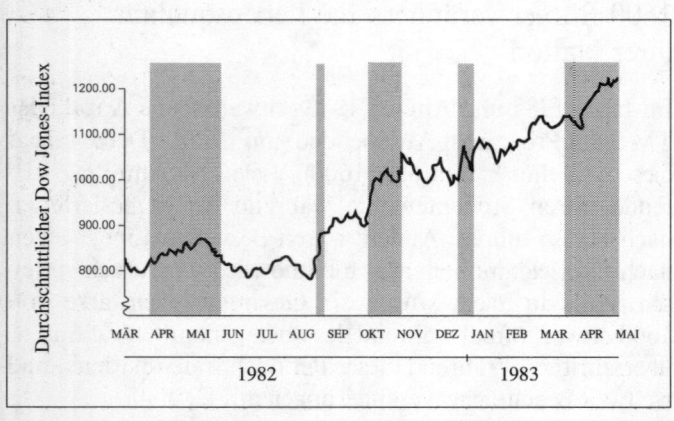

erwies sich die durchschnittliche Zunahme auf dem Börsenmarkt um 47mal größer als im Vergleich zum Rest des Jahres. Eine Zeitreihenanalyse der täglichen Schwankungen machte deutlich, daß sich diese Zunahmen im Dow Jones-Index nicht auf andere Zyklen und Tendenzen zurückführen lassen.

Weitere Auswirkungen

Eine zusätzliche Zeitreihenanalyse [2] zeigte an den Tagen, die dem Erreichen einer Gruppenstärke von 1600 in Fairfield folgten, eine signifikante Abnahme der Anzahl von Verkehrstoten in den gesamten Vereinigten Staaten.

Weitere Ergebnisse, die nicht so eingehend analysiert wurden, sollen nachfolgend aufgelistet werden:

1. Als zum ersten Mal Anfang April 1982 die 1600er-Marke überschritten wurde:

■ erreichte die monatliche Inflation im Vergleich zu den vorangegangenen vier Jahren ihren niedrigsten Stand,
■ gab es einen friedlichen Verlauf der Wahlen in El Salvador und
■ starke Zunahmen an den US-Börsenmärkten trotz pessimistischer Vorhersagen.

2. Während der zweiten Periode Mitte August 1982 zeigte sich folgendes:

■ Neue Rekorde in der Wall Street.
■ Die ›Federal Reserve discount rate‹ wurde auf 10 % gesenkt.
■ Zustimmung beider Parteien im Kongreß bei einer wichtigen Gesetzesvorlage zur Steuerreform.

- Präsident Reagan nannte diese Woche die ›lohnendste und erfüllendste‹ im Laufe seiner Präsidentschaft.
- Beendigung der Kämpfe im Libanon.

3. Während der dritten Periode, Oktober und Anfang November 1982, ergaben sich folgende Veränderungen:

- Der US-Dollar erreichte eine Rekordhöhe im Vergleich zu den vorangegangenen zwölf Jahren.
- Durchschnittliche Zunahme der Privateinkommen um 0,7% in den USA.
- Indien und Pakistan führten nach 10 Jahren zum ersten Mal Versöhnungsgespräche.
- Die Gespräche zwischen China und der UdSSR werden wieder aufgenommen.

4. Im Dezember 1982 sind weniger als 1600 an der MIU versammelt, dafür aber mehr als 2000 in Italien:

- Verfall des US-Dollars, dafür Zunahmen bei den europäischen Währungen!
- Aufhebung des Kriegsrechts in Polen.
- Verhandlungen über den Abzug ausländischer Truppen aus dem Libanon.
- Die UdSSR und USA machen Vorschläge zur nuklearen Abrüstung.

5. Von Anfang April 1983 bis Mai 1983 war das folgende beobachtbar:

- Rekordnotierungen auf dem US-Börsenmarkt (dieses Mal von Soziologen vorausgesagt) und ein Börsenhoch an acht aufeinanderfolgenden Tagen.
- Erhöhung der Zuwachsraten der US-amerikanischen industriellen Produktion um 2,1%, was die größte Zunahme seit acht Jahren darstellt.

- Zunahme der Privateinkommen um 0,8%.
- Die Zuversicht der Verbraucher in den USA war so groß wie nie zuvor.
- Verabschiedung eines wichtigen Gesetzentwurfs zur sozialen Sicherheit (›ein Sieg für die Zusammenarbeit zwischen den beiden Parteien‹ lautete dazu ein allgemeiner Kommentar). Unerwartete Bereitschaft seitens der USA zu Verhandlungen mit der UdSSR über ein Getreideabkommen.

Für das Jahr 1982 als Ganzes ergab sich:

- Die Kriminalität ging um 4% zurück. Dies ist die erste Abnahme seit 20 Jahren! In Zahlen ausgedrückt bedeutet dies: 1576 weniger Mordfälle, 40 189 weniger Raubüberfälle und 373 980 weniger Einbrüche. Zum ersten Mal überhaupt trat eine Verringerung des Drogenmißbrauchs (um 6%) auf.
- Die Anzahl der Verkehrstoten ging um 10,7% zurück: Sie erreichte den niedrigsten Stand in der Geschichte der USA.
- Die SAT-Werte (Hochschuleingangstestwerte) nahmen zum ersten Mal nach 14 Jahren zu.
- Die Scheidungsrate ging um 4,5% zurück (51 772 weniger Scheidungen): die erste Abnahme der Zahl der Scheidungen nach 20 Jahren.
- Die Kindersterblichkeit sank um 4% auf den bisher niedrigsten Stand.
- Die Todesrate durch Unfälle ging um 6% zurück.
- Abnahme des Alkoholkonsums um 5%.
- Abnahme des Nikotinverbrauchs um 2,5%.
- Abnahme von Krankenhauseinlieferungen um 3,9%.
- Die durchschnittliche Lebenserwartung erhöhte sich 1982 von 74,1 Jahren auf 74,5 Jahre.

- Gestiegene Hektarerträge und Milchproduktion mit Rekorderträgen in beiden Fällen. Die Honigproduktion nahm um 18% zu.
- Die wichtigsten Wirtschaftsparameter veränderten sich in sieben aufeinanderfolgenden Monaten positiv (September 1982 bis März 1983).
- Während einer Meinungsumfrage in sechs verschiedenen Ländern gab die Mehrheit der Befragten an, daß sie der Bevölkerung der USA freundlich gesonnen sei. Fast jeder stimmte damit überein, daß der Einfluß der USA auf die Welt im Zunehmen begriffen sei.

Die beobachteten Veränderungen in den ersten Monaten des Jahres 1983 lassen sich wie folgt zusammenfassen:

- Zunahme des Bruttosozialprodukts um 5,8%.
- Die Börsenindices nahmen im ersten Quartal von 1983 um 16,5% zu.
- Eine von der amerikanischen Ärztevereinigung (American Medical Association) durchgeführte Umfrage ergab 4,7% weniger Arztbesuche.
- Die nationale Produktivität im nichtlandwirtschaftlichen Bereich nahm um 4,4% zu, was die größte Zunahme nach zwei Jahren darstellt. Die Produktivität in Fabriken stieg um 8,3%.
- Die Großhandelspreise fielen zum ersten Mal seit dem Jahr 1952.
- Die Verbraucherpreise stiegen im März nur um 0,1%, was die niedrigste monatliche Zuwachsrate seit 18 Jahren war. Die Wirtschaft erlebte eine inflationsfreie Periode von fünf Monaten.
- Die saisonbedingte Beschäftigungslosigkeit nahm um 0,6% ab.

Was geschah,
als die 1600er-Marke nicht erreicht wurde?

Juni und Juli 1982:

- Krieg auf den Falklandinseln.
- Invasion des Libanon und die Bombardierung von Beirut.
- Eskalation des Iran-Irak-Krieges.

September 1982:

- Erneut aufflammende Kämpfe im Libanon.
- Ausschreitungen in Polen.

Ende November 1982:

- Unruhen in Washington D. C.

Mitte April 1983:

- Bombardierung der US-Botschaft in Beirut.

Anfang Mai 1983:

- Wirbelstürme in den Vereinigten Staaten.
- Ausschreitungen in Polen.

Im ganzen betrachtet ein stetiger Aufwärtstrend

Trotz der oben aufgeführten Einschränkungen, die meistens durch Weltereignisse bedingt waren, ließ sich von 1982 bis 1984 für die USA in verschiedener Hinsicht eine beachtliche Verbesserung der Lebensqualität feststellen. Zu keinem anderen Zeitpunkt in der Geschichte gab es eine derart ausgeprägte gleichzeitige Verbesserung so vieler Faktoren. Soziale

Probleme wurden natürlich nicht vollständig gelöst, aber das Land erfuhr eine bemerkenswerte Ausgewogenheit von Begeisterung und Einheitsgefühl, wobei ungünstige Tendenzen positiver gewendet wurden, sobald sie entstanden oder öffentlich Aufmerksamkeit erregten.

Die meisten Probleme entstehen für die USA immer noch aus internationalen Ereignissen. Eine Gruppe von 1600 Meditierenden reicht nicht aus, um einen globalen Effekt hervorzurufen. Bevor wir allerdings dieses Thema behandeln, führen wir noch kurz eine weitere Studie an, die Wirkungen einer Versammlung von 1600 Meditierenden an einem anderen Ort in den USA analysierte.

Der Durchbruch von Amherst

Die Amherster Versammlung wurde vom 9. Juli bis zum 20. August 1979 mit 2500 Teilnehmern abgehalten. Da diese Anzahl bei weitem die für die USA erforderliche Zahl von 1600 überschritt, waren J. L. Davies und Ch. Alexander besonders an den Auswirkungen auf die nationalen Statistiken interessiert. Zu dem Zeitpunkt arbeiteten sie beide im Institut für Psychologie und soziale Beziehungen in Harvard. Vor der Versammlung wählten sie einige nationale Statistiken aus, die sie beobachten wollten. Sie umfaßten Gewaltverbrechen und Todesfälle durch plötzliche Ereignisse wie Verkehrsunfälle, Selbstmord, Flugzeugabstürze und alle anderen Arten von Unfällen.

Bedauerlicherweise werden viele dieser Statistiken nur monatlich veröffentlicht. Davies und Alexander [5] benutzten so weit wie möglich Daten für den sechswöchigen Zeitraum des Kurses in Amherst und verwendeten ansonsten das vorhandene Datenmaterial für die Monate Juli und August 1979. Um eine Vergleichsmöglichkeit zu haben, berechneten sie die für diese Monate (ohne den Amherst-Kurs) zu erwartenden Gewaltverbrechensraten und Raten für plötzliche Todesfälle. Errechnet wurden die Vergleichsdaten durch Ermittlung des Durchschnitts der tatsächlichen Werte für den gleichen Zeitraum von 1973 bis 1978 und nach Bekanntgabe der entsprechenden Werte auch für 1980 und 1981 (1979 wurde selbstverständlich ausgenommen).

Welche Ergebnisse ermittelten diese Forscher? Eine Abnahme in allen untersuchten Parametern wurde festgestellt: Sowohl bei Gewaltverbrechen (Mord und Totschlag einbezogen) als auch bei allen anderen 19 Unfallarten (mit Ausnahme von Ertrinken und drei weiteren weniger wichtigen Kategorien im Monat August). Ebenfalls unbeeinflußt blieben in beiden Monaten die Todesraten bei Transportunfällen auf Wasserwegen. Letzteres verdeutlichte besonders, daß die Effekte von Amherst ausgingen, denn die meisten dieser Unfälle ereigneten sich zu weit davon entfernt auf hoher See, um beeinflußt zu werden. Analog dazu konnte auch die auf dem US-Festland beobachtete Abnahme der Gewaltverbrechens- und Todesrate in Alaska und Hawaii nicht festgestellt werden. In den meisten Fällen ergaben die Monate Juli und August 1979 die niedrigsten Werte, verglichen mit dem entsprechenden Zeitraum in den Jahren 1973 bis 1981. Die statistische Signifikanz der durchschnittlichen Abnahme aller erfaßten Werte betrug 0,002.

7000 Weltbürger unternehmen den Versuch, ihrem Planeten zu helfen

Sie haben wahrscheinlich schon vergessen, wie schlimm es im Herbst 1983 aussah. Was die Angst anbetrifft, so scheinen wir alle mit einem kurzen Gedächtnis gesegnet zu sein. Es gab damals genügend Anlaß, Angst zu haben. Die amerikanisch-sowjetischen Beziehungen befanden sich auf einem extremen Tiefpunkt. Die Abrüstungsgespräche endeten mit

187

einem Fiasko. Viele hatten den Film ›Der Tag danach‹ (›The Day After‹) im Fernsehen gesehen. Es wurde darüber diskutiert und wochenlang träumte man davon. Die Vereinigten Staaten ›intervenierten‹ auf der Insel Grenada, während im Libanon Hunderte von Angehörigen der ›Friedenstruppen‹ getötet wurden. Mittelamerika war ein Pulverfaß, das die westliche Hemisphäre in zwei Lager spaltete.

Die Weihnachtszeit des Friedens und Lichts schien noch nie so bedeutsam und dennoch so wirkungslos zu sein. Und zu allem Überfluß wurde es in den meisten Teilen der USA auch noch furchtbar kalt.

Und ins Zentrum dieser Kälte strömten 7000 Menschen. Sie kamen nach nur sechs Wochen Vorbereitungszeit aus allen 50 amerikanischen Staaten und aus weiteren 56 Ländern nach Fairfield in Iowa. Sie verbrachten dort ihre Ferien und wandten ihre Techniken an, um die Weltlage zu

Abb. 9.2 Schwankungen des Weltbörsenindex (Capital International S. A., Genf) in den drei Wochen vor Beginn, während und nach Beendigung des Fairfield-Treffens, während dessen die Teilnehmerzahl die kritische 7000er-Marke überschritt, die für eine globale Beeinflussung als notwendig angesehen wurde (Daten aus dem vorläufigen Bericht [6]).

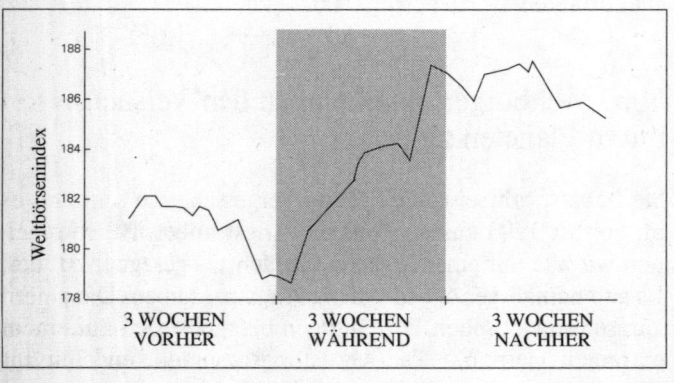

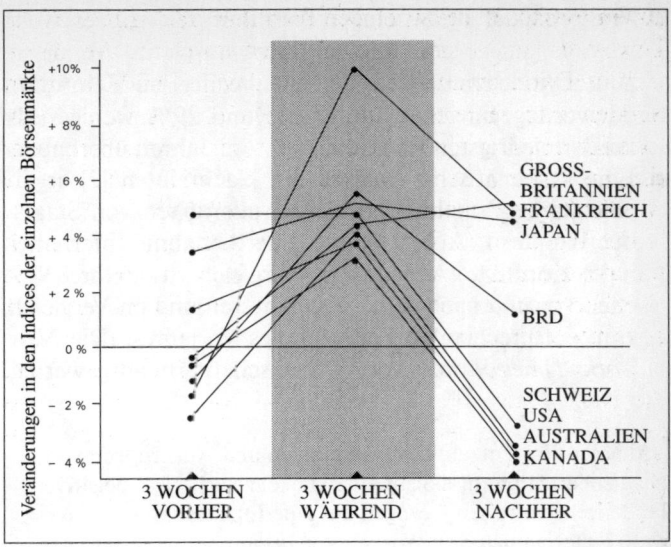

Abb. 9.3 Prozentuale Veränderungen der Indices der wichtigsten Börsenmärkte in den drei Wochen vor Beginn, während und nach Beendigung des Fairfield-Treffens, während dessen die Teilnehmerzahl die 7000er-Marke überschritt, die für eine globale Beeinflussung als notwendig erachtet wurde (Daten [6]).

verbessern. 200 Wohnmobile und ein riesiger Fertigbau mußten aufgestellt werden. Eine Firma aus Minnesota stellte innerhalb von nur drei Wochen (bis heute nicht unterboten) den bislang größten Fertigbau auf (ca. 5600 qm).

Dann aber ging es erst los mit den ›Wundern‹:
■ Das Wetter verbesserte sich.
■ Die Börsenmärkte erholten sich *weltweit* [6], wie man anhand der Veränderungen des Weltbörsenindex (Abb. 9.2) und der gleichzeitig auftretenden Erhöhungen auf den Börsenmärkten in den wichtigsten westlichen Industrienationen und in Japan feststellen konnte (Abb. 9.3).

- Während der dreiwöchigen Versammlung gab es weltweit 49% weniger Tote im Flugverkehr im Vergleich zum Durchschnittswert der entsprechenden Zeiträume der vorangegangenen fünf Jahre und 29% weniger als bei der niedrigsten Rate in diesen fünf Jahren überhaupt.
- Eine systematische Analyse der Nachrichten [7] ergab eine starke Zunahme positiver Äußerungen von Staatsoberhäuptern (Abb. 9.4) und eine Abnahme internationaler Konflikte (Abb. 9.5) im Vergleich zu den drei Wochen vor und nach dem 7000er-Treffen und im Vergleich zum entsprechenden Zeitraum des Vorjahres. (Die *New York Times* wurde von Wissenschaftlern ausgewertet,

Abb. 9.4 Prozentzahl der Handlungen und Äußerungen von Staatsoberhäuptern, die auf eine Umkehr vorheriger negativer Tendenzen hinweisen (bezogen auf eine Inhaltsanalyse der *New York Times)* in den drei Wochen vor Beginn, während und nach Beendigung des Fairfield-Treffens, während dessen die Teilnehmerzahl die kritische 7000er-Marke überschritt, die für eine globale Beeinflussung als notwendig erachtet wurde (Daten aus [7]).

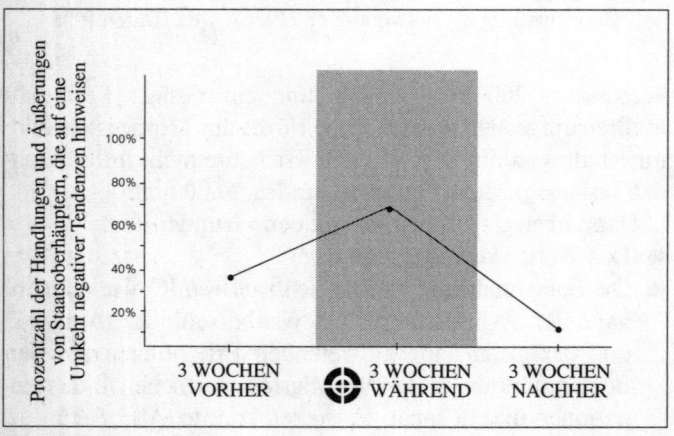

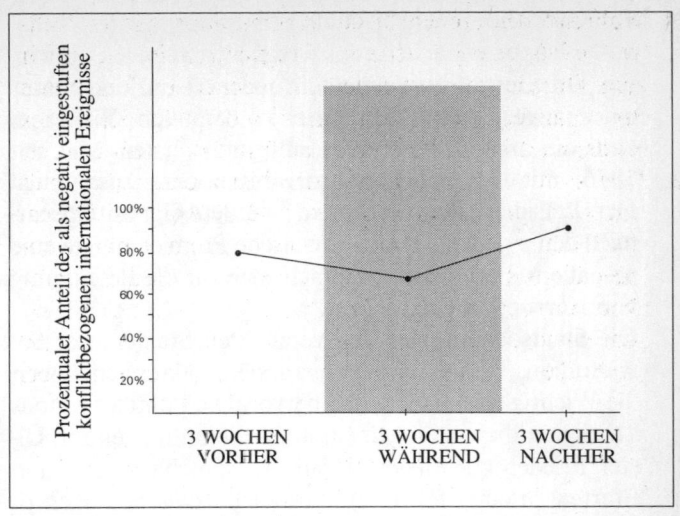

Abb. 9.5 Prozentualer Anteil der als negativ eingestuften konfliktbezogenen internationalen Ereignisse und Situationen (bezogen auf eine Inhaltsanalyse der *New York Times)* in den drei Wochen vor Beginn, während und nach Beendigung des Fairfield-Treffens, während dessen die Teilnehmerzahl die erforderliche 7000er-Marke überschritt, die für eine globale Beeinflussung als notwendig erachtet wurde (Daten [7]).

denen man die Beziehung zwischen den Ereignissen und den Teilnehmerzahlen in Fairfield nicht bewußt war.) Einige dieser Vorkommnisse sind unten aufgeführt.

1. Berichte über die Bemühungen, innenpolitische Konflikte und Zwietracht zu beseitigen, kamen aus Irland, Malta, der Türkei, Zypern, Israel, dem Tschad, Sri Lanka, Japan, Argentinien und Kanada. Zum Beispiel sprach die zypriotische Presse von einer ›Friedenswelle‹ und es gab friedlich verlaufende Wahlen in Indien und Bangladesh (die ersten Wahlen nach sieben Jahren für

das ehemalige Westpakistan). Eine militante argentinische Gruppe erklärte ihre Absicht, sich auflösen zu wollen, auf Gewalt zu verzichten und sich um den Status einer legalen politischen Partei zu bemühen. Weiterhin kam die argentinische Regierung zum ersten Mal seit 1976 mit Menschenrechtsorganisationen zusammen. Der Präsident von Sri Lanka bot den Oppositionsparteien den Frieden an. Der japanische Premier einigte eine gespaltene Partei und versprach, sich für die Beseitigung von Korruption einzusetzen.

2. Die Staatsoberhäupter der Vereinigten Staaten, der Sowjetunion, Chinas und vieler anderer Nationen hoben die Wichtigkeit von Frieden hervor. Die Politiker Irlands kündigten die ersten gemeinsamen Bemühungen an, Ulster Frieden zu bringen. Friedensgespräche im Libanon führten zu einer formellen Absprache zwischen allen rivalisierenden Gruppen, die Kampfhandlungen in Beirut und in den umliegenden Berggegenden einzustellen.

3. Politischen Gefangenen in Mozambique, Tunesien, Simbabwe, Angola, Südkorea, auf den Philippinen und in Polen wurde von den jeweiligen Regierungen Freiheit gewährt bzw. zugesagt. Südkorea zum Beispiel versprach 1600 politischen Gefangenen unter einer neuen Amnestieregelung die Freilassung. Der philippinische Präsident Marcos ließ 280 politische Häftlinge frei.

4. Maßnahmen zur Beendigung von Korruption und zur Verbesserung der Arbeit der Regierungen wurden in der Sowjetunion, der Türkei, in Bulgarien, Sambia, China und Japan verkündet. Der türkische Premier schlug eine Gesundschrumpfung der Regierung und eine Belebung der Wirtschaft vor. Daraufhin gewann er ein Vertrauensvotum.

5. Wichtige Reformen im Bildungsbereich wurden in Großbritannien, in der Sowjetunion und den Vereinigten Staaten angekündigt bzw. eingeleitet.

6. Verbesserte Beziehungen aufgrund von Gesprächen, Verträgen, Erklärungen usw. ergaben sich zwischen 32 Staaten. Zum Beispiel schienen die Beziehungen zwischen der Bundesrepublik Deutschland und der DDR »nach vielen Jahren durch eine nachhaltige Stärkung von Gemeinsamkeiten einen glanzvollen Höhepunkt erreicht zu haben« (Londoner *Times,* 29. Dezember 1983). Es gab auch eine deutliche Verbesserung in den Beziehungen zwischen Angola und Mozambique.
7. Die Rechte von Minderheiten wurden in Ungarn, Ägypten, Israel, Irak, Uganda und auf Sri Lanka anerkannt. Zum Beispiel kündigte die ugandische Regierung an, daß sie der Rückkehr mehrerer Tausend ethnischer Ruandaner in ihre Heimat zustimmen werde.

Natürlich kann man immer einige Beispiele für gute Nachrichten in der *New York Times* finden. Aber dies sind nur Beispiele aus einer Liste von sorgfältig in Tabellen erfaßten weltweiten Ereignissen, die eine auffallende, ›statistisch signifikante‹ Veränderung des Verhältnisses zwischen negativen und positiven Meldungen widerspiegeln, wie dies in der Abbildung 9.5 veranschaulicht ist.

Im allgemeinen sind globale Statistiken nicht leicht erhältlich. Auch ist es wenig sinnvoll, für jedes Land auf der Welt Statistiken zu sammeln. Es wurde daher sowohl in den USA als auch in Australien möglichst äquivalentes Datenmaterial gesammelt, um untersuchen zu können, ob sich auf der gegenüberliegenden Seite der Weltkugel die gleichen Wirkungen feststellen ließen. Weiterhin sind die hier aufgeführten Ergebnisse (zum Zeitpunkt der ersten Veröffentlichung dieses Buches) z. T. vorläufigen Berichten entnommen. Regierungsstellen sind meistens sehr langsam mit der Zusammenstellung und Herausgabe von Statistiken. Die Daten, die sofort gesammelt und weitergegeben werden konnten, sind daher nur bruchstückhaft.

1. Die Anzahl der Verkehrstoten während der Ferienzeit erreichte den tiefsten Stand, der je festgestellt wurde, obwohl die Anzahl der gefahrenen Kilometer einen Rekordwert erreichte. Die Analyse der Statistiken aus Australien (West-Australien, Neu-Süd-Wales und Victoria) ergab eine Abnahme der Verkehrstoten von ca. 10% im Vergleich zu den vorherigen Jahren.

Abb. 9.6 Prozentuale Veränderungen der in den USA und in Australien gemeldeten Gesamtzahl von Infektionskrankheiten (im Vergleich zu den Werten früherer Jahre) in den drei Wochen vor Beginn, während und nach Beendigung des Fairfield-Treffens, während dessen die Teilnehmerzahl die erforderliche 7000er-Marke überschritt, die für eine globale Beeinflussung als notwendig erachtet wurde. (Daten aus dem vorläufigen Bericht [7], in dem die Statistiken der US-Behörde zur Krankheitsbekämpfung – U. S. Center for Disease Control – und der Gesundheitsbehörde des Commonwealth of Australia zusammengefaßt sind).

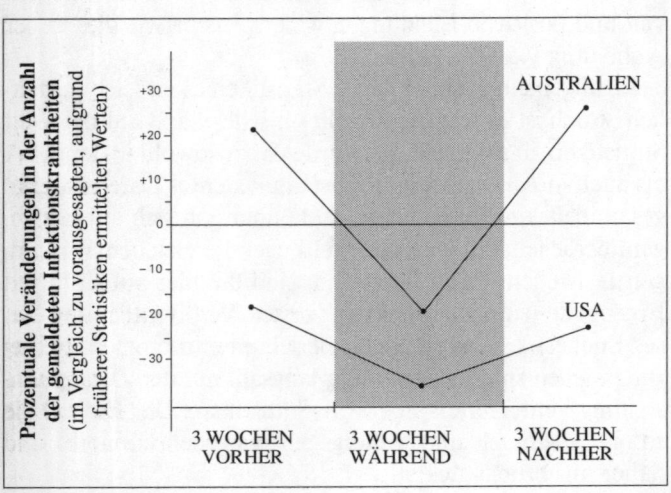

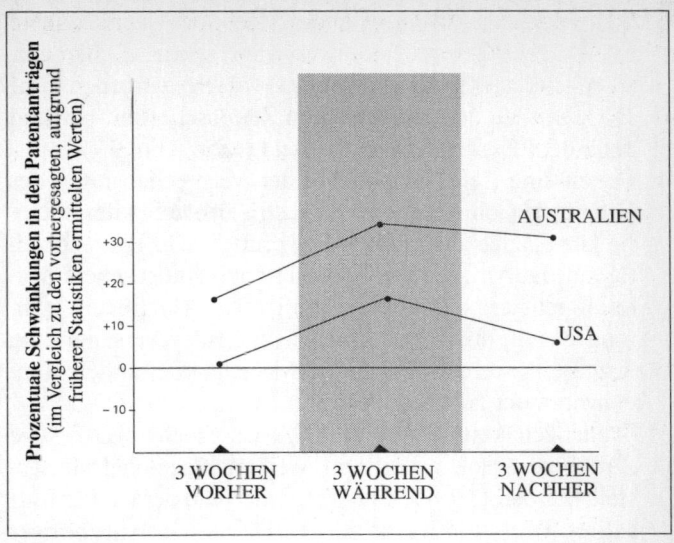

Abb. 9.7 Prozentuale Veränderungen in der Gesamtzahl der in den USA und in Australien gestellten Patentanträge (im Vergleich zu den Werten früherer Jahre) in den drei Wochen vor Beginn, während und nach Beendigung des Fairfield-Treffens, während dessen die Teilnehmerzahl die erforderliche 7000er-Marke überschritt, die für eine globale Beeinflussung als notwendig erachtet wurde (Daten aus dem vorläufigen Bericht [7], in dem die Statistiken der US-Patentbehörde und der australischen Behörde für Patente, Warenzeichen und Design zusammengefaßt sind).

2. Es traten sowohl in Australien als auch in den USA weniger Fälle ansteckender Krankheiten auf im Vergleich zu den entsprechenden Zeitintervallen der vorangegangenen fünf Jahre und zu den dreiwöchigen Zeitabschnitten vor und nach dem Experiment in Fairfield (siehe Abb. 9.6).

3. Sowohl in Australien als auch in den USA verzeichnete man mehr Patentanmeldungen im Vergleich zu den entsprechenden Zeitintervallen der vorangegangenen fünf Jahre und zu den dreiwöchigen Zeitabschnitten vor und nach dem Experiment in Fairfield (siehe Abb. 9.7).

4. Durch eine Zeitreihenanalyse der Verbrechensraten des District of Columbia und des australischen Staates Victoria (die einzige australische Regierungsstelle, die rechtzeitig auf die Anfrage der Forscher nach statistischem Material reagierte) konnten signifikante Abnahmen während des dreiwöchigen Zeitabschnitts der Versammlung festgestellt werden, die durch zyklische oder andere Tendenzen nicht zu erklären waren.

5. Schließlich konnte für die USA eine mehr als 13%ige Zunahme des Umsatzes im Weihnachtsgeschäft festgestellt werden (der höchste Wert innerhalb der letzten fünf Jahre). Weiterhin wurde zu dieser Zeit kein Angehöriger der amerikanischen Streitkräfte in Beirut getötet. Aufgrund von Meinungsumfragen konnte bis zur Jahreswende eine noch nie beobachtete Welle von *Optimismus* beobachtet werden (und das nur wenige Wochen nach einer längeren Phase von weitverbreitetem Pessimismus). »Die Amerikaner wenden sich dem neuen Jahr 1984 mit Optimismus zu, mit dem Gefühl, daß... die nahe Zukunft bedeutend besser sein wird« *(New York Times,* 1. Januar 1984).

Als sich die ›7000er-Versammlung‹ am 6. Januar auflöste, herrschte mehr Sicherheit und Optimismus in der Welt vor. Bedauerlicherweise stellte man bei Betrachtung der Statistiken für die drei dreiwöchigen Zeitabschnitte (vorher, während und nachher) fest, daß nur während der Versammlung eine spürbare positive Veränderung zu erkennen war, die allerdings in der dreiwöchigen Nachkontrollphase wieder rückläufig war, so daß die früheren negativen Tendenzen sich allmählich wieder einstellten. Die Börsennotierungen pendelten sich wieder auf ihre alten Werte ein, die Infektionskrankheiten nahmen wieder zu, Patentanträge gingen zurück usw. Die offensichtliche Schlußfolgerung lautet: Wir brauchen einfach irgendwo auf diesem Planeten eine dauerhafte 7000er-Gruppe.

Auch nach diesem bisher einmaligen Ereignis fanden weitere sogenannte Weltfriedensversammlungen statt, die ab 1988 an Häufigkeit und Größe zunahmen. Ende 1988 kam es im Rahmen des amerikanisch-sowjetischen Kernwaffenvertrags zum Abbau der ersten Atomraketen, der achtjährige Iran-Irakische Krieg war beendet, und weltweit war eine Reduzierung der Truppenstärke um 1,8 Millionen Soldaten zu verzeichnen. Im Dezember 1988 bezeichnete die Nachrichtenagentur Reuter das Jahr als »Das Jahr, in dem der Frieden ausbrach«. The Economist überschrieb eine Titelseite »Oh, what a peaceful world« (Oh, welch eine friedliche Welt), und der Toronto-Star meinte: »Ein Jahr wie dieses hat es in diesem Jahrhundert nicht gegeben.«

Aber ein noch eindrucksvolleres Jahr war im Kommen — 1989. Je mehr wir den Überblick über die Ereignisse in Europa in jenem denkwürdigen Herbst 1989 gewinnen, um so vielfältiger werden die Meinungen bezüglich aller möglichen ökonomischen und politischen Ursachen. Die Forschung in diesem Buch und der stetige Fortgang weiterer Untersuchungen (einiges davon werden wir noch kurz anschneiden) verdeutlichen, daß es reine Sturheit wäre, wollte man den Einfluß des reinen Bewußtseins ignorieren. Die Welt hat mehr als genügend neuralgische Punkte, an denen sich richtungsweisender Wandel hätte vollziehen können. Aber es begann in Europa, wo es eine große Anzahl von Meditierenden gibt. Seit Beginn der 60er Jahre, als die TM-Technik im Westen auf breiter Basis verfügbar wurde, ergriff man in Europa die neue Gelegenheit rasch, allen voran die Menschen in Westdeutschland. Sollte es ein Zufall sein, daß in diesen drei Jahrzehnten Europa und insbesondere Deutschland einen so gewaltigen Aufschwung an gelebter Demokratie und Friedensfähigkeit erfuhren.

Das Sattwa Projekt –
Sozialer Wandel durch Meditation

Am 23. Juli 1989 kam es bei einer nationalen Versammlung deutscher Lehrer der Transzendentalen Meditation in Bremen zu dem Beschluß, ein Programm ins Leben zu rufen, das den Einfluß von Einheit im Bewußtsein der Menschen dieses Landes durch verstärkte Gruppenausübung der TM-Sidhi-Technik fördern sollte. Als Eröffnungsdatum dieses sogenannten Sattwa-Programms wurde der 15. September 1989 vorgesehen. Geplant war eine vorläufige Dauer von sechs Monaten bis zum 18. März 1990.

Der Hölderlin-Spruch »Wo aber Gefahr ist, wächst das Rettende auch« konnte kaum besser illustriert werden als durch diesen Beschluß, denn am 15. September hatten sich die Bewußtseinsfronten der beiden deutschen Staaten stark verhärtet: »Deutsch-deutsches Verhältnis auf einem Tief-punkt angelangt« berichteten die Medien. Eine Not war erkannt, das Notwendige konnte beginnen.

Von den etwa 8000 bundesdeutschen Ausübenden der TM-Sidhi-Technik hatten sich in 14 Städten rund 250 zu einem ver-längerten Meditations- und Sidhi-Programm entschlossen. Fokus-Punkte waren das TM-Center in Berlin, die Meditations-Akademien in Bremen und Schledehausen bei Osna-brück, und das Edwin-Scharff-Haus in Neu-Ulm, wo regelmä-ßig regionale Versammlungen der Stadtgruppen stattfanden.

Bewußtsein ist ein Feld, in dem auch entferntere Ereignis-se Einfluß nehmen können. Vom 9. bis 15. Oktober kam in den USA eine überdurchschnittlich große Anzahl von Ausübenden der TM-Sidhi-Technik zusammen. Während dieser Zeit geschah dann auch das Wunder von Leipzig, als sich Egon Krenz am 9. Oktober dem Befehl Erich Honeckers, die Demonstration mit Waffengewalt aufzulösen, widersetzte, was dann schließlich den Sturz der Regierung einleitete.

Drei »Zufälle« waren also am Werk, während sich der zukunftsweisende Wandel in Deutschland vollzog: Eine starke Basis von Meditierenden in Europa, eine gezielte Bemühung in Deutschland während der entscheidenden sechs Monate und dazu eine Fernwirkung aus den USA an bestimmten kritischen Tagen — es scheint, daß Mitteleuropa ein weiteres Beispiel für eine erfolgreiche Anwendung des Maharishi-Effekts geworden ist. Hier wird wohl auch das nächste Kapitel der Ereignisse geschrieben werden.

Schön wäre es, wenn...

Was uns nun interessiert, ist: Welche Gedanken gehen
Ihnen durch den Kopf? Sind Sie erfreut? Oder voller Zuversicht? Sind Sie vielleicht wütend und frustriert, weil dieser
neuartige Ansatz noch nicht häufiger angewandt wurde?
Oder zweifeln Sie immer noch? Fragen Sie sich etwa, ob dies
alles nur ein schlechter Scherz ist? Oder was das Ganze mit
Ihnen zu tun hat?

Zuversicht, Frustration, Zweifel — solche Gefühle haben
wir angesichts dieser soziologischen Erkenntnisse und ihrer
Anwendungsmöglichkeiten *auch* durchlebt. Und wir nehmen an, daß Sie sich jetzt hauptsächlich fragen, wie Sie hundertprozentig sicher sein können, daß dies alles wahr ist!

Wie kann ich sicher sein, daß das Gesagte der Wahrheit entspricht?

Bei der Entscheidung, ob den dargestellten soziologischen
Untersuchungen irgendeine Gültigkeit zugeschrieben werden kann, sind wir Ihnen insofern voraus, als uns diese Studien in allen Einzelheiten bekannt sind. Die Entwicklung
und Anwendung von Forschungsmethoden ist uns ebenfalls
sehr vertraut, da wir uns gerade darauf spezialisiert haben.
Wir haben sie seit Jahren angewandt und darüber Artikel
geschrieben. Uns ist klar, daß diese Untersuchungen solide

sind, obwohl die Neuartigkeit dieses Ansatzes unsere Vorstellungskraft hart auf die Probe gestellt hat: Ist es wirklich möglich, daß einige wenige Menschen, die meditieren, die Welt verändern können?

Wir verstehen Sie deshalb sehr gut, wenn Sie versuchen, all das, was Sie in diesem Buch gelesen haben, zu relativieren. Wie wir bereits in Kapitel 1 erwähnt haben, kann formal gesprochen in der Wissenschaft nichts als hundertprozentig sicher angesehen werden. Wissenschaftler befassen sich mit Wahrscheinlichkeiten. Sie haben in diesem Buch gelesen, was wir zu sagen haben. Vielleicht würden Sie gerne auch die Meinung anderer kennenlernen. Aber bedenken Sie, was wir hinsichtlich Fehlern der ersten und zweiten Art gesagt haben. Es könnte in diesem Falle besser sein, wenn die anderen recht hätten. Wenn Sie sich nach Meinungen anderer umsehen, erhalten Sie nicht immer eine objektive Antwort.

Wenn dies alles wahr ist, hätte ich nicht viel früher davon erfahren müssen?

Sicherlich wäre das wünschenswert gewesen. Neu entdeckte Naturgesetze müssen (im Gegensatz zu wilden Spekulationen darüber) für gewöhnlich zuerst von der Wissenschaft allgemein akzeptiert worden sein, bevor sie Gemeingut werden. Und außerdem sind Wissenschaftler ja auch Menschen: sie haben ihren Stolz und ihre Vorurteile. Sie wollen nicht einfach etwas verbreiten, an dessen Richtigkeit sie unter Umständen zweifeln.

Auf einer Tagung haben wir bei 90 Psychologen eine Umfrage über die Erfahrung reinen Bewußtseins durchgeführt (ohne Hinweis auf irgendeine Technik oder Tradition) [1]. Wir fragten, ob die Psychologen je eine solche Erfahrung gehabt hätten; ob sie jemanden kennen, der eine solche gehabt habe; ob es sich lohne, sich damit weiter zu beschäftigen und — falls sie Herausgeber einer wissenschaftlichen Zeitschrift sind — ob sie die Veröffentlichung von Untersuchungen über dieses Phänomen empfehlen würden. Von den Befragten antworteten 64 (71%), daß sie eine Erfahrung reinen Bewußtseins nie gemacht hätten. Von diesen 64 glaubten 27, daß sich die Psychologie damit nicht befassen sollte, und 17 wollten sogar die Veröffentlichung einer methodisch einwandfreien Untersuchung darüber nicht empfehlen. Anekdotisch sei vermerkt, daß zwei der ›objektiven Wissenschaftler‹ die Anleitung lasen, dann den Fragebogen zerrissen und beim Wegwerfen Äußerungen von sich gaben, die hier nicht wiedergegeben werden können!

In Anbetracht ihrer meist vor-quantentheoretischen, mechanistisch-materialistischen Einstellung ist es durchaus verständlich, daß Wissenschaftler, welche die Erfahrung reinen Bewußtseins nicht gemacht haben, es schwierig finden, sie als etwas Reales zu akzeptieren oder darüber Untersuchungen durchzuführen. Aber Wissenschaftler sind ein Teil der Gesellschaft, in der sie leben. Sie werden daher auch von dem beeinflußt, was die Gesellschaft normalerweise als akzeptabel ansieht. Vielleicht können die weniger mechanistisch Eingestellten unter uns unsere wissenschaftlichen Kollegen zu mehr Offenheit ermutigen.

Ein weiterer Einwand könnte sein: Viele der in diesem Buch besprochenen Untersuchungen sind von meditierenden Forschern durchgeführt worden. Das stimmt zwar, wer aber sollte sonst diese Untersuchungen durchführen, unabhängig von Bezahlung, Schreibhilfen, Computerunterstützung und den anderen Bequemlichkeiten, die von seiten des Staates oder anderer Institutionen durch Zuschüsse und Stipendien gewährt werden? In den meisten Ländern untersuchen Wissenschaftler nur das, wofür sie finanzielle Mittel von den Regierungen bekommen. Die Regierungen berücksichtigen dabei die Reaktionen der Öffentlichkeit. In diesem

Zusammenhang ist es wichtig, die Regierungen davon in Kenntnis zu setzen, daß über die Wirkungsweise der Erfahrung reinen Bewußtseins verstärkt geforscht werden sollte.

Welche Konsequenzen hat das für mich?

Als erstes könnten Sie sich im Hinblick auf die Zukunft etwas optimistischer fühlen! In Kapitel 3 erwähnten wir bereits, daß gegenwärtig die Menschheit anscheinend eine grundlegende Transformation durchmacht. Und wenn sich dabei vieles verändert, ist es ganz natürlich, daß einiges zu beben anfängt, wenn das alte Schiff einen neuen Kurs aufnimmt. Dies ist keine neue Vorstellung. Es gibt hierüber unzählige Bücher: von Teilhard de Chardin und Buckminster Fuller bis hin zur *Erwachenden Erde* von Peter Russell und den Konzepten von Barbara Hubbard.

Die Grundvoraussage lautet, daß wir dabei sind, eine neue Art von Bewußtsein zu entwickeln. Es entsteht so etwas wie ein globales Nervensystem, ein kohärentes und hoch integriertes kollektives Bewußtsein. Genauso wie vielzelliges Leben sich daraus entwickelte, daß einige wenige unabhängige Zellen lernten, zusammenzuwirken und als Ganzes zu funktionieren, werden wir einzelnen Menschen vermehrt erkennen, daß wir bei aller Unabhängigkeit auch Teile eines größeren, umfassenderen Organismus sind. Und dies läßt die Hoffnung aufkommen, daß wir dann mit dieser Einsicht in unser Verbundensein uns umeinander und um unser ›Raumschiff Erde‹ auf ähnliche Weise zu kümmern beginnen, wie wir dies bereits in bezug auf unseren eigenen Körper und Geist tun.

Mit Hilfe dieses Buches läßt sich diese grundlegende, mit hoffnungsvollen Erwartungen verbundene Voraussage wissenschaftlich stärker untermauern. Wenn große Gruppen von Menschen sich weiterhin treffen, um zusammen reines

Bewußtsein zu erfahren, und wenn die Stärke dieser Gruppen konstant die Zahl von 7000 überschreitet, können wir aus den in diesem Buch vorgestellten Untersuchungsergebnissen ableiten, daß die Kriminalitäts-, Scheidungs-, Selbstmord- und Unfallraten abnehmen. Außerdem sollte es dann immer weniger internationale Spannungen geben, Kriege werden der Vergangenheit angehören, Abrüstungsverträge werden unterschrieben und die militärischen Ausgaben verringern sich. Weltweit wird die Wirtschaft einen stetigen Aufschwung erfahren und die internationale Zusammenarbeit wird intensiviert. Ärmere Länder werden sich schneller entwickeln und dabei ihre Traditionen nicht vernachlässigen. Umweltprobleme werden effektiver gelöst und alternative Energieressourcen ernsthaft untersucht und schneller erschlossen. Und schließlich werden Sie persönlich feststellen, daß Sie *Ihre* Lebensziele schneller erreichen. Mit dieser Aufzählung wollen wir uns begnügen.

Natürlich braucht Optimismus nicht Passivität zu bedeuten. Wenn aufgrund des Maharishi-Effekts Kohärenz zunimmt, bedeutet dies, daß die Gesellschaft durch die Initiative einzelner ihrer Mitglieder verändert wird. Größere Kohärenz in der Gesellschaft beinhaltet für Sie, daß Sie es leichter haben werden, Ihr Umfeld zu verbessern, und Sie werden sich immer mehr auf solche Veränderungen konzentrieren, die auf Dauer betrachtet für jeden Menschen das Beste bedeuten. Eine Zeit der Kohärenz hat eine vermehrte Aufmerksamkeit für Veränderungsmöglichkeiten in der Gesellschaft zur Folge.

Sie können diese Veränderung beschleunigen

Wir haben bis jetzt angenommen, daß die auf uns zukommende Transformation mehr oder weniger unausweichlich ist. Aber sie könnte schneller und sanfter vonstatten gehen, wenn es möglich wäre, große Gruppen Meditierender aufzubauen. Auch wenn es angenehm ist, in der Gesellschaft anderer zu leben, die ebenfalls reines Bewußtsein erfahren, ist dies nicht immer leicht zu bewerkstelligen. Nur wenige Menschen können ohne weiteres umziehen. Und sie alle brauchen irgendein gesichertes Einkommen, was für eine Gruppe von 7000 im mittleren Westen der USA schwer erreichbar ist. Will man andererseits die Gruppe in einer Stadt wie etwa Washington unterbringen, so ist es schwierig, für 7000 Menschen mit unterschiedlichem Einkommen Wohnmöglichkeiten zu finden, die dazu noch in der Nähe ihrer Arbeitsstelle liegen.

Im Vergleich zu den Rüstungsbudgets der meisten Regierungen (oder im Vergleich zu den Beträgen, die für die Bekämpfung von Verbrechen oder für Haftanstalten und dergleichen ausgegeben werden) würde es sehr wenig kosten, eine Gemeinschaft von 7000 aufzubauen und zu unterhalten. Oder noch einfacher wäre: 7000 Mitglieder einer bereits bestehenden Gruppe entsprechend auszubilden. Glücklicherweise fördern Regierungen manchmal die Erforschung neuer, vielversprechender Ideen. Sogar die sparsamsten Regierungshaushalte stellen Millionen für die Forschung zur Verfügung, auch für die Sozialwissenschaften. Keine Regierung kann es sich erlauben, die hier vorgetragenen Ideen nicht zu überprüfen. Unsere Abgeordneten sollten lediglich wissen, daß es Ihr Wunsch ist, reines Bewußtsein als Erfahrung mehr Menschen zugänglich zu machen, und daß natürlich die Auswirkungen dieser Erfahrungen wissenschaftlich ausgewertet werden.

Es dürfte schwierig sein, eine Regierung dazu zu bewegen, die Verteidigungsausgaben grundlegend zu kürzen. Die Bedrohungen von außen erscheinen der Regierung und Öffentlichkeit häufig noch viel zu groß. Aber die Durchführung eines Experiments hängt lediglich von der Intensität der öffentlichen Nachfrage danach ab.

Die Durchführung eines 7000er-Projekts liegt innerhalb der finanziellen Möglichkeiten von vielen Organisationen und sogar von einzelnen Individuen. Ein einzelner könnte dies sogar finanzieren und sich damit wahrscheinlich besondere Verdienste erwerben. Im Falle von Wirtschaftsunternehmen würde der Betrag, der jährlich internationaler Instabilität zum Opfer fällt, ausreichen, um eine 7000er-Gemeinschaft auf Dauer zu unterhalten.

Die Dringlichkeit, mit der die unausweichliche Evolution unseres kollektiven Bewußtseins beschleunigt werden muß, hat nichts mit soziologischem Spintisieren zu tun, sondern ist eine Angelegenheit mit beträchtlichen moralischen Folgen und praktischen Auswirkungen. Wieviel Leiden hätte uns erspart werden können, wäre das Weltfriedensprojekt fortgesetzt worden? Wenn man ein Mittel der Prävention kennt, gibt es keinen Grund, es nicht auch anzuwenden.

Obwohl die Geschwindigkeit der Transformation durch größere Gruppen von Menschen, die reines Bewußtsein erfahren, beschleunigt wird, läuft die Veränderung selbst mit Hilfe solcher Gruppen sanfter ab. Jegliche Veränderung hat Streß und Unruhe zur Folge, bringt einen Verlust von Gewohntem mit sich und erfordert eine Anpassung an das Neue. Auch eine positive Entwicklung beinhaltet Veränderung und Unruhe. Die Umsatzsteigerungen an den Börsen bedeuten für den Börsenmakler einen gewissen Entscheidungsdruck. Eine Hochzeit, ein Urlaub, ein neues und besseres Zuhause — all diese Veränderungen regen unsere Physiologie an und belasten die inneren Reserven [2]. Besonders im Fall der sozialen Veränderungen gilt: je sanfter, desto besser.

Natürlich birgt ein sanfter Übergang auch ein Risiko in sich: es kann z. B. sein, daß man sanfte Veränderungen als selbstverständlich hinnimmt. Man wird vielleicht keinen Zusammenhang zwischen der Anzahl derjenigen, die reines Bewußtsein erfahren, und der Sanftheit der Transformation herstellen können. Es ist deshalb wichtig, die eigentliche Ursache für die schnelle und friedvolle Entwicklung unserer Erde auf Dauer zu erkennen. Außer der finanziellen Unterstützung sollte eine solche 7000er-Gruppe unseren allerhöchsten Respekt und unsere Wertschätzung haben.

Sobald man die Schallmauer durchbrochen hat, entsteht das Gefühl, als ob man sich gar nicht bewege — bis man gegen ein Hindernis stößt. Um eine Analogie zu benutzen: Das Leben eines Baums wird durch den unsichtbaren Saft aufrechterhalten. Zweige, Äste, Blätter und Stamm werden davon alle erzeugt und genährt. Alles wächst mit seiner Hilfe auf integrierte Weise. Um den Baum gesund zu erhalten, müssen wir die Rolle des Saftes verstehen und dem Baum Wasser geben, was zur Bildung des Saftes führt. Auf ähnliche Weise ist vielleicht reines Bewußtsein das Bindeglied im kollektiven Bewußtsein, das die Einheit in Phasen großer Veränderungen aufrechterhält. Dies macht es erforderlich, daß eine genügend große Anzahl von Menschen reines Bewußtsein erfährt. Die Erfahrung belebt reines Bewußtsein selbst (oder das vereinheitlichte Feld, wie wir es im 5. Kapitel nannten), so daß sich seine Haupteigenschaft, Kohärenz, überall im sozialen Feld ausbreiten kann.

Sie können die Techniken zur Erfahrung und Belebung reinen Bewußtseins auch selbst ausüben

Sie sollten wissen: Die Erfahrung reinen Bewußtseins ist angenehm und für den einzelnen wohltuend. Die subjektiven und objektiven Nachweise hierfür wurden in den ersten beiden Kapiteln im Detail geliefert. Und wenn Sie in Gruppen von Meditierenden lebten (in Fairfield, Iowa oder Washington D. C.; weltweit existieren in größeren Städten meistens auch kleinere Gruppen), trügen Sie dazu bei, den Gesamteinfluß zu intensivieren.

Einige abschließende Gedanken

Nun sind wir gemeinsam ans Ende dieses Buches gekommen. Sie sind geduldig gewesen. Vielleicht haben Sie bereits verzweifelt Ausschau nach Lösungen gehalten. Einige von Ihnen haben möglicherweise Angst davor, sich eventuell einer Illusion hinzugeben oder frustriert und enttäuscht zu werden. Vielleicht können Sie eine weitere Enttäuschung nicht verarbeiten und wollen daher das Risiko nicht eingehen, diese neue Hoffnung zu akzeptieren. Vielleicht befürchten Sie, wenn Menschen sich dafür entscheiden, ihre Augen zu schließen, um reines Bewußtsein zu erfahren und dadurch das soziale Feld in Richtung Kohärenz zu beeinflussen, sie dadurch gleichgültig werden und vor ihrer eigentlichen Aufgabe fliehen. Hierfür haben wir Verständnis.*

Es scheint einfach einleuchtend und intuitiv richtig, daß die Lösung im *Inneren* verborgen liegt, da wir sie im äußeren Bereich bisher nirgends finden konnten. Es ist daher logisch, daß die Antwort in der *Stille* liegt. Sie kommt aus der *Ruhe* heraus — gerade dann, wenn der Streß uns übermannen will — und aus *uns heraus.*

Es ist offensichtlich und klar, daß wir etwas Neues brauchen, denn unsere alten Vorgehensweisen reichen nicht mehr aus. Sie funktionieren nicht. Also lohnt es sich vielleicht, das Risiko von etwas Neuem einzugehen.

Ein grundlegendes Prinzip westlicher Logik ist der Satz vom ausgeschlossenen Dritten. Dieser Satz beinhaltet, daß eine Aussage entweder wahr oder falsch ist. Ein grundlegen-

---

* Forschungsberichte weisen allerdings auf das Gegenteil hin. Maslow stellte fest, daß selbstaktualisierte Menschen, die häufig ›transzendentale‹ oder ›Gipfelerlebnisse‹ hatten, sich weitaus mehr um soziale Gerechtigkeit bemühten und sozial aktiv tätig waren [3]. Ähnlich konnte man bei denjenigen, die mit Hilfe der TM-Technik reines Bewußtsein erfahren, eine zunehmend moralisch-ethische Einstellung feststellen [4, 5, 6].

des Prinzip der östlichen Logik ist die ›Koexistenz von Gegensätzen‹. Dieses Prinzip bedeutet, daß die Ausgewogenheit in der Mitte, im Ruhepunkt, die einzig relevante Realität ist. Es ist vom evolutionären Standpunkt aus gesehen sinnvoll, daß, während wir im Schatten unserer eigenen Waffen leben, einige von uns lernen, von der Kraft des ruhenden Zentrums Gebrauch zu machen.

Die Stille ist *nicht* westlich, sie ist *nicht* östlich (auch wenn das Wissen darüber notwendigerweise irgendwo bewahrt werden mußte). Diese Stille des reinen Bewußtseins ist einfach der Klang einer Spezies, die im Begriff ist, sich aus einer gefahrvollen Lage zu befreien und — wenn Ihnen der Gedanke gefällt — ein vollkommeneres Ebenbild ihres Schöpfers zu werden.

Quellen- und Literaturangaben

Die meisten der in diesem Buch zitierten Arbeiten sind in dem mehrbändigen Werk *Scientific Research on the Transcendental Meditation and TM-Sidhi-Program: Collected Papers* veröffentlicht bzw. nachgedruckt worden. Herausgeber des ersten Bandes, der 1977 bei der Meru-Press in Rheinweiler (BRD) erschienen ist, sind D. W. Orme-Johnson und J. T. Farrow. Die drei folgenden Bände 2 bis 4 befinden sich derzeit im Druck. Die Herausgeber sind R. A. Chalmers, G. Clements, H. Schenkluhn und M. Weinless (MVU-Press, Vlodrop, Niederlande). Die in dieser Reihe veröffentlichten Arbeiten sind entsprechend der jeweiligen Bandnummer mit dem Vermerk CP:1 bis CP:4 versehen.

Kapitel 1

1   Peters, R. S. (ed.): *Brett's History of Psychology.* Cambridge, Mass.: M. I. T. Press, 1962.
2   Teresa of Avila: *The Life of Teresa of Jesus.* Garden City, New York: Image Books, 1960.
3   Aranya, S. H.: *Yoga Philosophy of Patanjali.* Kalkutta: Pooran Press, 1963.
4   Lame Deer, jr., Erdoes, R.: Lame Deer, seeker of visions. In: A. R. Velie (ed.): *American Indian Literature: An Anthology.* Norman, Ok.: University of Oklahoma Press, 1979.
5   Farrow, J. T., Hebert, J. R.: Breath suspension during the Transcendental Meditation technique. *Psychosomatic Medicine,* 1982, 44, 133 – 153.
6   Eppley, K. R., Abrams, A. I., Shear, J.: Differential effects of relaxation techniques on trait auxiety: A meta-analysis. *Journal of Clinical Psychology,* 1989, 45, 957 – 974.
7   Mitroff, I. J.: *The Subjective Side of Science.* New York: Elsevier, 1974.
8   Wallace, R. K.: The physiological effects of the TM program: A proposed fourth major state of consciousness. Dissertation, University of California, Los Angeles, 1970. Sonderdruck in CP:1.

9   Selye, H.: Vorwort. In: Bloomfield, H. H., Cain, M. P., Jaffe, D. T., Kory, R. B.: *TM: Discovering Inner Energy and Overcoming Stress.* New York: Delacorte, 1975 (deutsch: *Transzendentale Meditation — Lebenskraft aus neuen Quellen.* Düsseldorf u. a.: Econ, 1976).

10 Orme-Johnson, D. W.: Autonomic stability and TM. *Psychosomatic Medicine,* 1973, 35, 341 – 349. Sonderdruck in CP:1.

11 Wallace, R. K., Dillbeck, M. C., Jacobe, E., Harrington, B.: The effects of the Transcendental Meditation and TM-Sidhi program on the aging process. *International Journal of Neuroscience.* 1982, 16, 53 – 59.

12 Borland, C., Landrith, G.: Improved quality of city life through the Transcendental Meditation program: Decreased crime rate. In CP:1.

13 Bassin, A.: zitiert in der *St. Petersburg Times* vom 3. Jan. 1982, 1-B,13-B.

Kapitel 2

1   Bucke, R. M.: *Cosmic Consciousness.* New York: Dutton, 1969 (deutsch: *Die Erfahrung des Kosmischen Bewußtseins.* Freiburg: Aurum, 1975).

2   Jung, C. G.: *Memories, Dreams and Reflections.* Edited by A. Jaffe. New York: Vintage, 1965 (deutsch: *Erinnerungen, Träume, Gedanken.* Zürich: Rascher, 1971).

3   Fechner, G. T.: *Elemente der Psychophysik.* Leipzig: Breitkopf & Härtel, 1860.

4   Dhanaraj, V. H.: Reduction in metabolic rate during the practice of the Transcendental Meditation technique. Dissertation, University of Alberta, Edmonton, 1973. Zusammenfassung in CP:1.

5   s. Kapitel 1, Quellenangabe 8

6   Wallace, R. K.: Physiological effects of Transcendental Meditation. *Science,* 1970, 167, 1751 – 1754. Sonderdruck in CP:1.

7   Wallace, R. K., Benson, H., Wilson, A. F.: A wakeful hypometabolic physiological state. *American Journal of Physiology,* 1971, 221, 795 – 799. Sonderdruck in CP:1.

8   s. Kapitel 1, Quellenangabe 5

9   Corey, P. W.: Airway conductance and oxygen consumption changes associated with practice of the Transcendental Meditation technique. In CP:1.

10 Jevning, R., Wilson, A. F., Smith, W. R., Morton, M. R.: Redistribution of blood flow in acute hypometabolic behavior. *American Journal of Physiology,* 1979, 235, R89-R92. Sonderdruck in CP:2.

11 Goleman, D., Schwartz, G.: Meditation as an intervention in stress-reactivity. *Journal of Consulting and Clinical Psychology,* 1976, 44, 456-466.

12 s. Kapitel 1, Quellenangabe 10

13 West, M. A.: Changes in skin resistance in subjects resting, reading, listening to music, or practicing the Transcendental Meditation technique. In CP:1.

14 Sultan, S. E.: A study of the ability of individuals trained in the Transcendental Meditation technique to achieve and maintain levels of physiological relaxation. Master's thesis, University of California, San Diego, 1975. Zusammenfassung in CP:2.

15 Jevning, R., Wilson, A. F.: Altered red cell metabolism in TM. *Psychophysiology,* 1977, 14, 94. Sonderdruck in CP:2.

16 Bevan, A. J. W.: Endocrine changes in TM. *Clinical and Experimental Pharmacology and Physiology,* 1980, 7, 75 – 76.

17 Jevning, R., Wilson, A. F., Davidson, J. M.: Adrenocortical activity during meditation. *Hormones and Behavior,* 1978, 10, 54 – 60. Sonderdruck in CP:2.

18 Bujatti, M., Riederer, P.: Serotonin, noradrenaline, and dopamine metabolites in the Transcendental Meditation technique. *Journal of Neural Transmission,* 1976, 39, 257 – 267. Sonderdruck in CP:2.

19 Banquet, J. P.: EEG and meditation. *Electroencephalography & Clinical Neurophysiology,* 1972, 33, 454. Sonderdruck in CP:1.

20 Banquet, J. P.: Spectral analysis of the EEG in meditation. *Electroencephalography & Clinical Neurophysiology,* 1973, 35, 143 – 151. Sonderdruck in CP:1.

21 Banquet, J. P.: Sailhan, M.: Analyse EEG d'états de conscience induits et spontanés. *Revue d'Electroencephalographie et de Neurophysiologie Clinique,* 1974, 4, 445 – 453. Sonderdruck in CP:1.

22 Dillbeck, M. C., Bronson, E. C.: Short-term longitudinal effects of the Transcendental Meditation technique on EEG power and coherence. *International Journal of Neuroscience,* 1981, 14, 147 – 151.

23 Levine, P. H.: The coherence spectral array (Cospar) and its application to the studying of spatial ordering in the EEG. *Proceedings of the San Diego Biomedical Symposium,* 1976, 15, 237 – 247.

24 Stigsby, B., Rodenberg, J. C., Moth, H. B.: Electroencephalographic findings during mantra meditation (Transcendental Meditation) – A controlled, quantitative study of experienced meditators. *Electroencephalography & Clinical Neurophysiology,* 1981, 51, 434 – 442.

25 Farrow, J. T.: Physiological changes associated with transcendental consciousness, the state of least excitation of consciousness. In CP:1.

26 Badawi, K., Wallace, R. K., Orme-Johnson, D. W., Rouzere, A. M.: Electrophysiological characteristics of respiratory suspension periods occurring during the practice of the Transcendental. Meditation program. *Psychosomatic Medicine,* 1984, 46, 267 – 276.

212

27 Orme-Johnson, D. W., Haynes, E. T.: EEG phase coherence, pure consciousness, creativity, and the TM-Sidhi experiences. *International Journal of Neuroscience,* 1981, 13, 211 – 217.

28 Warshal, D.: Effects of the Transcendental Meditation technique on normal and Jendrassik reflex time. *Perceptual and Motor Skills,* 1980, 51, 95 – 98. Sonderdruck in CP:2.

29 West, M. A.: Physiological effects of meditation: A longitudinal study. *British Journal of Social and Clinical Psychology,* 1979, 18, 219 – 226.

30 Banquet, J. P., Bourzeix, J. C., Lesevre, N.: Potentiels évoqués et états de vigilance induits au cours d'épreuves de temps de réaction de choix. *Revue d'Electroencéphalographie et de Neurophysiologie Clinique,* 1979, 19, 221 – 227.

31 MC Evoy, T. M., Frumkin, L. R., Harkins, S. W.: Effects of meditation on brainstem auditory evoked potentials. *International Journal of Neuroscience,* 1980, 10, 165 – 170. Sonderdruck in CP:2.

32 Wandhöfer, A., Kobal, G., Plattig, K. H.: Shortening of latencies of human auditory evoked potentials during the Transcendental Meditation technique. *Zeitschrift EEG-EMG,* 1976, 7, 99 – 103. Sonderdruck in CP:2.

33 Bennett, J. E., Trinder, J.: Hemispheric laterality and cognitive style association with Transcendental Meditation. *Psychophysiology,* 1976, 14, 293 – 296. Sonderdruck in CP:2.

34 Benson, H., Rosner, B. A., Marzetta, B. R., Klemchuk, H. P.: Decreased blood pressure in borderline hypertensive subjects who practiced meditation. *Journal of Chronic Disease,* 1974, 27, 163 – 171.

35 Benson, H., Wallace, R. K.: Decreased blood pressure in hypertensive subjects who practiced meditation. *Circulation,* 1972, Supplement II, 45 – 46, 516. Sonderdruck in CP:1.

36 Blackwell, B., Hanenson, I. B., Bloomfield, S. S., Magenheim, H. G., Nidich, S. I., Gartside, P.: Effects of Transcendental Meditation on blood pressure: A controlled pilot experiment. *Psychosomatic Medicine,* 1975, 37, 86. Sonderdruck in CP:1.

37 Blackwell, B., Bloomfield, S., Gartside, P., Robinson, A., Hanenson, I., Magenheim, H., Nidich, S., Zigler, R.: Transcendental Meditation in hypertension. *The Lancet,* 31. Januar 1976, 223 – 226. Sonderdruck in CP:2.

38 Cooper, M. J., Aygen, M. M.: Effect of meditation on serum cholesterol and blood pressure. *Journal of the Israel Medical Association,* 1978, 95, 1 – 2. Sonderdruck in CP:2.

39 Cooper, M. J., Aygen, M. M.: A relaxation technique in the management of hypercholesterolemia. *Journal of Human Stress,* 1979, 5, 24 – 27. Sonderdruck in CP:2.

213

40 Zamarra, J. W., Besseghini, I., Wittenberg, S.: The effects of the Trans-cendental Meditation program on the exercise performance of patients with angina pectoris. In CP:1.

41 Hornsberger, R. W., Wilson, A. F.: Transcendental Meditation in trea-ting asthma. *Respiration Therapy: The Journal of Inhalation Techno-logy,* 1973, 3, 79 – 80. Sonderdruck in CP:1.

42 Wilson, A. F., Hornsberger, R., Chiu, J. T., Novey, H. S.: Transcen-dental Meditation and asthma. *Respiration,* 1975, 32, 74 – 80. Sonder-druck in CP:1.

43 Fuson, J. W.: The effect of the Transcendental Meditation program on sleeping and dreaming patterns. Dissertation, Yale Medical School, 1976. Zusammenfassung in CP:2.

44 s. Kapitel 1, Quellenangabe 11

45 Pirot, M.: The effects of the Transcendental Meditation technique upon auditory discrimination. In CP:1.

46 Schwartz, E.: The effects of the Transcendental Meditation program on strength of the nervous system, perceptual reactance, reaction time, and auditory threshold. Master's thesis, University of Massachusetts, 1979. Sonderdruck in CP:2.

47 Dillbeck, M. C.: The effects of Transcendental Meditation technique on visual perception and verbal problem solving. *Memory and Cogni-tion,* 1982, 10, 207 – 215.

48 Martinetti, R. F.: Influence of Transcendental Meditation on percep-tual illusion. *Perceptual and Motor Skills,* 1976, 43, 822. Sonderdruck in CP:2.

49 Pelletier, K. R.: Influence of Transcendental Meditation upon autoki-netic perception. *Perceptual and Motor Skills,* 1974, 39, 1031 – 1034: Sonderdruck in CP:1.

50 Shecter, H. W.: A psychological investigation into the source of the Transcendental Meditation technique. Dissertation, York University, Toronto, 1978. Zusammenfassung in CP:1.

51 Travis, F. T.: The Transcendental Meditation technique and crea-tivity: A longitudinal study of Cornell University undergraduates. *Journal of Creative Behavior,* 1979, 13, 169 – 180. Sonderdruck in CP:2.

52 Aron, A., Orme-Johnson, D. W., Brubaker, P.: The Transcendental Meditation program in the college curriculum: A four-year longitudi-nal study of effects on cognitive and affective functioning. *College Stu-dent Journal,* 1981, 15, 40 – 46.

53 Tjoa, A. S.: Meditation, neuroticism, and intelligence: A follow-up. *Gedrag: Tijdschrift voor Psychologie,* 1975, 3, 167 – 182. Sonderdruck in CP:1.

54 Heaton, D. P., Orme-Johnson, D. W.: The Transcendental Meditation program and academic attainment. In CP:1.

55 Nidich, S. I.: A study of the relationship of Transcendental Meditation to Kohlberg's stages of moral reasoning. Dissertation, University of Cincinnati, 1975. Zusammenfassung in CP:1.

56 Abrams, A. I.: The effects of meditation on elementary school students. Dissertation, University of California, 1976. Sonderdruck in CP:2.

57 Dillbeck, M. C.: The effect of the Transcendental Meditation technique on anxiety level. *Journal of Clinical Psychology,* 1977, 33, 1076 − 1078. Sonderdruck in CP:2.

58 Ferguson, P. C., Gowan, J. C.: TM: Some preliminary findings. *Journal of Humanistic Psychology,* 1976, 16, 51 − 60. Sonderdruck in CP:1.

59 Hjelle, L. A.: Transcendental Meditation and psychological health. *Perceptual and Motor Skills,* 1974, 39, 623 − 628. Sonderdruck in CP:1.

60 Wampler, L. D.: TM and assertiveness training in the treatment of social anxiety. Dissertation, Vanderbilt University, 1978.

61 Zuroff, D. C., Schwartz, J. C.: Effects of Transcendental Meditation and muscle relaxation on trait anxiety, maladjustment, locus of control, and drug use. *Journal of Consulting and Clinical Psychology,* 1978, 46, 264 − 271.

62 Shapiro, J. S.: The relationship of selected characteristics of Transcendental Meditation to measures of self-actualization, negative personality characteristics, and anxiety. Dissertation, University of Southern California, 1975. Zusammenfassung in CP:1.

63 Van den Berg, W. P., Mulder, B.: Psychological research on the effects of the Transcendental Meditation technique on a number of personality variables. *Gedrag: Tijdschrift voor Psychologie,* 1976, 4, 206 − 218. Sonderdruck in CP:1.

64 Nystul, M. S., Garde, M.: Comparison of self-concepts of Transcendental Meditators and Nonmeditators. *Psychological Reports,* 1977, 41, 303 − 306. Sonderdruck in CP:2.

65 Willis, C. L. R.: Transcendental Meditation and its influence on the self-concept. Dissertation, Texas A & M University, 1974. Zusammenfassung in CP:2.

66 Kukulan, J., Aron, A., Abrams, A. I.: The Transcendental Meditation program and children's personality. In CP:3.

67 Nidich, S., Seeman, W., Dreskin, T.: Transcendental Meditation: A replication. *Journal of Counseling Psychology,* 1973, 20, 565 − 566. Sonderdruck in CP:1.

68 Russie, R.: The influence of Transcendental Meditation on positive mental health and self-actualization, and the role of expectation, rigidity, and self-control in the achievement of these results. Dissertation, California School of Professional Psychology, Los Angeles, 1975. Zusammenfassung in CP:2.

69 Scott, L. J.: Transcendental Meditation: Effect of pre-treatment personality and prognostic expectancy upon degree of reported change. Dissertation, Radford University, Radford, Virginia, 1978. Zusammenfassung in CP:2.

70 Seeman, W., Nidich, S., Banta, T.: Influence of Transcendental Meditation on a measure of self-actualization. *Journal of Counseling Psychology,* 1972, 19, 184 – 187. Sonderdruck in CP:1.

71 Dick, L. D.: A study of meditation in the service of counseling. Dissertation, University of Oklahoma, 1974. Zusammenfassung in CP:1.

72 Glueck, B. C., Stroebel, C. F.: Biofeedback and meditation in the treatment of psychiatric illness. *Comprehensive Psychiatry,* 1975, 16, 303 – 321.

73 Aron, A., Aron, E. N.: The Transcendental Meditation program's effect on addictive behavior. *Addictive Behaviors,* 1980, 5, 3 – 12. Sonderdruck in CP:3.

74 Siegel, L. M.: The Transcendental Meditation program and the treatment of drug abuse. In: Lowinson, J. J., Ruiz, P. (Eds.): *Substance Abuse in the United States: Problems and Perspectives.* Baltimore: Williams & Wilkins, 1981, 500 – 508.

75 Aron, A., Aron, E. N.: Rehabilitation, community crime prevention and the Transcendental Meditation program. Paper presented at the Academy of Criminal Justice Sciences Annual Meeting, Louisville, Kentucky, März 1982.

76 Orme-Johnson, D. W.: Prison rehabilitation and crime prevention through the Transcendental Meditation program and TM-Sidhi program. In: Hippchen, L. J., (Ed.): *Holistic Approaches to Offender Rehabilitation.* Springfield, Illinois: Charles C. Thomas, 1981.

77 Griggs, S. T.: A preliminary study into the effect of Transcendental Meditation on empathy. Dissertation, United States International University, San Diego, 1976. Zusammenfassung in CP:2.

78 Aron, E. N., Aron, A.: Transcendental Meditation program and marital adjustment. *Psychological Reports,* 1982, 51, 887 – 890. Sonderdruck in CP:2.

79 Suarez, V. M.: The relationship of the practice of Transcendental Meditation to subjective evaluations of marital satisfaction and adjustment. Master's thesis, University of Southern California, Los Angeles, 1976. Zusammenfassung in CP:2.

80 Frew, D. R.: Transcendental Meditation and productivity. *Academy of Management Journal,* 1974, 17, 362 – 368. Sonderdruck in CP:1.

81 Friend, K. E.: Effects of the Transcendental Meditation program on work attitudes and behavior. In CP:1.

82 Orme-Johnson, D. W., Wallace, R. K., Dillbeck, M. C., Ball, O., Alexander, C. N.: Behavioral correlates of EEG phase coherence. Paper presented at the Annual Convention of the American Psychological Association, Los Angeles, August 1981.

83 Dillbeck, M. C., Orme-Johnson, D. W., Wallace, R. K.: Frontal EEG coherence, H-reflex recovery, concept learning, and the TM-Sidhi program. *International Journal of Neuroscience,* 1981, 15, 151 – 157.

84 Aron, A., Aron, E. N.: The Transcendental Meditation program, higher states of consciousness, and supernormal abilities. Paper presented at the Annual Convention of the American Psychological Association, Toronto, August 1978.

85 Dillbeck, M. C., Aron, A. P., Dillbeck, S. L.: The Transcendental Meditation program as an educational technology: Research and applications. *Educational Technology,* 1979, 19, 7 – 13.

86 s. Kapitel 1, Quellenangabe 6

87 Selye, H.: Vorwort zu: Bloomfield, H. H., Cain, M. P., Jaffe, D. T., Kory, R. B.: *TM: Discovering Inner Energy and Overcoming Stress.* New York: Delacorte, 1975 (deutsch: *Transzendentale Meditation – Lebenskraft aus neuen Quellen.* Düsseldorf u. a.: Econ, 1976).

88 Maslow, A. H.: New introduction: Religious values in peak experiences. *Journal of Transpersonal Psychology,* 1970, 2, 83 – 90.

89 Banquet, J. P., Sailhan, M.: Quantified spectral analysis of sleep and Transcendental Meditation. Paper presented at the Second European Congress on Sleep Research, Rom, April 1984. Sonderdruck in CP:1.

90 o. V.: *Creating an Ideal Society.* Rheinweiler: Meru Press, 1976.

91 Sperry, R.: A modified concept of consciousness. *Psychological Review,* 1969, 76, 532 – 536.

Kapitel 3

1 Wolters, C. (Ed.): *The Cloud of Unknowing and Other Works.* New York: Penguin, 1978.

2 St. John of the cross: *The Collected Works of St. John of the Cross.* Washington, D. C.: ICS Publications, 1979.

3 Schatz, R.: The state of nothingness and contemplative prayer in Hasidism. In: Heifetz, H. (Ed.): *Zen and Hasidism.* Wheaton: Quest, 1978.

4 Teshima, J. Y.: Self-extinction in Zen and Hasidism. In: Heifetz, H. (Ed.): *Zen and Hasidism.* Wheaton: Quest, 1978.

5   s. Kapitel 1, Quellenangabe 12
6   Dillbeck, M. C., Landrith, G., Orme-Johnson, D. W.: The Transcen-
    dental Meditation program and crime rate change in a sample of 48 ci-
    ties. *Journal of Crime and Justice,* 1981, 4, 24–25. Sonderdruck in
    CP:4.
7   Landrith, G. S., Dillbeck, M. C.: The growth of coherence in society
    through the Maharishi Effect: Reduced rates of suicides and auto acci-
    dents. In CP:4.
8   Hatchard, G.: Influence of the Transcendental Meditation program on
    crime rate in suburban Cleveland. In CP:2.
9   Dillbeck, M. C., Bauer, T. W., Vida, S. I.: A compound probability
    model and the Transcendental Meditation program as predictors of
    crime rate change. Paper presented at the Midwest Sociological Society
    Meeting, Omaha, NE, 1978, Sonderdruck in CP:2.
10 Orme-Johnson, D. W., Dillbeck, M. C.: World peace proposal: A pro-
    posal to increase national coherence and to reduce violence in trouble-
    spot countries of the world. Unveröffentlichtes Manuskript, erhältlich
    von der Maharishi International University, Fairfield, IA, 52556,
    USA.
11 Dillbeck, M. C.: Social field effects in crime prevention. Paper presen-
    ted at the Annual Convention of the American Psychological Associa-
    tion, Los Angeles, 1981.
12 Dillbeck, M. C., Landrith, G. S., Polanzi, C., Baker, S. R.: The Trans-
    cendental Meditation program and crime rate change: A causal analy-
    sis. In CP:4.

Kapitel 4

1   s. Kapitel 1, Quellenangabe 3
2   s. Kapitel 2, Quellenangabe 82. Sonderdruck in CP:2.
3   Zimmerman, W. J.: Improved quality of life during the Rhode Island
    Ideal Society Campaign, Phase I, June 12, 1978 to September 12, 1978.
    Unveröffentlichter Forschungsbericht, erhältlich von der Maharishi
    International University, Fairfield, IA, 52556.
4   Dillbeck, M. C., Foss, A.P.O., Zimmerman, W. J.: Maharishi's Global
    Ideal Society Campaign: Improved quality of life in Rhode Island
    through the Transcendental Meditation and TM-Sidhi program. In
    CP:4.

Kapitel 5

1   Hobson, A.: *Physics and Human Affairs.* New York: Wiley, 1982.
2   Josephson, B.: Letter. *New Scientist,* 1979, 82, 940.

3   Domash, L.: Introduction. In CP:1.
4   Hagelin, J. S.: A unified understanding of natural law through the discovery of supergravity. Paper presented at the International Symposium on the Applications of Modern Science and Natural Law. Kirchberg, Luxemburg, März 1982.
5   Sudarshan, E.C.G.: Presentation on consciousness and the structure of the physical universe. International Conference on the Psychophysiology of the Siddhis. Weggis, Schweiz, Mai 1977.
6   Einstein, A.: *On the Method of Theoretical Physics.* New York: Oxford University Press, 1933.
7   Pagels, H.: *The Cosmic Code: Quantum Physics as the Language of Nature.* New York: Simon & Schuster, 1982 (deutsch: *Cosmic Code: Quantensprache der Natur.* Frankfurt: Ullstein, 1983).
8   Bohm, D.: *Wholeness and the Implicate Order.* London: Routledge & Kegan Paul, 1980 (deutsch: *Die implizite Ordnung.* München: Goldmann, 1987).
9   Capra, F.: *The Tao of Physics.* Boulder: Shambhala, 1975 (deutsch: *Das Tao der Physik.* Bern, München, Wien: Scherz, 1987).
10 Jung, C. G.: Aion: Researches into the phenomenology of the self. In: *Collected Works,* Vol 9. New York: Pantheon, 1959 (deutsch: Aion. Untersuchungen zur Symbolgeschichte. Zürich: Rascher, Psychologische Abhandlungen, Bd. VIII, 1951, S. 372 f).
11 Jung, C. G.: Mysterium coniunctionis: An inquiry into the separation and synthesis of psychic opposites in alchemy. In: *Collected Works,* Vol. 14, 2nd Ed. Princeton, NJ: Princeton University Press, 1970.
12 Sheldrake, R. A.: *A New Science of Life: The Hypothesis of Formative Causation.* Los Angeles: Tarcher, 1981 (deutsch: *Das schöpferische Universum.* München: Meyster, 1983).

Kapitel 6

1   *World Government News,* Nr. 10, Oktober 1978.
2   *World Government News,* Nr. 11, November/Dezember 1978.
3   Maharishi Mahesh Yogi: zitiert von L. Domash in einem universitätsinternen Vortrag, Maharishi International University, Fairfield, IA, 21. Oktober 1978.
4   Orme-Johnson, D. W.: Proposal to reduce violence in trouble spot countries of the world. *Peace Research Abstracts Journal,* 1981.
5   Orme-Johnson, D. W., Dillbeck, M. C., Bousquet, J. B.: The World Peace Project of 1978: An experimental analysis of achieving world peace through the Maharishi Technology of the Unified Field. In CP:4.

6 Zitiert von Orme-Johnson: The World Peace Project: An experimental analysis of achieving peace through the TM-Sidhi program. Unveröffentlichtes Manuskript, Maharishi International University, Fairfield, IA, 1979 (Neufassung dieses Manuskripts in CP:4).

7 Azar, E.: *Conflict and peace data bank (Copdab): A computer-assisted approach to monitoring and analyzing international events.* Chapel Hill, N. C.: University of North Carolina, 1980.

Kapitel 7

1 Burgmans, W.H.P.M., Van der Burgt, A. T., Lagenkamp, F.P.T., Verstegen, B. A.: Sociological effects of the group dynamics of consciousness: Decrease of crime and traffic accidents in Holland. In CP:4.

2 Dillbeck, M. C., Cavanaugh, K. L., Van den Berg, W. P.: The effect of the group dynamics of consciousness on society: Reduced crime in the Union Territory of Delhi, India. In CP:4.

3 Dillbeck, M. C., Mittlefehldt, V., Lukenbach, A. P., Childress, D., Royer, A., Westsmith, L., Orme-Johnson, D. W.: A time series analysis of the relationship between the group practice of the Transcendental Meditation and TM-Sidhi program and crime rate change in Puerto Rico. In CP:4.

Kapitel 8

1 Orme-Johnson, D. W., Alexander, C. N., Davies, J. L., Chandler, H. M., Larimore, W. E.: International Peace Project in the Middle East. The effects of the Maharishi Technology of the Unified Field. Journal of Conflict Resolution, 1988, 32, 776 − 812.

2 Lanford, A. G.: Reduction in homicide in Washington, D. C. through the Maharishi Technology of the Unified Field, 1980 − 1983: A time series analysis. In CP:4.

3 Lanford, A. G.: The effect of the Maharishi Technology of the Unified Field on stock prices of Washington, D. C. area-based corporations, 1980 − 1983: A time series analysis. In CP:4.

4 U. S. Federal Bureau of Investigation: *Unified Crime Reports: Crime in the U. S.,* Washington, D. C.: U. S. Department of Justice, 1982.

5 Aron, A., Aron, E. N.: Evidence from Transcendental Meditation research for a social field. In: Reckmeyer, W. J. (Ed.): *General Systems Research and Design: Precursors and Futures.* Louisville: Society for General Systems Research, 1981.

6 Aron, A., Aron, E. N.: *Experimental interventions of high coherence groups into disorderly social systems.* Paper presented at the Annual Convention of the American Psychological Association, Los Angeles, 1981.

7   Orme-Johnscn, D. W., Dillbeck, M. C., Wallace, R. K., Landrith, G.:
    Intersubject EEG coherence: Is consciousness a field? *International
    Journal of Neuroscience,* 1982, 16, 203 – 209. Sonderdruck in CP:2.

Kapitel 9

1   Aron, A., Orme-Johnson, D. W., Brubaker, P.: The Transcendental
    Meditation program in the college curriculum: A four-year longitudi-
    nal study of effects on cognitive and affective functioning. *College Stu-
    dent Journal,* 1981, 15, 40 – 46.
2   Dillbeck, M. C., Larimore, W. E., Wallace, R. K.: A time series analy-
    sis of the effect of the Maharishi Technology of the Unified Field: Re-
    duction of traffic fatalities in the United States. In CP:4.
3   Orme-Johnson, D. W., Gelderloos, P.: The long term effects of the Ma-
    harishi Technology of the Unified Field on the quality of life in the Uni-
    ted States (1960 to 1983). In CP:4.
4   M.I.U.: Influence of the group dynamics of consciousness on the stock
    market and on national and international events and trends. In: *Maha-
    rishi International University 1983 – 1984.* Fairfield, IA: Maharishi In-
    ternational University Press. 1983.
5   Davies, J. L., Alexander, C. N.: The Maharishi Technology of the Uni-
    fied Field and improved quality of life in the United States: A study of
    the First World Peace Assembly, Amherst, Massachusetts, 1979. In
    CP:4.
6   Cavanaugh, K. L., Orme-Johnson, D. W., Gelderloos, P.: The effect of
    the Taste of Utopia Assembly on the World Index of international stock
    prices. In CP:4.
7   Orme-Johnson, D. W., Cavanaugh, K. L., Alexander, C. N., Gelder-
    loos, P., Dillbeck, M., Lanford, A. G., Abou Nader, T. M.: The influ-
    ence of the Maharishi Technology of the Unified Field on world events
    and global social indicators: The effects of the Taste of Utopia Assem-
    bly. In CP:4.

Kapitel 10

1   Aron, E. N., Aron, A.: Psychology's progress and the psychologist's
    personal experience. *The Journal of Mind and Behavior,* 1981, 2,
    397 – 406.
2   Rahe, R. H., Arthur, R. A.: Life changes and illness studies. *Journal of
    Human Stress,* 1978, 4, 3 – 15.
3   s. Kapitel 2, Quellenangabe 56. Zusammenfassung in CP:2.

4   Alexander, C., Langer, E., Neman, R., Chandler, H., Davies, J.: Transcendental Meditation, mindfulness, and longevity: An experimental
study with the elderly. *Journal of Personality and Social Psychology,*
1989, 57, 950 – 964.
5   Daniels, D.: Comparison of the Transcendental Meditation technique
to various relaxation procedures. In CP:2.
6   Glueck, B., Stroebel, C. F.: Physiological correlates of relaxation. In:
Sugarman, A. A., Tarter, R. E. (Eds.): *Expanding Dimensions of Consciousness.* New York: Springer, 1978, 99 – 129.

Wissenschaftliche Literatur zu den soziologischen Wirkungen des TM-Programms und der TM-Sidhi-Techniken — ein Gesamtüberblick

Abou Nader, T. M., Alexander, C. N., & Davies, J. L. (1984). The Maharishi Technology of the Unified Field and reduction of armed conflict: A
comparative, longitudinal study of Lebanese villages. In R. A. Chalmers,
G. Clements, H. Schenkluhn, & M. Weinless (Eds.), *Scientific Research
on the Transcendental Meditation and TM-Sidhi program: Collected papers.* Vol. 4. Vlodrop, The Netherlands: MVU Press, in press (hereafter
referred to as Chalmers et al., in press, Vol. 4).

Alexander, C. N., Abou Nader, T. M., Cavanaugh, K. L., Davies, J. L.,
Dillbeck, M. C., Kfoury, R. J., & Orme-Johnson, D. W. (1984). The
effect of the Maharishi Technology of the Unified Field on the war in
Lebanon: A time series analysis of the influence of international and
national coherence creating assemblies. In Chalmers et al., in press,
(Vol. 4).

Assimakis, P. D. (1989). *Change in the quality of life in Canada: Intervention studies of the effect of the Transcendental Meditation and TM-Sidhi
program.* Unpublished doctoral dissertation, Maharishi International
University, Fairfield, IA.

Beresford, M. S., & Clements, G. (1983). The group dynamics of consciousness and the U. K. stock market (MERU Research Report No. 330). In
Chalmers et al., in press, (Vol. 4).

Borland, C., & Landrith, G., III. (1976). Improved quality of city life
through the Transcendental Meditation program: Decreased crime rate.
In D. W. Orme-Johnson & J. T. Farrow (Eds.), *Scientific research on the
Transcendental Meditation program: Collected papers,* Vol. 1. Rheinweiler, West Germany: MERU Press.

Burgmans, W.H.P.M., Burgt, A. T. van der, Langenkamp, F.P.Th., & Verstegen, J. H. (1982). Sociological effects of the group dynamics of consciousness: Decrease of crime and traffic accidents in Holland (MERU Research Report No. 325). In Chalmers et al., in press (Vol. 4).

Cavanaugh, K. L. (1987). Time series analysis of U. S. and Canadian inflation and unemployment: A test of a field-theoretic hypothesis. In *Proceedings of the American Statistical Association, Business and Economic Statistics Section* (pp. 799–804). Washington, D. C: American Statistical Association.

Cavanaugh, K. L., & King, K. D. (in press). Simultaneous transfer function analysis of Okun's Misery Index: Improvements in the economic quality of life through Maharishi's Vedic Science and Technology of Consciousness. In *Proceedings of the American Statistical Association, Business and Economic Statistics Section*. Washington, DC: American Statistical Association.

Cavanaugh, K. L., King, K. D., & Titus, B. D. (in press). Consciousness and the quality of economic life: Empirical research on the macroeconomic effects of the collective practice of Maharishi's Transcendental Meditation and TM-Sidhi program. *Proceedings of the Midwest Management Society.*

Cavanaugh, K. L., Orme-Johnson, D. W., & Gelderloos, P. (1984). The effect of the Taste of Utopia Assembly on the World Index of international stock prices (MERU Research Report No. 336). In Chalmers et al., in press (Vol. 4).

Chalmers, R. A., Clements, G., Schenkluhn, H., & Weinless, M. (Eds.). (in press). *Scientific research on the Transcendental Meditation and TM-Siddhi programme: Collected papers* (Vols. 2–4). Vlodrop, The Netherlands: Maharishi Vedic University Press.

Davies, J. L. (1988). *Alleviating political violence through enhancing coherence in collective consciousness: Impact assessment analysis of the Lebanon war.* Doctoral dissertation, Maharishi International University, Fairfield, IA.

Davies, J. L., & Alexander, C. N. (1983). The Maharishi Technology of the Unified Field and improved quality of life in the United States: A study of the First World Peace Assembly, Amherst, Massachusetts, 1979 (MERU Research Report No. 323). In Chalmers et al., in press (Vol. 4).

Davies, J. L., & Alexander. C. N. (1989, August). *Alleviating political violence through reduction of collective stress: Impact assessment analysis of the Lebanon war.* Paper to be presented at the annual conference of the American Political Science Association, Atlanta, GA.

223

Dillbeck, M. C. (1978). The Transcendental Meditation program and a compound probability model as predictors of crime rate change. Paper presented at the Midwest Psychological Association Meeting, Omaha, Nebraska. In Chalmers et al., in press (Vol. 2).

Dillbeck, M. C. Test of a field hypothesis of consciousness and social change: Time series analysis of participation in the TM-Sidhi program and reduction of violent death in the U. S. *Social Indicators Research*.

Dillbeck, M. C., Banus, C. B., Polanzi, C., & Landrith, G. S., III. (1988). Test of a field model of consciousness and social change: The Transcendental Meditation and TM-Sidhi program and decreased urban crime. *Journal of Mind and Behavior, 9*, 457 – 485.

Dillbeck, M. C., Cavanaugh, K. L., Glenn, T., Orme-Johnson, D. W., & Mittlefehldt, V. (1987). Consciousness as a field: The Transcendental Meditation and TM-Sidhi program and changes in social indicators. *Journal of Mind and Behavior, 8*, 67 – 104.

Dillbeck, M. C., Landrith, G., III, & Orme-Johnson, D. W. (1981). The Transcendental Meditation program and crime rate change in a sample of forty-eight cities. *Journal of Crime and Justice, 4*, 25 – 45.

Dillbeck, M. C., Landrith, G., III, Polanzi, C., & Baker, S. R. (1982). The Transcendental Meditation program and crime rate change: A causal analysis. In Chalmers et al., in press, (Vol. 4).

Dillbeck, M. C., Larimore, W. E., & Wallace, R. K. (1984). A time series analysis of the effect of the Maharishi Technology of the Unified Field: Reduction of traffic fatalities in the United States. In Chalmers et al., in press, (Vol. 4).

Gelderloos, P., Frid, J. F., Xue, X. (1989, April). Improved U.S. – Soviet relations as a function of the number of participants in the collective practice of the TM-Sidhi program [Summary]. *Journal of the Iowa Academy of Science, 96* (1), A 33.

Gelderloos, P., Frid, J. F., Goddard, P. H., Xue, X., & Löliger, S. (1988). Creating world peace through the collective practice of the Maharishi technology of the Unified Field: Improved U.S.-Soviet Relations. *Social Science Perspectives Journal, 2*(4), 80 – 94.

Gowing, S. T. (1986). *What does the Maharishi Technology of the Unified Field mean for social work? A study in Australia.* Unpublished BSW honors thesis. University of Sydney, Australia.

Hatchard, G. (1977). Influence of the Transcendental Meditation program on crime rate in suburban Cleveland. In *Collected papers,* Vol. 2 (in press).

Landrith, G. S., III, & Dillbeck, M. C. (1983). The growth of coherence in society through the Maharishi Effect: Reduced rates of suicides and auto accidents. In Chalmers et al., in press, (Vol. 4).

224

Lanford, A. G. (1984a). Reduction in homicide in Washington, DC through the Maharishi Technology of the Unified Field, 1980 – 1983: A time series analysis (MERU Research Report No. 328). In Chalmers et al., in press (Vol. 4).

Lanford, A. G. (1984b). The effect of the Maharishi Technology of the Unified Field on stock prices of Washington, DC area based corporations, 1980 – 1983: A time series analysis. In Chalmers et al., in press, (Vol. 4).

Lanford, A. G. (1985). A reduction in homicide in the United States through the Maharishi Technology of the Unified Field: A time series analysis. In Maharishi International University, *Scientific Research on the Transcendental Meditation and TM-Sidhi program: Collected papers* (Vol. 5), in press, Fairfield, IA: Maharishi Internat. University Press.

Orme-Johnson, D. W., Alexander, C. N., Davies, J. L., Chandler, H. M., & Larimore, W. E. (1988). International peace project in the Middle East: The effects of the Maharishi Technology of the Unified Field. *Journal of Conflict Resolution* 32, 776 – 812.

Orme-Johnson, D. W., Cavanaugh, K. L., Alexander, C. N., Gelderloos, P., Dillbeck, M. C., Lanford, A. G., & Nader, T. A. (1984). The influence of the Maharishi Technology of the Unified Field on world events and global social indicators: The effects of the Taste of Utopia Assembly (MERU Research Report No. 337). In Chalmers et al., in press (Vol. 4).

Orme-Johnson, D. W., Dillbeck, M. C., Bousquet, J. G., & Alexander, C. N. (1985). The World Peace Project of 1978: An experimental analysis of achieving world peace through the Maharishi Technology of the Unified Field (MERU Research Report No. 322). In Chalmers et al., in press (Vol. 4).

Orme-Johnson, D. W., Dillbeck, M D., Alexander, C. N., Cranson, R., & Chandler, H. W. (1985, August). *Strategic interventions reducing international conflicts and terrorism: Time-series analysis of the effects of coherence creating groups.* Paper presented at the annual meeting of the American Political Science Association, Atlanta, Georgia.

Orme-Johnson, D. W., Dillbeck, M. D., Wallace, R. K., & Landrith, G. S., III. (1982). Intersubject EEG coherence: Is consciousness a field? *International Journal of Neuroscience,* 16, 203 – 209.

Orme-Johnson, D. W., Gelderloos, P., & Dillbeck, M. C. (1988). The effects of the Maharishi Technology of the Unified Field on the U.S. quality of life (1960 – 1984). *Social Science Perspectives Journal,* 2, 127 – 146.

Pugh, N., Walton, K. G., & Cavanaugh, K. L. (1988). Can time series analysis of serotonin turnover test the theory that consciousness is a field? *Society for Neuroscience Abstracts,* 14, 372.

225

Reeks, D. (1989). *Improved quality in life in Iowa through the Maharishi Effect*. Unpublished doctoral dissertation, Maharishi International University, Fairfield, IA.

Travis, F. T. (1988). *Testing the field paradigm of Maharishi's Vedic Psychology: EEG power and coherence as indices of states of consciousness and field effects*. Doctoral dissertation, Maharishi International University, Fairfield, IA.

Die Deutsche MERU-Gesellschaft

Die Deutsche MERU-Gesellschaft hat es sich zur Aufgabe gemacht, Methoden und Erkenntnisse, die zur Bewußtseins- und Persönlichkeitsentfaltung des Menschen beitragen, wissenschaftlich zu erforschen, zusammenzutragen und zu verbreiten. Die Analyse meditativer Verfahren, insbesondere die der Technik der Transzendentalen Meditation und des TM-Sidhi-Programms, ist seit der Gründung der Deutschen MERU-Gesellschaft im Jahre 1973 ihr Hauptanliegen.

Ein weiteres zentrales Anliegen des Vereins ist es, sich mit dem gegenwärtigen Paradigmenwechsel zu einem ganzheitlichen Menschen- und Weltbild und seinen kulturellen, wissenschaftlichen und zivilisatorischen Implikationen auseinanderzusetzen.

In regelmäßigen Abständen werden die ›Mitteilungsblätter der Deutschen MERU-Gesellschaft‹ herausgegeben. Diese Zeitschrift ist ein Kommunikationsforum für experimentelle und theoretische Forschung zur TM, dem TM-Sidhi-Programm und der WKI und stellt ganzheitliche, bewußtseinsbezogene Ansätze moderner westlicher Wissenschaft und traditioneller (insbesondere vedischer) östlicher Weisheit vor.

Als wissenschaftliche Gesellschaft unterhält die Deutsche MERU-Gesellschaft eine umfangreiche Präsenzbibliothek über Meditations- und Bewußtseinsforschung, in der die national und international verfügbaren wissenschaftlichen TM-Veröffentlichungen der letzten Jahre systematisch zusammengetragen wurden. Sie verfügt ferner über eine Audio- und Videothek, wo Materialien aus Seminaren, Symposien und Arbeitskreisen gesammelt sind, die von der Gesellschaft organisiert und veranstaltet werden. Jeder, der mit einer eigenen wissenschaftlichen Arbeit zur TM-Technik und dem TM-Sidhi-Programm beginnen möchte, kann sich hier auf ökonomische Weise einen umfassenden Überblick verschaffen.

Mediziner, Psychologen, Wirtschaftswissenschaftler, Pädagogen, Sprach- und Naturwissenschaftler haben Arbeitskreise innerhalb der Gesellschaft aufgebaut, die fachspezifisch die jüngsten Entwicklungen bewußtseinsbezogener, ganzheitlicher Ansätze verfolgen und in Wochenendseminaren diskutieren und weitervermitteln. Aus diesen Arbeitskreisen heraus erfolgt auch die Beratung bei und Betreuung von wissenschaftlichen Arbeiten über Meditation und verwandte Themengebiete an deutschsprachigen Hochschulen.

Weitere empirische und theoretische Literatur über den Maharishi-Effekt, einschließlich des für Naturwissenschaftler aufschlußreichen Artikels »Ist Bewußtsein das Vereinheitlichte Feld?« von Prof. John. S. Hagelin oder der Kosten-Nutzen-Rechnung des Maharishi-Effekts für die Bundesrepublik Deutschland von Dr. rer. nat. Klaus Volkamer erhalten Sie über den Informationsdienst der

Deutschen MERU-Gesellschaft,
Am Berg 2
49143 Bissendorf
Tel. 0 54 02/88 33, Fax 0 54 02/71 49

Adressenverzeichnis

Informationen über Transzendentale Meditation und das TM-Sidhi-Programm erhalten Sie unter den aufgeführten Adressen.

1. Bundesrepublik Deutschland

Veda Institut
Richard-Wagner-Str. 48, 06114 Halle/Saale,
Tel. (0345) 2021431

Hauptzentrum für TM und Ayurveda
Tempelhofer Ufer 23/24, 10963 Berlin,
Tel. (030) 215 93-24 od. -25

TM im Maharishi Ayur-Ved Gesundheitszentrum
Rothenbaumchaussee 26, 20148 Hamburg,
Tel. (040) 452080, Fax 447697

TM-Center Lübeck
An der Mauer 142 A, 23552 Lübeck, Tel. (0451) 74375

Transzendentale Meditation Maharishi Ayurveda
Bürgermeister-Fink-Str. 15, 30169 Hannover,
Tel. (0511) 3885886, Fax 806151

Transzendentale Meditation
Obernstr. 19, 33602 Bielefeld, Tel. (05 21) 6 71 72 od.
12 26 47 od. 13 02 63 od. 17 75 27

Maharishi Ayur-Veda Transzendentale Meditation
Am Kirschenrain 8 A, 37242 Bad Sooden-Allendorf,
Tel. (0 56 52) 18 00, Fax 21 92

Transzendentale Meditation
40883 Ratingen (Hösel), Tel. (0 21 02) 6 70 20, Fax 6 70 31

TM Lehrinstitut Bochum
Am Hedtberg 65, 44879 Bochum, Tel. (02 34) 41 23 63

TM-Center
Schwerzfelder Str. 77, 52159 Roetgen, Tel. (0 24 71) 23 14

Transzendentale Meditation Hagen
Emster Str. 47, 58093 Hagen, Tel. (0 23 31) 5 32 81

Transzendentale Meditation
Am Neheimer Kopf 12, 59755 Arnsberg,
Tel. (0 29 32) 2 81 01, Fax 2 69 93

Veda-Institut
Schenkendorfstr. 24, 60431 Frankfurt/Main,
Tel. (0 69) 52 49 21

Transzendentale Meditation Saarbrücken
Fechinger Str. 9, 66130 Saarbrücken-Güdingen,
Tel. (06 81) 87 16 27

TM-Center Bobenheim-Roxheim
Theodor-Storm-Str. 1, 67240 Bobenheim-Roxheim,
Tel. (0 62 39) 63 90

Veda Lehrinstitut
Dr. Lehmann-Str. 16, 67251 Freinsheim,
Tel. (063 53) 80 11

Gesellschaft für Ayur-Veda und
Transzendentale Meditation
Eibenweg 20, 70839 Gerlingen, Tel. (071 56) 241 63

Transzendentale Meditation
76530 Baden-Baden, Tel. (072 21) 381 00

Transzendentale Meditation Ortenau
Winzerkellerstr. 3 D, 77815 Bühl, Tel. (072 23) 99 90 42 od.
25 01 94, Fax 25 02 03

TM-Lehrzentrum München
Augustenstr. 79 Rückgebäude, 80333 München,
Tel. (089) 52 20 36

Transzendentale Meditation
Hubertusstr. 10, 82284 Grafrath, Tel. (081 44) 76 93

Transzendentale Meditation
Wiesenweg 5, 85122 Hitzhofen-Eichstätt,
Tel. (084 58) 86 43

Transzendentale Meditation
Manlichstr. 19, 88444 Ummendorf,
Tel. (073 51) 248 21

Transzendentale Meditation
Ziegelgasse 10, 93444 Kötzing, Tel. (099 41) 88 87

TM-Lehrinstitut Würzburg
97000 Würzburg, Tel. (097 71) 51 13, Fax 51 13

Veda Lehrinstitut Transzendentale Meditation
Wilhelm-Busch-Str. 1, 49661 Cloppenburg,
Tel. (04471) 5654

Lehrinstitut für Vedische Wissenschaft
Transzendentale Meditation
Wacholderweg 8, 63741 Aschaffenburg,
Tel. (06021) 89997

Transzendentale Meditation
Nieder-Ramstädter-Str. 5 a, 64283 Darmstadt,
Tel. (06151) 425542

TM-Lehrinstitut Heilbronn
Zehentgasse 25, 74072 Heilbronn, Tel. (07131) 80387

2. Schweiz

Transzendentale Meditation
Hochbühlweg 3, CH-2012 Bern, Tel. 0041/31/3018908

Weitere Adressen in den deutschsprachigen Ländern
erhalten Sie über die

SAMHITA GmbH
Am Berg 13, 49143 Bissendorf, Tel. (05402) 8483

TM-Center Wittmund
Am Markt 34, 2944 Wittmund, Tel. (04462) 6789

Transzendentale Meditation
Bürgermeister-Fink-Str. 15, 3000 Hannover 1,
Tel. (0511) 806151 und 889656

Transzendentale Meditation
Am kleinen Berge 14, 3257 Springe 1, Tel. (05041) 62482

TM-Center Kassel
Aschrottstr. 2, 3500 Kassel, Tel. (0561) 18161

Lehrinstitut für Transzendentale Meditation
Duisburgerstr. 133, 4000 Düsseldorf 30,
Tel. (0211) 4910217

Transzendentale Meditation
Frankenstraße, 4000 Düsseldorf, Tel. (0211) 466483

Transzendentale Meditation
Borchener Str. 4, 4790 Paderborn, Tel. (05251) 72367,
(02943) 2546

Transzendentale Meditation
Emanuel-Felke-Str. 17, 5600 Wuppertal 12,
Tel. (0202) 472034

Transzendentale Meditation Hagen
Emster Str. 47, 5800 Hagen, Tel. (02331) 53281

Institut für Vedische Wissenschaft
Staufenstr. 36, 6000 Frankfurt 1, Tel. (069) 727193

TM-Meditationspraxis
Grüneburgweg 55, 6000 Frankfurt 1, Tel. (069) 727672

Ayurveda/TM-Center
Praxis Dr. med. M. Kossatz,
Wiesenhüttenstr. 17, 6000 Frankfurt, Tel. (069) 23 17 50
und (06172) (Bad Homburg)-8 12 48

TM-Center
Am Eichkopf 16, 6240 Königstein, Tel. (06174) 40 26

Transzendentale Meditation Saarbrücken
Fechingerstr. 9, 6604 Saarbrücken-Güdingen,
Tel. (0681) 87 16 27, 6 79 06

Lehrinstitut für Transzendentale Meditation
Heidelberger Ring 21, 6710 Frankenthal,
Tel. (06233) 6 31 14

TM-Center Bobenheim-Roxheim
Theodor-Storm-Str. 1, 6712 Bobenheim-Roxheim,
Tel. (06239) 63 90

Maharishi-Veda Lehrinstitut Westpfalz
Waldfischbacher Str. 21, 6781 Leimen, Tel. (063 97) 3 63

Transzendentale Meditation Heidelberg
Pf. 10 55 08, 6900 Heidelberg, Tel. (06223) 7 13 88

Gesellschaft für Ayur-Veda und TM
Eibenweg 20, 7016 Gerlingen,
Tel. (071 56) 2 41 63 von 11 – 12 Uhr

TM-Lehrinstitut Heilbronn
Zehentgasse 25, 7100 Heilbronn, Tel. (07131) 8 03 87

Center für Transzendentale Meditation
Eisterweg 16, 7240 Horb, Tel. (07451) 35 06

Gesellschaft für Transzendentale Meditation Esslingen e. V.
Urbanstr. 19/1 Postanschrift: Kastanienweg 31,
7300 Esslingen, Tel. (0711)372022

Transzendentale Meditation
Kurze Straße 5, 7400 Tübingen, Tel. (07071)74132

Transzendentale Meditation
Konrad-Adenauer-Str. 40, 7407 Rottenburg,
Tel. (07472)5465

TM Reutlingen/Schwäbische Alb
Im Vogelsang 21, 7416 Magerkingen, Tel. (07124)2236

Maharishi Veda Center
Amalienstr. 63, 7500 Karlsruhe 1, Tel. (0721)27053

Transzendentale Meditation Lehrinstitut Biberach
Manlichstr. 19, 7951 Ummendorf, Tel. (07351)24821,
29313

TM-Lehrinstitut München
Augustenstr. 79, 8000 München 2, Tel. (089)522036

Transzendentale Meditation
8082 Grafrath, Tel. (08144)7693

Transzendentale Meditation Dachau
Bergstr. 3, 8060 Dachau, Tel. (08131)79627

TM-Center Neuötting
Bräuhausstraße 19, 8265 Neuötting, Tel. (08671)71976

Maharishi-Veda Institut/TM-Center
Hochstr. 33, 8500 Nürnberg 80, Tel. (0911)261090

TM-Lehrinstitut
Maximilianstr. 12/III, 8900 Augsburg, Tel. (0821)39734,
(08236)1268

Transzendentale Meditation Landsberg
Stoffener Str. 3, 8910 Landsberg, Tel. (08191)5200

Österreich

TM-Lehrinstitut
Robert-Preussler-Str. 4, 5020 Salzburg, Tel. (0662)274323

Internationale Meditationsgesellschaft (IMS)
Österreichischer Verband
Biberstraße 22/2, 1010 Wien, Tel. (0222)5127859

Schweiz

Transzendentale Meditation Ostschweiz
Waldhofstr. 16a, 9240 Uzwil, Tel. (07351)2812

TM-Center Luzern
Kapuzinerweg 9, 6006 Luzern, Tel. (041)367669

Weitere Adressen in den deutschsprachigen Ländern und
Gebieten sind über die Gesellschaft für Transzendentale
Meditation in W-4516 Bissendorf 2, Am Berg 13,
Tel. (05402)8483 erhältlich.

Soziologische Forscher wenden sich an den
Dokumentationsdienst der Deutschen MERU-Gesellschaft,
Am Berg 2, W-4516 Bissendorf 2, Tel. (05402)8833.

Informationen über die Auswirkung der Gruppendynamik
von Transzendentaler Meditation und TM-Sidhi-Programm
in Unternehmen erhalten Sie über
Dr. Larrass & Partner,
Konrad-Adenauer-Str. 40, 7407 Rottenburg,
Fax. 07472-42413.

**Das Gesamtverzeichnis der Heyne-Taschenbücher
informiert Sie ausführlich über alle lieferbaren Titel.
Sie erhalten es von Ihrer Buchhandlung
oder direkt vom Verlag.**

**Wilhelm Heyne Verlag, Postfach 201204,
8000 München 2**

ESOTERISCHES WISSEN

DER SCHLÜSSEL ZUR INNEREN WEISHEIT

Wege und Wahrheiten für ein besseres und erfolgreiches Leben

08/9557

08/9558

08/9559

08/9560

08/9561

08/9564

WILHELM HEYNE VERLAG
MÜNCHEN